Igor Strawinsky, 1912 in Paris

Igor Strawinsky

Reclams Musikführer

Igor Strawinsky

Von Wolfgang Burde

Mit 83 Notenbeispielen
und 29 Abbildungen

Philipp Reclam jun. Stuttgart

Für Renate und Heinz

Die Deutsche Bibliothek – CIP-Einheitsaufnahme

Burde, Wolfgang:
Reclams Musikführer Igor Strawinsky / von Wolfgang Burde. –
Stuttgart : Reclam, 1995
    ISBN 3-15-010415-7

Inhalt

Drittes Kapitel

Anhang

Einleitung

Igor Strawinskys kompositorisches Lebenswerk wuchs bald, nachdem er seine Lehrzeit bei Nikolai Andrejewitsch Rimski-Korsakow mit großem Engagement wahrgenommen hatte, aus den Begrenzungen der russischen Tradition heraus. Denn es drängte den jungen Komponisten, der mit seinen drei »russischen Balletten« – deren musiksprachliche Differenzen offensichtlich sind und die dennoch um 1910 in Paris Aufsehen erregten – zur souveränen Beherrschung der vielfältigen kompositorischen Gestaltungsformen der europäischen Tradition: zu tänzerischen, divertierenden und sinfonischen Charakteren, den Gattungen des Balletts und des Musiktheaters, aber auch der Symphonie sowie vielfältiger Kammermusik und bis heute kaum wirklich beachteten Liederzyklen. Aber Strawinsky verschmähte es auch nicht, den musikalischen Lustbarkeiten zu huldigen, die der Tag ihm zutrug: der musiksprachlichen Farbigkeit der volkstümlichen russischen Musik, dem Chanson und insbesondere dem Jazz, den Strawinsky um 1919 zum ersten Mal erlebte.

Da der Komponist offensichtlich den Ehrgeiz hatte, mit jedem neuen Werk neues musiksprachliches Terrain zu erobern, und da die musiksprachlichen Divergenzen sogar in eindeutiger bestimmbaren Phasen seines Komponierens, wie der russischen oder der neoklassischen, deutlich hervortraten, wurde er zeitlebens von Enthusiasten verfolgt, die ihn stilistisch festlegen wollten: etwa als Komponisten des *Feuervogels*. Vergleichbares geschah um 1950, als der Siebzigjährige mit Reihen zu komponieren begann und Freunde seinen Abschied von der Neoklassik bedauerten.

Seltsam disparat wurde also einerseits der Polystilist Strawinsky wahrgenommen und kontrovers diskutiert: sein Komponieren entbehre eines eigentlichen musiksprachlichen Zentrums; andererseits hob der Komponist noch in seiner Spätphase reihentechnischen Komponierens die Kontinuität seiner Arbeit hervor.

Als staunenswertes musiksprachliches Novum wurde auch beobachtet, daß Strawinsky seine kompositorischen Vorbilder gern wechselte, Glasunow und Debussy verehrte, Bach als Vorbild wählte, aber auch Carl Maria von Weber; daß er sich Pergolesi und dessen Zeitgenossen Domenico Gallo zuwandte und für *Mavra* zu Glinka und Dargomyschski zurückdachte oder mit Eifer Tschaikowsky gegen die Puristen im Umkreis der »Russischen Fünf« (s. S. 13) verteidigte, Beethoven und Wagner indes mit kritischen Kommentaren bedachte. Allmählich wurde so deutlicher, daß Strawinsky sich nicht, wie die Komponisten der Schönberg-Schule, als Erbe der austro-deutschen kompositorischen Entwicklung von Beethoven über Schumann zu Brahms und Wagner erlebte, sondern sich jeweils Spurenelemente traditionellen Komponierens in gleichsam spontaner Reaktion anverwandelte, aus Gründen der Faszination, der momentanen Sympathie und Parteinahme; aber stets auch als reflektierte Willensäußerung auf der Basis wechselnder kompositorischer Präferenzen. Und hatte er sich nicht in seiner heute so problematisierten Vorlesungsreihe *Poétique musicale* (1939/40) als Komponist vorgestellt, der das Spiel des »écarter« betreibe, der Auswahl, der Aussonderung aus der übermächtigen Vielzahl von Möglichkeiten, die den zeitgenössischen Komponisten heute bedrängten?

Versucht man den Zeitraum von sechzig Jahren zu bedenken, in dem Strawinsky schöpferisch zu sich selbst fand und sich als Eroberer neuen Fruchtlandes betätigte, dann werden zweifellos nicht allein Divergenzen, sondern auch Konstanten in seinem schöpferischen Verhalten sichtbar. So betonte er stets, daß er am besten lerne, Kenntnisse und Bildung erwerbe, wenn er kulturelle Inhalte gleichsam für sich selbst neu entdecke oder jene Probleme, die sich ihm bei der Arbeit stellten, durch eigene Kraft löse. Strawinsky mochte nicht auf fertige Rezepte zurückgreifen. Diese Erfahrung machte bereits der Harmonielehre- und Kontrapunkt-Schüler, der als Neunzehnjähriger schließlich Kontrapunkt mit der Hilfe eines Lehrbuchs studierte. Seine ungewöhnliche Neugier, Lernbereitschaft und Ausdauer verblüffte auch den Kreis der Künstler, die zu den ›Ballets russes‹ Sergej Diaghilews gehörten.

Zudem bestand Strawinsky nahezu ein Leben lang darauf, daß die Sprache der Musik unübertragbar sei, daß sie eine gleichsam in sich verkapselte Schönheit und eine Bedeutungsebene reflektiere, die eigentlich niemals Medium menschlicher Emotionalität zu werden vermag.

»Denn ich bin der Ansicht, daß die Musik ihrem Wesen nach unfähig ist, irgend etwas ›auszudrücken‹, was es auch sein möge: ein
Gefühl, eine Haltung, einen psychologischen Zustand, ein Na-
turphänomen oder was sonst. [. . .] Das Phänomen der Musik ist
uns zu dem einzigen Zweck gegeben, eine Ordnung zwischen
den Dingen herzustellen und hierbei vor allem eine Ordnung zu
setzen zwischen dem Menschen und der Zeit« (E, S. 59).

In Gesprächen mit Robert Craft räumte Strawinsky ein, daß das
Werk des Komponisten die Verkörperung seiner Gefühle sei, und natürlich könne es als ihr Ausdruck oder ihre Symbolisierung betrachtet
werden – obgleich das Bewußtsein eines solchen Schrittes den Komponisten eigentlich nicht betreffe. Wichtiger sei die Tatsache, daß die
Komposition etwas gänzlich Neues, jenseits der Gefühle des Komponisten sei (vgl. ED, S. 101). Strawinsky erinnert auch an die Einsicht
Bruno Cassirers, daß Kunst keine Imitation, sondern eine Entdek-
kung von Realität sei. Vielleicht schätzte er darum seit den zwanziger
Jahren insbesondere die Möglichkeit polyphoner Gestaltung, die ihm
eine kompositorische Haltung der Nüchternheit zu garantieren
schien, die aber auch den Werken selbst Konsistenz, also Folgerichtigkeit und Logik sicherten: über das hinaus, was in Strawinskys
Komponieren ohnehin bereits an Verankerungen und Sicherungen im
Detail angelegt war, etwa die Schicht einer ihm sehr eigentümlichen
motivischen Arbeit. Thematische Charaktere, Formglieder oder gar
Formteile wurden durch Wiederholungen, durch Ergänzungen, Ver-
kürzungen oder Umakzentuierungen, durch Variantenbildung aus
kleinen Zellen geschaffen. Solche Arbeit der Variantenbildung, das
mosaikartige Zusammensetzen und Schichten der Form aus präzis
definierten Taktgruppen, beeinflußte seit *Petruschka* (1911) zunehmend auch seine Gestaltung der Großform.
  Hervorzuheben ist schließlich, daß Strawinsky in einem ungewöhnlich hohen Maße Auftragskompositionen schrieb, daß es ihm
Wohlbehagen bereitete, in den Beschränkungen, die der Auftraggeber
setzte, zu arbeiten. Auch das ist sicher Ausdruck einer Haltung, die
im Komponieren den Vorgang des zweckvollen Ordnens betont. Das
betraf vor allem seine Ballett-Kompositionen, während er gelegentlich, wie in der Symphonie-Bestellung des Boston Symphony
Orchestra zu seinem fünfzigjährigen Bestehen, auf die Gestaltung einer *Psalmensymphonie* auswich; er war allergisch gegen die symphonische Tradition des 19. Jahrhunderts, die ihm zu Beginn der dreißi-

ger Jahre noch fremd vorkam, wogegen er sie in den vierziger Jahren
nutzte.

Strawinsky war als geistreicher Gesprächspartner sehr geschätzt,
empfing gern Freunde, liebte den Umgang mit der Crème der Gesellschaft, kleidete sich meist à la mode, zeigte Neigungen zum Dandy
und warb auch als Pianist und Dirigent intensiv um den gesellschaftlichen Einfluß seiner Musik. Ohnehin schrieb er seine Werke nicht für
ein Publikum, das Musik mit dem Kopf in den Händen anhörte, sondern für Hörer, die schmunzelnd und fasziniert Strawinskys geistrei-
che, verfremdende oder gar persiflierende kompositorische Modifikationen der Modelle der Tradition zur Kenntnis nahmen.

Erstes Kapitel

Komponist in St. Petersburg und Paris

(1882–1914)

Igor Strawinsky wurde am 18. Juni 1882 (am 5. Juni nach dem Juliani-schen Kalender) in eine Musikerfamilie hineingeboren, in Oranien-baum (seit 1948 Lomonossow), einem hübschen kleinen Ort bei St. Petersburg am Meer, den sich die Eltern einen Monat vor Igors Geburt als Sommersitz erwählt hatten. Der Vater, Fjodor Ignatje-witsch, war ein geschätzter Bassist der Kaiserlichen Oper in St. Pe-tersburg, und das Kind Igor hörte ihn später seine Rollen studieren – zwei Zimmer von seinem eigenen entfernt. Anläßlich eines Moskauer Auftritts im Jahre 1882 wurde die Ausdrucksmächtigkeit des Kaiserli-chen Bassisten hervorgehoben:

»Herr Strawinsky kommt von der Bühne des Marien-Theaters. Er hat eine mittelstarke Baßstimme, allerdings mit sehr großem Umfang, gleichmäßig und klangvoll, wenn auch etwas trocken. Vom Ausdruck her ist Herr Strawinsky hervorragend; die Arti-kulation der Worte ist bemerkenswert – er ist ein wunderbarer und hochbegabter Opernsänger« (s. Kuhn, 1992, S. 389 f.).

Später ermöglichte es Fjodor Ignatjewitsch dem jungen Igor, dem dritten von vier Söhnen – Roman, Juri, Igor, Guri –, Proben im Ma-rien-Theater zu besuchen.

Der Sechzehnjährige, der ein Dauerbillett für die Oper besaß, ver-brachte dann fünf oder sechs Abende der Woche im Theater. Als der junge Mann, der gern am Klavier improvisierte, einige klaviertechni-sche Fertigkeiten erworben hatte – der Zwölfjährige studierte bei der Rubinstein-Schülerin Mademoiselle Kaschperova Werke von Cle-menti, die Klassiker Haydn, Mozart, Beethoven, Werke von Schubert und Schumann und spielte mit seiner Lehrerin Arrangements der Opern Rimski-Korsakows –, vertiefte er sich gern in die väterliche Musik-Bibliothek. Er spielte die Opern-Partien seines Vaters durch

In der väterlichen Bibliothek (der Vater, Igor neben ihm, die Mutter sowie
die Brüder Guri und Roman)

oder studierte Opern, die er im Theater erlebt hatte: Werke russischer
Komponisten wie Glinka, Tschaikowsky, Rimski-Korsakow, aber
auch Richard Wagner. Das bereitete ihm um so größeres Vergnügen,
als er das Talent des Vom-Blatt-Spielens offensichtlich von seiner Klavier spielenden Mutter geerbt hatte.

In seinen *Gesprächen* mit Robert Craft, dem jungen amerikanischen Dirigenten (geb. 1923), der 1948 sein Assistent, später sein Ver-
trauter und schließlich der Hüter seines großen Nachlasses wurde,
aber auch in seinen *Erinnerungen* (1935/36) hebt Strawinsky besondere Augenblicke dieser frühen Erziehung auf dem Musiktheater hervor.

So erlebte er mit acht Jahren zutiefst fasziniert Tschaikowskys Ballett *Dornröschen*, 1891 Glinkas Oper *Ein Leben für den Zaren*, und
er beobachtete Tschaikowsky in seinem Todesjahr 1893 während einer Gala-Aufführung von Glinkas Oper *Ruslan und Ludmilla*. Seit
diesem Tage, an dem er Tschaikowsky gesehen hatte, wußte der
Knabe Igor, daß er zum Künstler und Musiker berufen sei. Glinka sei
der Musikheld seiner Kindheit gewesen, erläuterte er Robert Craft.

»Er war immer ›sans reproche‹, und in dieser Weise denke ich an
ihn zurück. Natürlich ist seine Musik unbedeutend, doch er

selbst auf keinen Fall. Unsere ganze Musik in Rußland geht auf ihn zurück« (G, S. 27).

Intensiver und folgenreicher bewahrte Strawinsky seine frühe Faszination durch die Persönlichkeit und kompositorische Handschrift Tschaikowskys, obwohl er als Schüler Rimski-Korsakows zunächst von der Musikanschauung seines Lehrers und der Musik des »Mächtigen Häufleins« beeinflußt war: einer Komponistengruppe, zu der sich Balakirew, Borodin, Cui, Mussorgski, Rimski-Korsakow zusammengetan hatten und mit deren Ideal einer authentischen russischen Musik Strawinsky auch durch seine Freundschaft mit dem berühmten Theoretiker dieser »Russischen Fünf«, Wladimir Wassiljewitsch Stassow, vertraut war. Dieser verkehrte im Hause seines Vaters – eine ausladende, offenbar stets gut gelaunte und aufrechte Persönlichkeit; er gab seine Geheimnisse preis, indem er das Ohr des Nachbarn mit großer Hand umwölbte und kräftig hineinposaunte.

Jahrzehnte später widmete Strawinsky seine Kammeroper *Mavra* (1922), deren Libretto ein Puschkin-Text zugrunde liegt, dem Gedächtnis der drei russischen Klassiker Glinka, Puschkin und Tschaikowsky. Und zur Erinnerung an den 35. Todestag Tschaikowskys komponierte er 1928 das Ballett *Le Baiser de la fée* auf der Basis von Klavierstücken und Liedern Tschaikowskys. Die Partitur trägt eine feierlich-sybillinische Widmung: »Ich weihe dieses Ballett dem Gedenken an Pjotr Tschaikowsky, dessen Muse in dieser Fee aufscheint und zu einer Allegorie wird. Diese Muse hat ihn in gleicher Weise mit ihrem Schicksalskuß gezeichnet, dessen rätselvolles Mal im ganzen Schaffen des großen Künstlers spürbar wird.«

In den St. Petersburger Komponistenkreisen galt der Moskauer Tschaikowsky aus ästhetisch-ideologischen Gründen als problematische Komponistenpersönlichkeit. In der *Chronik meines musikalischen Lebens* (1909) gesteht Rimski-Korsakow, daß der Balakirew-Kreis der »Russischen Fünf« Tschaikowsky 1866/67 kennenlernte und von seiner Persönlichkeit und seiner Professionalität beeindruckt gewesen sei, obwohl man ihn bis dahin geringschätzig als Konservatoriumsschüler betrachtet hatte.

Tschaikowsky indes formulierte in einem Brief an seinen Bruder Modest (September 1883) nicht allein seinen Respekt vor einem Streichquartett des Rimski-Korsakow-Schülers Glasunow, sondern auch den Nervenpunkt, das Kriterium kompositorischer Differenzen zwischen den beiden Lagern:

»Ich habe in Kiev das Quartett Glazunovs gekauft und war angenehm überrascht. Trotz der Nachahmung Rimskij-Korsakovs, trotz der leidigen Manier, sich statt der Entwicklung eines Gedankens mit der Wiederholung desselben auf tausend verschiedene Arten zufriedenzugeben, trotz der Vernachlässigung der Melodie und der Jagd auf allerlei harmonische Kuriositäten ist ein bewunderswertes Talent nicht zu verleugnen. Die Form ist so abgerundet, daß ich ganz erstaunt bin und vermute, daß hier der Lehrer mitgeholfen hat« (s. Redepenning, 1994, S. 398).

Später erlebte Rimski-Korsakow den Komponisten Tschaikowsky vornehmlich als Rivalen, der in Deutschland mehr erreicht hatte als er selbst, und er pflegte seinen Schüler Strawinsky darauf hinzuweisen, daß Tschaikowskys Musik von schlechtem Geschmack zeuge. Aber hätte Rimski-Korsakow sich nicht »dessen bewußt sein sollen, daß seine Musik dieselbe Ehrung verdiente«?

In den sechziger Jahren bekannte Strawinsky, daß er als junger Komponist, aber auch im weiteren Verlauf seines Komponistenlebens über die allzu häufigen Banalitäten der Musik Tschaikowskys verärgert gewesen sei. »Im selben Maße allerdings erfreute mich die natürliche Frische von Tschaikowskys Talent (und seine instrumentale Erfindungskraft), vor allem, wenn ich sie mit dem schalen Naturalismus und Dilettantismus der Russischen Fünf verglich« (G, S. 26). Und er hebt in seinen *Erinnerungen* (E, S. 20) den Kampf hervor, den er gegen eine große Zahl von Kollegen geführt habe, die sich in eine Ketzerei verrannt hatten, denn sie mochten die »authentische« russische Musik nur in den kompositorischen Arbeiten der »Fünf« erkennen.

Wesentlichen Einfluß auf seine musikalische Empfänglichkeit hatten aber auch jene akustischen Ereignisse, die ihm im Verlauf seines großbürgerlich organisierten Lebens während des täglichen, wenig geliebten Gangs zur Schule und der ausgedehnten sommerlichen Ferien auf dem Lande bei seinen Verwandten begegneten. So erinnert er sich an erste musikalische Eindrücke durch eine Marine-Band in St. Petersburg. Täglich begleiteten ihn das Klappern der Pferdehufe auf dem Holzpflaster, die Geräusche der von Pferden gezogenen Straßenbahnen oder die vielfältigen Intonationen der Ausrufer, etwa die des Scherenschleifers. St. Petersburg ist eine Stadt der großen, offenen Piazzas, und eine von ihnen imaginierte er später als Ort für sein Ballett *Petruschka*. Denn dort wurden die Jahrmärkte der »Butter-

woche« veranstaltet, und hier erlebte er während einer Marionetten-
vorführung, die zur Karnevalsunterhaltung gehörte, zum ersten Mal
die Puppe Petruschka. In einer realistisch inszenierten Märchenwelt,
deren verlorene Schönheit er später in seiner Oper *Die Nachtigall*
und in seinem Ballett *Der Kuß der Fee* wiederzubeleben versuchte,
habe man in jenen Jahren noch auf Elchen reiten können.

Ergänzt wurden solche großstädtischen Erlebnisse volkstümlicher
Tradition durch seine Ferienaufenthalte in Petschiski und in Ustilug
(Wolynien), wo er ein gutes Jahrzehnt später, im Jahre 1906, mit sei-
ner Frau Jekaterina (geb. Nossenko) ein Landhaus baute, das sie »Old
Farm« nannten und in deren Abgeschiedenheit und Stille er regelmä-
ßig und gern kompositorisch arbeitete.

Zwar waren seine Ferieneindrücke in Petschiski, einem Dorf, das
etwa 300 Meilen südöstlich von Ustilug lag, wegen des despotischen
Wesens seiner Tante Jekaterina, der Schwester seiner Mutter, keineswegs ungetrübt; aber der Knabe Igor entfloh dem unbehaglichen und
langweiligen Ort, sooft er konnte, und besuchte den Jahrmarkt der
Stadt Jarmolinzy, der nur 30 Meilen von Petschiski entfernt lag. Dort
faszinierten ihn vornehmlich die volkstümlichen Tanz-Wettkämpfe.
Hier sah er den Hackentanz ›prisjadka‹, den er später in die Kut-
scherszene von *Petruschka* einfügte, wie auch den gestoßenen Tanz
›kasatschok‹ und den ›trepak‹ (altrussischer lebhafter Tanz, ¾-Takt).

In Petschiski hörte er viel volkstümliche Musik – meist auf dem
Akkordeon gespielt. Und hier begegnete er auch zum ersten Mal seiner Cousine ersten Grades, seiner späteren Frau, Jekaterina Nossenko. Und dieses erste Zusammentreffen muß in beiden Kindern ein
tiefes Gefühl der Zusammengehörigkeit ausgelöst haben:

> »Nachdem wir eine gute Stunde zusammengewesen waren,
> schien es uns bereits gewiß, daß wir eines Tages heiraten würden
> – so haben wir es uns später jedenfalls gestanden. Vielleicht war
> unser Verhältnis ein geschwisterliches. Ich war ein tief verein-
> samtes Kind, und ich sehnte mich nach einer Schwester. Jekate-
> rina kam in mein zehnjähriges Leben wie eine lang erwartete
> Schwester. Von da an, bis zu ihrem Tode, waren wir uns sehr
> nahe und inniger miteinander, als es Liebende manchmal sind;
> denn Liebende mögen sich fremd bleiben, obwohl sie ein Leben
> lang sich lieben und beieinander sind« (ED*, S. 39 f.).

---

* Zu den gesiegelten Zitatnachweisen hier und im folgenden siehe Literaturhinweise, S. 305;
  Zitate aus englischsprachigen Werken sind von Wolfgang Burde übersetzt.

Die Sommerresidenz der Strawinskys in Ustilug

   Wesentlich erholsamer, geistreicher und attraktiver waren für den jungen Mann die Sommeraufenthalte, die er mit seinem geliebten Bruder Guri zwischen 1896 und 1900 in Ustilug verlebte. Guri war das einzige Familienmitglied, dem Igor sich anvertraute und dem er wirklich nahestand. Während der Vater, der meist Distanz zu seinen Kindern hielt, sich lediglich dem erkrankten Igor zärtlich zuwandte, während Igor die Mutter als Institution erlebte, die seine täglichen Pflichten überwachte, konzentrierten sich seine Gefühle auf die ostpreußische Kinderfrau Bertha – die lieblichste Stimme seiner Kindheit. Durch Bertha, die kaum russisch sprach, lernte er Deutsch sprechen, und sie betreute später auch seine eigenen Kinder.
   Der Knabe Igor hatte die Gewohnheit angenommen, die Menschen seiner Umgebung danach zu beurteilen, ob man sich ihnen anvertrauen könne. Natürlich führte Bertha die Reihe der Vertrauenspersonen an. Zu ihnen gehörten aber auch Simon Iwanowitsch, ein guter Hausgeist, der Priester in der Schule und der Mathematikprofessor Woolf, der sogar Verständnis für Igors Kompositionsversuche gezeigt und ihn ermuntert hatte, während der Schuldirektor diese mißbilligte. Vertrauensperson war auch der Hausarzt Dr. Dushinkin, weniger dagegen der Dentist der Familie. Und der einzige in der weitverzweigten Familie, der an seine musikalische Begabung glaubte, war sein wohlhabender Onkel Alexander Jelatschitsch, ein Beethoven- und Brahms-Enthusiast.

»Zwei seiner fünf Söhne teilten seine musikalische Begabung, und einer von ihnen oder ich mußte stets mit ihm vierhändig spielen. Ich erinnere mich, wie ich auf diese Weise ein Brahms-Quartett mit ihm durchspielte, als ich 12 Jahre alt war. Onkel Alexander war ein Bewunderer von Mussorgsky und hatte als solcher wenig übrig für Rimski-Korsakow: Sein Haus stand indessen gerade um die Ecke von Rimskis Haus, und ich mußte oft von einem zum anderen gehen, wobei es nicht immer leicht war, das rechte Gleichgewicht zu halten« (G, S. 26).

In Ustilug hatte Dr. Gabriel Nossenko, Ehemann von Igors Tante Maria, Schwager seiner Mutter Anna, einen größeren Landsitz erworben, der von Flüssen, Wäldern und Weizenfeldern umgeben war und dessen gesundes Klima die durch Tuberkulose gefährdete Familie überaus schätzte. In einem Brief vom 21. Juli 1899 berichtete der siebzehnjährige Igor über sein Ustiluger Sommerleben folgende Details:

»Das ist unser Tagesablauf: nach dem Morgentee schauen wir drei – Jekaterina, Olga Dimitriewna und ich – aus nach einem Platz, um zu skizzieren. Guri und Vera Dimitriewna lernen derweilen ihre Rollen für das Theaterstück auf dem Tennisplatz. Sofia Dimitriewna und Olga Iwanowa sammeln Himbeeren, die hier im Überfluß wachsen. Dann frühstücken wir. Danach, wenn es nicht regnet, gehen wir drei aus, um zu skizzieren [...]. Ich habe die Skizze eines Sonnenuntergangs gemacht [...] und hätte gern die Gelegenheit, möglichst viele gute Bilder zu sehen, um so mit meinem eigenen Werk noch unzufriedener zu sein. Nur auf solche Weise kann ich sicher sein, Fortschritte zu machen. [...] Wir spielen viel Klavier. Ich lese nicht viel. Dennoch habe ich gerade [Tolstois] ›Auferstehung‹ beendet und durch dieses brillante Werk [...] das größte Vergnügen empfunden. [...] Ich habe auch Guyaus ›Probleme der zeitgenössischen Ästhetik‹ gelesen, ein Buch, das einige interessante Diskussionen enthält.
Heute gehen wir [...] nach Wladimir-Volynsk, um Material (Stützbalken) für das Theater zu kaufen. [...] Die Stücke sind ›Nutze deine Chance, solange du sie hast‹ [von Hartmann] und ›Der Bär‹ [von Tschechow]. In beiden Stücken habe ich bedeutende Rollen. Ich kann sie – wie sollte ich sie nicht können – aber ich kann nicht vorhersehen, wie erfolgreich die Aufführungen sein werden« (PD, S. 19 f.).

Es scheint, daß der Siebzehnjährige sich in frühen Jahren mehr für Bildende Kunst und Literatur engagierte als für das ihm eigene Medium, die Musik oder gar die kompositorische Arbeit. Aber in einem Brief an den *Observer* (vgl. D, S. 131) offenbart Strawinsky ein ihn verletzendes Erlebnis, das er als Fünfzehnjähriger im Hause des berühmten St. Petersburger Komponisten Alexander Glasunow hatte und das sein Interesse an eigener musikalischer Arbeit bezeugt.

Igor war zu jener Zeit von den Komponisten der Beljajew-Schule begeistert und versuchte sich in der Einrichtung eines Glasunow-Streichquartetts für das Klavier. Glasunow, der Strawinskys Vater kannte, ließ ihn zwar vor, aber er ging das Arrangement zunehmend unwillig durch und bezeichnete es schließlich rundweg als unmusikalisch.

Seinem Lehrer Nikolai Rimski-Korsakow begegnete Strawinsky seltsamerweise außerhalb Rußlands, im Sommer 1902 in Neckargemünd bei Heidelberg, wo der jüngste Sohn des Komponisten, Andrej Rimski-Korsakow, studierte und wohin Igors Studienkollege Wladimir Rimski-Korsakow ihn zu einem Besuch eingeladen hatte.

»Ich verbrachte die Ferien mit meinen Eltern in dem nahen Bad Wildungen, als Wladimir Rimski-Korsakow, ein Klassenkamerad an der St. Petersburger Universität, mich einlud, zu ihnen zu kommen. Während dieses Besuches zeigte ich Rimski meine ersten Kompositionen, kurze Klavierstücke, ›Andantes‹, ›Melodien‹ und so fort. Zwar schämte ich mich, seine Zeit zu verschwenden, aber andererseits war ich sehr begierig, sein Schüler zu werden. Er schaute auf meine zarten Anstrengungen mit großer Geduld und sagte dann, wenn ich meine Studien bei Wassili Kalafati [in Harmonielehre und Kontrapunkt] fortsetzen würde, könnte ich zweimal wöchentlich zu ihm kommen, um Unterricht zu erhalten« (G, S. 13).

In seinen *Erinnerungen* hatte Strawinsky das bedeutende Ereignis seines beginnenden Komponisten-Lebens noch in folgender Weise zusammengefaßt:

»Ich mußte ihm meine ersten Versuche vorspielen, doch ach, er nahm sie nicht so auf, wie ich gehofft hatte. Als er bemerkte, wie niedergeschlagen ich war, versuchte er, mich zu ermutigen, und bat mich, irgend etwas anderes zu spielen. Ich tat es, und nunmehr gab er seiner Meinung Ausdruck.

Er sagte, ich solle vor allem weiter Harmonielehre und Kontrapunkt studieren, und zwar bei irgendeinem seiner Schüler, damit ich lernen möge, das notwendige Handwerk zu beherrschen. Er riet mir aber dringend ab, das Konservatorium zu besuchen. Er fand, daß die Atmosphäre dieser Anstalt, an der er selbst Professor war, für mich nichts tauge. Dafür sei ich zu sehr mit Arbeit überlastet, da ich mein Universitätsstudium nun einmal nicht aufgeben könne. Er fürchtete auch, ich werde mit meinen zwanzig Jahren die Überlegenheit der jüngeren Schüler zu stark empfinden und mich dadurch entmutigen lassen. Auch müsse meine Arbeit dauernd überwacht werden, und das sei nur im Privatunterricht möglich. Und schließlich, fügte er freundlich hinzu, könne ich mich immer an ihn wenden, wenn ich einmal um Rat verlegen sei, er sei bereit, sich mit mir zu beschäftigen, sobald ich die notwendigen elementaren Kenntnisse erworben hätte« (E, S. 27).

Aus dem spröden ersten Kontakt entwickelte sich sehr bald ein kontinuierliches Arbeitsverhältnis, das allmählich freundschaftliche Züge annahm und bis zum Jahre 1906 währte. Strawinsky besuchte den Meister zweimal wöchentlich und arbeitete vorwiegend an Problemen der Instrumentation. Hauptfach war theoretischer und praktischer Instrumentationsunterricht. Strawinsky mußte Klaviersonaten und Quartette von Beethoven sowie Schubert-Märsche instrumentieren, mitunter auch Werke von Rimski-Korsakow selbst, die noch nicht veröffentlicht waren. Wenn er ihm dann die fertige Arbeit vorlegte, zeigte Rimski-Korsakow ihm seine eigene Version und erklärte beim Vergleichen die Gründe für etwaige Abweichungen. Neben diesem Unterricht setzte er eifrig seine kontrapunktischen Studien fort. Allerdings für sich allein, da er die langweiligen Harmonielehre- und Kontrapunktstunden eines ehemaligen Schülers von Rimski-Korsakow nicht länger ertragen konnte.

In seinen *Erinnerungen* (S. 31) gedachte Strawinsky auch seiner Zusammenarbeit mit Rimski-Korsakow, als er seine Klaviersonate in fis-Moll zu formulieren versuchte:

»Während der Arbeit hatte ich dauernd mit zahlreichen Schwierigkeiten zu kämpfen, besonders auf dem Gebiet der musikalischen Form, denn die zu beherrschen, lernt man meistens nur nach langem Studium. In meiner Verlegenheit kam ich auf die Idee, Rimski-Korsakow um Rat zu fragen. Gegen Ende des

Sommers 1902 [E. W. White, im Vorwort zur Klaviersonate: Sommer 1903] besuchte ich ihn auf dem Lande und blieb etwa vierzehn Tage bei ihm. Er weihte mich in die Regeln ein, die für das Allegro einer Sonate gelten, und ließ mich dann unter seiner Aufsicht den ersten Satz einer Sonatine komponieren.«

Rimski-Korsakow sei ein Lehrer gewesen, der wertvolle Detailkenntnisse über Harmonielehre und Instrumentierung zu vermitteln vermochte, aber das, was er über das Komponieren selbst zu sagen hatte, sei nicht sehr perspektivenreich gewesen.

»Als ich zu ihm in die Lehre kam, war er für mich als Musiker sans reproche, aber es ging nicht lange, bis ich mich nach jemand sehnte, der vielleicht weniger tadellos war, dessen Musik aber meinen aufkeimenden Idealen mehr entsprach. Die Wiedergeburt der Polyphonie und die Erneuerung der Form, die in Wien, im Todesjahr Rimskis eintraten, waren den Bemühungen der Rimski-Schule gänzlich fern. Ich bin Rimski dankbar für viele Dinge, und ich möchte ihn nicht tadeln für das, was er nicht wußte; aber die wichtigsten Grundlagen für meine Kunst mußte ich doch für mich selbst entdecken« (G, S. 31).

Weder in Rimskis Persönlichkeit noch in seiner Kunst habe Strawinsky Tiefe bemerken können. Der Komponist habe sich in jenen Jahren zunehmend in seiner mentalen Beschränktheit eingerichtet und sich nicht allein neueren kompositorischen Tendenzen verweigert, sondern auch einen bourgeoisen Atheismus gepflegt, einen Rationalismus, der sich jeder religiösen oder metaphysischen Idee verschloß. Dennoch: Rimskis Tod im Jahre 1908 habe ihn tief erschüttert.

Unter dem Einfluß Rimski-Korsakows – der St. Petersburger Professor hatte nahezu das gesamte Schaffen Mussorgskys überarbeitet – habe auch er in seinen Lehrjahren nachgeredet, was »gewöhnlich über Mussorgskys ›großes Talent‹ und ›sein dürftiges musikalisches Handwerk‹ und über die ›wichtigen Dienste‹ gesagt wurde, die Rimski seinen ›verwirrenden‹ und ›nicht ausführbaren‹ Partituren erwiesen hätte« (G, S. 27). Wie Claude Debussy, habe auch er Mussorgskys Lieder-Zyklus *Kinderstube* als ein Werk von höchster Originalität geschätzt.

»Was mein eigenes Gefühl betrifft (obwohl ich heute nur wenig Kontakt mit Mussorgskys Musik habe), so glaube ich, daß trotz seiner beschränkten technischen Mittel und seiner ›unbeholfenen

Schreibweise‹ Mussorgskys Original-Partituren stets unendlich mehr wahre musikalische Werte und echte Intuition aufweisen als die ›Perfektion‹ von Rimskis Arrangements« (G, S. 27).

Das künstlerische Weltbild des jungen Mannes, das vornehmlich durch die Musik Glinkas, Tschaikowskys und der »Russischen Fünf« (s. S. 13) geprägt worden war, hatte sich durch den regelmäßigen Kontakt mit Literaten, bildenden Künstlern und Musikern, den Strawinsky im Hause Rimski-Korsakows pflegte, beträchtlich erweitert. Später halfen einflußreiche Freunde und regelmäßige St. Petersburger Konzertbesuche dem jungen Komponisten, seinen künstlerischen Horizont zu differenzieren und auf dem laufenden zu bleiben. So befreundete sich Strawinsky mit Iwan Prokowski, einem Liebhaber der bildenden Künste und der Musik, und mit ihm spielte er vierhändig Werke französischer Komponisten, von Bizet, Chabrier, Delibes und Gounod. Stepan Mitusow, mit dem er das Libretto seiner Oper *Die Nachtigall* schrieb, war lange Jahre sein literarischer Mentor, aber er regte auch Strawinskys Beschäftigung mit der Malerei von Cézanne und Matisse an. Den einflußreichen Maler Walentin Serow, der dem *Mir Iskusstwa*-Kreis (s. S. 24) nahestand, kannte er seit seiner Lehrzeit bei Rimski-Korsakow, und Serow bestärkte den erfolgreichen Komponisten in seiner künstlerischen Arbeit. In den Konzerten der »Kaiserlichen Musikgesellschaft« und in den »Russischen Symphoniekonzerten« erlebte der junge Mann die österreichisch-deutsche Brahms-, Bruckner-, Wagner-Tradition sowie Werke von Tschaikowsky, aber auch Borodins, Glasunows oder Rimski-Korsakows Arbeiten, die er wegen ihrer technischen und handwerklichen Solidität in jenen Jahren sehr schätzte.

Um 1902 wurde in St. Petersburg durch Freunde Strawinskys – Prokowski, Mitusow, Nuwel, Nürok – ein »Abendzirkel für zeitgenössische Musik« gegründet, dessen Konzerte Strawinsky regelmäßig besuchte und in denen später auch seine ersten Kompositionen präsentiert wurden:

»Nikolas Richter spielte dort meine frühe *Klaviersonate*, und das war das erste Mal, daß ein Werk von mir öffentlich aufgeführt wurde. Es war, wie ich vermute, eine unbeholfene Nachahmung eines späten Beethovens. Auch ich selbst trat dort auf, und zwar als Begleiter einer Sängerin, eines gewissen Fräulein Petrenko, die meine Gorodetski-Lieder [*Deux melodies* für Mezzosopran und Klavier, 1908] vortrug.

Vor allem wurden natürlich Werke junger russischer Komponisten gespielt, aber man setzte sich auch für französische Musik ein – die Quartette und Lieder von Debussy und Ravel und verschiedene Werke von Dukas und d'Indy. [...] Auch Brahms wurde gespielt und Reger.
Wie die ›Monday Evening Concerts‹ in Los Angeles versuchten diese St. Petersburger Veranstaltungen trotz ihres Namens dem Neuen und Alten gerecht zu werden. Dies war wichtig, und es war selten, denn so manche Organisationen widmen sich neuer Musik, aber so wenige den Jahrhunderten vor Bach: So hörte ich damals zum ersten Mal Monteverdi, ich glaube in einer Bearbeitung von d'Indy, auch Couperin und Montéclair; und Bach gab es in Menge« (G, S. 20).

Im März des Jahres 1908, ein Jahr bevor er Diaghilew kennenlernte und an seinem ersten Ballett *Der Feuervogel* arbeitete, hatte Strawinsky in einem Brief an den Musikkritiker G. H. Timofejew seine künstlerische Karriere noch bemerkenswert floskelhaft beschrieben. Darin gestand er, daß er zwar sehr viel improvisiert habe, aber aus Mangel an Theoriekenntnissen zunächst unfähig gewesen sei, das Improvisierte zu notieren. Darum habe er zunächst Harmonielehre und Kontrapunkt studiert. »Während meiner Universitätsjahre kam ich der Familie Rimski-Korsakows nahe und entwickelte mich daraufhin sehr schnell. Ich komponierte viele komische Lieder, besonders auf Texte von Kosma Prutkow [unter diesem Phantasienamen hatten drei damals bekannte Dichter der 1860er Jahre, darunter Alexej Tolstoi, ein Buch mit humoristischen und Nonsens-Versen verfaßt], und schrieb in den Jahren 1903/04 eine große, viersätzige *Sonate* in fis-Moll, in die ich die vielfältigen Vorschläge Rimski-Korsakows einfügte. [...] Im Jahre 1906 komponierte ich die Suite *Der Faun und die Schäferin*, und im Sommer des gleichen Jahres komponierte ich ein Lied *Frühling* auf einen Text von Gorodetsky. In diesem Winter schrieb ich die *Pastorale*, ein Lied ohne Worte, und im Augenblick beende ich gerade das *Scherzo fantastique* für Orchester« (PD, S. 22). Unerwähnt bleiben in dieser fragmentarischen Aufzählung eine *Tarantella* (1898), ein *Scherzo* für Klavier (1902), das Lied *Sturmwolke* (1902) und seltsamerweise auch seine *Sinfonie in Es-Dur*, die er in den Jahren 1905/07 geschrieben und deren Druck er erfolglos durchzusetzen versucht hatte.

Zu Beginn des Jahres 1909 wurde Strawinsky mit Sergej Diaghilew bekannt, der in einem der Konzerte Alexander Silotis, am 6. Fe-

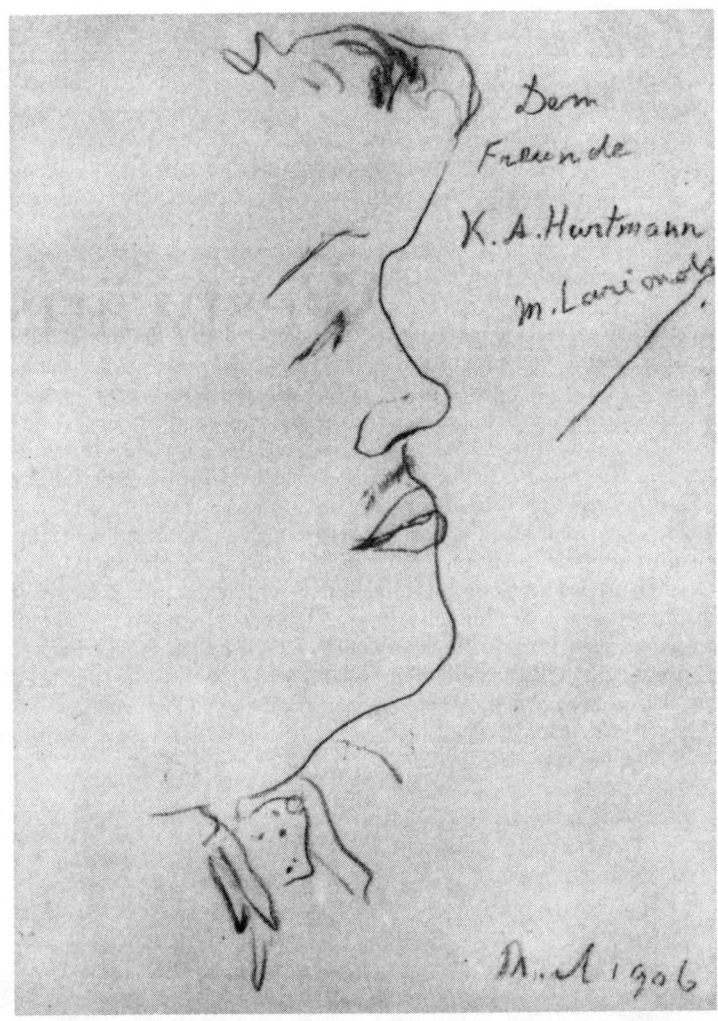

Diaghilew, gezeichnet von Michail Larionow, dem Komponisten Karl Amadeus Hartmann gewidmet

bruar 1909, Strawinskys Orchesterstücke *Scherzo fantastique* (1908) und *Feu d'artifice* (1908) als Talentprobe erlebt hatte – im Gegensatz zu Glasunow, der *Feu d'artifice* mit »Kein Talent, nur Dissonanz« abqualifizierte. Nach dem Konzert fragte Diaghilew den jungen Mann, ob er für ihn die *Nocturne* a-Moll und die *Valse brillante* e-Moll von Chopin sowie Griegs *Kobold* orchestrieren könne, und zwar für die erste Ballett-Saison, die er in Paris zu organisieren beabsichtige.

Aus diesem ersten Kontakt mit dem einzigartigen Kunstmanager, der die Kunst-Zeitschrift *Mir Iskusstwa* (Welt der Kunst) herausgegeben hatte (1899–1904), in Paris bereits russische Malerei, russische Musik und Musiker vorgestellt hatte und später als Chef der ›Ballets russes‹ weltberühmt wurde, entwickelte sich eine lebenslange Freundschaft. Deren rasch wachsende Intensität wurde zwar immer wieder durch Zerwürfnisse und Entfremdungen getrübt, aber beide Männer blieben einander bis zum Tode Diaghilews im Jahre 1929 verbunden. Diaghilew war der Auftraggeber der drei russischen Ballette – *Der Feuervogel, Petruschka, Le Sacre du printemps* –, die Strawinsky aus seiner künstlerischen Isolation in St. Petersburg weit hinausführten in die Internationalität, in die europäischen Kunst-Metropolen Paris, London, Berlin. Und durch seine Zusammenarbeit mit Diaghilew geriet der überaus ehrgeizige, lernbereite Komponist in den Kreis einer fortschrittlichen Künstlergemeinschaft junger Tänzer, Choreographen, Bühnenbildner, Maler und Regisseure, die ihn zu jenen außerordentlichen Ballett-Kompositionen und Werken für das Musiktheater inspirierten, die bis heute – wie *Le Sacre du printemps* – als Jahrhundertwerke gelten.

Lieder und Liederzyklen

Storm Cloud (Alexander Puschkin), Romanze für Singstimme und Klavier, 1902

The Mushrooms going to War (Kosma Prutkow), Lied für Baß und Klavier, 1904

Faune et bergère (Alexander Puschkin nach V. de Parny), für Mezzosopran und Kammerorchester, 1906

Pastorale, Vokalise für Sopran und Klavier, 1907

Deux mélodies (Sergej Gorodetski) für Mezzosopran und Klavier, 1908
   1. *Vesana* (Die Novizin); 2. *Rosyanka* (Der heilige Tau)

Deux poèmes de Paul Verlaine, für Bariton und Klavier, 1910
   1. *Sagesse*, »Un grand sommeil noir«; 2. *Une bonne chanson*, »La lune blanche«

Deux poèmes de Konstantin Balmont, für hohe Stimme und Klavier, 1911.
   1. *Myositis, d'amour fleurette* (*Hold Vergißmeinnicht*);
   2. *Le Pigeon* (*Der Täuberich*)

Trois poésies de la lyrique japonaise, für Gesang und Klavier oder Kammerorchester, 1912/13
   1. *Akahito* – Schnee auf Blüten; 2. *Mazatsumi* – Eisschollen als Frühlingsboten; 3. *Tsaraiuki* – Kirschblüten als Frühlingssegen

Trois petites chansons (*Souvenirs de mon enfance*), 1906/13

Swjesdóliki / Le Roi des étoiles (Konstantin Balmont), Kantate für Männerchor und Orchester, 1911/12

Zwischen den Jahren 1902 und 1913 komponierte Igor Strawinsky eine Folge von 9 Liedern und Liederzyklen und die seltsam verschlüsselte Kantate **Swjesdóliki / Le Roi des étoiles** (Text von Konstantin Balmont; mehrere dieser Werke wurden von ihm durch spätere Bearbeitungen gleichsam geadelt. So instrumentierte er die Vokalise, die er **Pastorale** (1907) nannte und zunächst in einer Fassung für Sopran und Klavier publizierte, im Jahre 1923 für Oboe, Englischhorn und Fagott. Und 1933 transkribierte er die – nunmehr durch motivische Arbeit und Oktavversetzung auf 6 Minuten Dauer erweiterte – dreiteilige Melodie für Violine und Klavier, um sie auf seinen Tourneen mit dem Geiger Samuel Dushkin spielen zu können. Im gleichen Jahr schuf Strawinsky auch eine Fassung des Stücks für Violine und Bläsertrio: Violine, Oboe, Englischhorn und Fagott.

In den Jahren 1953 und 1954 bearbeitete Strawinsky zwei seiner frühen Liederzyklen; zunächst die **Deux poèmes de Paul Verlaine** (1910), die er seinem Bruder Guri gewidmet hatte, für Kammerorchester-Begleitung: 2 Flöten, 2 Klarinetten, 2 Hörner und Streichquintett.

Ein Jahr später richtete er die **Deux poèmes de Konstantin Balmont** (1911) ebenfalls für Kammerorchester-Begleitung ein. Diese »Balmont-Lieder« wenden jenen diskret erotisierenden Ton, den der junge Ehemann Strawinsky in seinem Zyklus *Faune et bergère* (*Der Faun und die Schäferin*, 1906), aber auch in seinen *Deux Mélodies* (1908) auf Texte Gorodetskis bevorzugte, nunmehr ins Biedere. Pikanterweise ist das Lied über das »*Hold Vergißmeinnicht*«, das am Wiesenrain dem Freund, dem Liebchen blüht, seiner Mutter gewidmet, während »*Der Täuberich*«, zunächst girrend-liebestrunken, dann schnell entschwirrend, offenbar seine Schwägerin Ludmila Beljankin vor Ungemach warnen sollte. Beide Lieder entstanden 1911 in Ustilug, unmittelbar vor den Japanischen Liedern.

Die konventionelle A–B–A-Form des *Hold Vergißmeinnicht* führt die Sopranstimme zunächst in eine an Mussorgsky erinnernde, dem Sprechrhythmus folgende syllabische Deklamation hinein, meist in Sechzehnteln. Im in 4 + 4 Takte gegliederten B-Teil wird dann eine repetierte, eintaktige rhythmisch-melodische Formel zur eigentlichen Substanz. Ostinate Bewegungsabläufe der Instrumente begleiten die auf solche Weise charakterisierten Gesangslinien.

Das Lied *Der Täuberich* ist in drei Sektionen untergliedert, die unterschiedliches Material exponieren, aber durch die syllabische Deklamation miteinander verbunden sind. Die Formaugenblicke, die charakterisierten Konstellationen ähneln, folgen dem Geschehen in drei Stationen: Der Täuberich nähert sich der Rose auf dem Altan; er nimmt sich die Rose ungestüm und entschwirrt; darauf wird seine Rückkehr für ein Stündchen sehnsüchtig erwartet.

Die Brüchigkeit der Formanlage drückt sich auch in der unterschiedlichen Behandlung der Formulierungsebenen aus. So überwölben zunächst akzentuierte Quintolen einen Klangvorhang, der aus dem repetierten, synkopierten Zweiklang fis' – d" gesponnen wird, während die Führung der Gesangsstimme Einwurfscharakter hat. Dann werden chromatisierte Triolenbewegungen zu weiter ausgreifenden triolischen Verläufen ausgesponnen. Schließlich dominieren in der Singstimme kantable und in den Instrumenten klangbetonte Wendungen, die intern ostinat artikuliert werden.

In Ustilug (1912, *Akahito*) und in Clarens am Genfer See (1913, *Mazatsumi, Tsaraiuki*) komponierte Strawinsky den berühmten Zyklus der **Trois poésies de la lyrique japonaise** in zwei Versionen, als Gesänge mit Klavier-Begleitung oder mit Kammerorchester in der Besetzung Pikkoloflöte, Flöte, 2 Klarinetten, Klavier, Streichquartett (Uraufführung Paris, Salle Erard, 14. Januar 1914). Während in seinem Ballett *Le Sacre du printemps* (1913) die Gewalt des russischen Frühlings ungehemmt hervorzubrechen schien, entwarfen die japanischem Waka-Dichtungen Bilder leidenschaftsloser Natur- und Frühlingsbetrachtung.

»Im Sommer hatte ich eine kleine Auswahl japanischer Lyrik gelesen, in der sich auch Gedichte alter Meister befanden, die aus wenigen Zeilen bestanden. Mir fiel auf, daß sie in gleicher Weise auf mich wirkten wie die Kunst des japanischen Holzschnitts. Die Art nun, wie in der japanischen Graphik die Probleme der Perspektive und der körperlichen Darstellung gelöst werden, reizte mich, etwas Analoges für die Musik zu erfinden« (E, S. 51).

Mehrfach, so auch während seines Japanaufenthaltes im Jahre 1959, hatte Strawinsky den Reiz der zweidimensionalen Darstellungsform japanischer Kunst hervorgehoben und sich (in seinem Aufsatz »Swadjebka ...«, S. 160) als Musiker zu ihr bekannt:

»So unzuverlässig mein Gedächtnis auch ist, was Daten und Orte betrifft, weiß ich doch genau die Position von jedem Instrument dieses kleinen Orchesters in meinem Zimmer. Das hat seinen Grund wohl darin, daß meine akustische Wirklichkeit – zweiseitig in meinem Fall, nicht kreisförmig, wie mir jedesmal klar wird, wenn ›räumliche Musik‹ mich in den Nacken schlägt – Teil meiner biologischen Wirklichkeit ist.«

Takashi Funayama (1986, S. 274) teilt mit, daß die Gedichte aus der zwischen 1901 und 1925 entstandenen Sammlung »Kokka Taikan« stammen. Sie gehören zur Gattung der seit dem 8. Jahrhundert gepflegten Wakas, einer Vorform des Haiku, die aus fünf Zeilen mit der

Silbenstruktur 5 − 7 − 5 − 7 − 7 gebildet wurden. Die Gedichte
»Schnee auf Blüten«, »Eisschollen als Frühlingsboten« und »Kirsch-
blüten als Frühlingssegen« wurden nach ihren Verfassern benannt:
Akahito, Mazatsumi, Tsaraiuki.

In dem ersten Lied, *Akahito* (Maurice Delage gewidmet; moderato), werden ostinate Eintaktgruppen in Achtelbewegung in die Fläche geritzt und von formelhaften Bildungen der Singstimme in Achtelbewegung überlagert. So wird der Farb-Einklang von weißen Blumen und weißen Flocken gestaltet. Die zurückgenommen ausgespielten, durch Vorschläge akzentuierten Wendungen der Flöte und Klarinette, wie später die zu Zweitaktgruppen erweiterten, aufgehellten
Formeln des Klaviers und der Streicher, suggerieren die erwartungs-
volle Stille einer Natur-Szenerie, die noch im Banne des Winters zu
leben scheint.

Formelhafte Melodiebildungen der Singstimme auch in *Mazatsumi*
(Florent Schmitt gewidmet; vivo) charakterisieren hier das Spiel der trei-
benden Eisschollen, aber das Lied ist als im Tempo gesteigerte, dramatische Akzente setzende Miniatur im Zentrum des Zyklus herausgehoben. Nach einer sehr virtuosen instrumentalen Introduktion, in denen
Flöte, Klarinette und Klavier, von Einwürfen der Streicher akzentuiert,
in girlandenartigen Formulierungen sich atemlos verausgaben, spielt die
Singstimme nach einem Motto (»Kommt der Frühling«) in Accele-
rando-Bewegung mit der anfänglichen Formel cis", c", dis", h' (»ja,
dann bricht vom starren Eise eine Scholle ...«), deren Intervallfolge an
das zweite Glied der *Akahito*-Formel (ces, b, des, b) erinnert (s. Bsp. 1).

In der dritten Miniatur, *Tsaraiuki* (Maurice Ravel gewidmet; tran-
quillo), spricht die Singstimme in gelassen formulierter Achtelbewegung vom weißen Schimmer, von den hellen Wolken der Kirschblüte,
über einem pseudo-kontrapunktischen Geflecht auf- und absteigender großer Intervalle, Formeln, die durch die Instrumentalstimmen
wandern. Die Starre der Formulierungen, die *Akahito* statisch ver-
zauberte, und die rhetorische Enthaltsamkeit des Liedes weicht mit
den sichtbaren Zeichen des Frühlings in *Tsaraiuki* nunmehr figurativ
aufgelösteren, atmenden Formulierungen.

Pierre Boulez bemerkte, daß die instrumentale Besetzung von Strawinskys Japanischen Liedern und von Schönbergs Melodram *Pierrot
lunaire* nahezu identisch sei. Aber da Schönbergs Partitur erst 1914
gestochen wurde, war ein sorgfältiges Studium des *Pierrot lunaire*, so
sehr die Instrumentation im Gegensatz zur Beardsley-Ästhetik des
Melodrams ihn beeindruckte, für Strawinsky nicht möglich. Zudem:

Bsp. 1 »Mazatsumi«. Klavierversion, S. 13 (Boosey & Hawkes)

Während Schönberg mit Hilfe des Instrumentariums die kontrapunktische Faktur seiner Satzstrukturen verdeutlichte, sei Strawinskys Wahl nicht von der kompositorischen Struktur her zu rechtfertigen, sondern wurde um ihrer selbst willen gewählt. Boulez beschließt seine Beobachtungen (im Essay »Flugbahnen« [1951], S. 253) mit einem kritisch-sybillinischen Resümee:

> »Obwohl Strawinsky sich eines völlig unnützen Vokabulars bedient, einer Morphologie bar jeder Konsequenz, einer Syntax, die praktisch keine ist, führt er eine Poetik [gemeint ist offenbar Poesie] von bestürzender Schönheit herauf. Ebenso wie der *Sacre* den Begriff ›Konzertmusik‹ ins Wanken brachte, genauso sind die drei japanischen Kurzgedichte der Spiegel einer in ihrer elliptischen [aussparenden] Bündigkeit noch nicht gekannten Sensibilität. Wir haben einen gleichen Eindruck nur, wenn wir Webern hören, speziell jene Werke, die er in den Jahren zwischen 1909 und 1913 schrieb. Diese Sensibilität bricht bei Strawinsky plötzlich ab, bei Webern dagegen … Geheimnis dieser Entwicklung: die Analysen können Sprache oder Technik beweisen, aber niemals ganz erklären. Man gibt sich Rechenschaft über den Materialaspekt einer Partitur, doch man ist ohnmächtig gegenüber der Poetik [Poesie?], deren Schlüssel sie bildet. Deshalb enthüllen die *Poésies de la Lyrique japonaise* für uns im Rückblick den Zauber und die Beängstigung einer essentiellen Unmöglichkeit.«

Klaviermusik

Scherzo, für Klavier, 1902
Sonate fis-Moll, für Klavier, 1903/04
Quatre études pour piano, 1908

Strawinskys erste erhaltene Klavierkomposition, das **Scherzo** (1902), gehörte vielleicht zu den Stücken, die er Rimski-Korsakow bei ihrer ersten
Begegnung vorspielte. Das dreiteilige Salonstück enthält ein im Tempo
zurückgenommenes *Trio: moderato* und trug die Tempoüberschrift ›Allegro‹, die der St. Petersburger Freund und Förderer Nikolas Richter, dem
das Stück gewidmet ist, vermutlich selbst in ›Vivo‹ änderte.

Bsp. 2 *Scherzo*, S. 5 (Faber Music)

Die viersätzige **Sonate fis-Moll**, die er verschollen wähnte (»glücklicherweise«, weil er in ihr eine nicht eben gelungene Nachahmung später Beethoven-Sonaten vermutete), hatte Strawinsky in den Jahren 1903/04 komponiert, in St. Petersburg und in Samara (Pawlowka), auf dem Besitz seines Onkels Alexander Jelatschitsch. Nikolas Richter, dem sie gewidmet

Bsp. 3 *Sonate fis-Moll*, S. 2 (Faber Music)

ist, spielte die Komposition im privaten Rimski-Korsakow-Zirkel am 9. Februar 1906 und etwas später öffentlich an einem der St. Petersburger »Abende zeitgenössischer Musik«. Die Sonate wurde im Nachlaß Richters entdeckt und im Jahre 1974 erstmals publiziert. Die erste Einspielung der Sonate durch Paul Crossley favorisierte noch die Satzüberschriften I Allegro – Più lento – Tempo 1 – Più largo – Tempo 1 – Agitato – II Scherzo (Vivo) – III Andante – IV Finale (Allegro – Andante – Tempo 1 – Agitato) und verdeutlichte so die interne Gliederung der beiden großen Ecksätze der Sonate. Der Herausgeber der Sonate, Eric Walter White, schlug indes folgende Ordnung der Sätze vor: I Allegro – II Vivo – III Andante – IV Allegro.

Während die differenzierte Gliederung der Form im ersten Satz durch leichte Veränderungen des Grundtempos unterstrichen wird, suggeriert Strawinsky im Vivo-Satz durch den Taktwechsel von ¾ zu ¾ zu ¾ eine formale Dreiteiligkeit. Ähnlich ist auch der Andante-Satz gegliedert, dessen Taktordnung von ⁶⁄₈ zu ¾ und wieder zu ⁶⁄₈ wechselt. Inmitten des finalen Allegro-Satzes findet sich ein ausgearbeiteter Andante-Formteil.

Nicht Beethovens Sonaten, sondern kompositorische Arbeiten des von Strawinsky verehrten Komponisten Peter Tschaikowsky wurden von ihm offensichtlich als Modelle genutzt (s. Bsp. 3). Darauf verweist der vollgriffige Klaviersatz, eine typische Akkordik in der bevorzugten weiten Lage, deren Mittelstimmen gelegentlich figurativ belebt und so deutlicher herausgehoben werden. Und es ist bemerkenswert, daß Strawinsky in seiner frühen Klaviermusik sich noch an die Kunst der Übergänge erinnerte, Formglieder ausarbeitete, die zwischen den wechselnden thematischen Charakteren vermitteln.

Im Sommer des Jahres 1908 komponierte Strawinsky auf seinem Besitz in Ustilug vier klaviertechnisch anspruchsvolle, virtuose **Études**: in c-Moll (Con moto), D-Dur (Allegro brillante), e-Moll (Andantino) und Fis-Dur (Vivo), die er seinen St. Petersburger Freunden widmete: Stepan Mitusow, Nikolas Richter, Andrej und Wladimir Rimski-Korsakow. Während die erste Etüde das Spiel mit irrationalen Werten (Quintolen oder Septolen gegen Triolen) einübt, widmet sich die zweite der schnellen Repetition meist eintaktiger komplexer figurativer Bildungen und die dritte der *legato* auszuführenden Dehnung der rechten Hand. In der vierten Etüde werden zunächst staccato zu spielende Vierton-Figuren der linken Hand gegen virtuose Legato-Figurationen gesetzt (s. Bsp. 4).

Mit diesen ostinaten Figuren findet der Komponist eine Formulierung, die er trotz der stilistischen Wandlungen seiner kompositorischen Handschrift ein Leben lang nutzen wird.

»Vielleicht hat mich Skrjabin wirklich beeinflußt, und zwar bei der Behandlung des Klaviers in meinen Etüden op. 7. Aber man läßt sich nur durch das beeinflussen, was man liebt, und ich vermochte sicherlich nie auch nur einen Takt seiner bombastischen Musik zu lieben« (G, S. 38).

Bsp. 4 *Quatre Études.* Nr. IV, S. 2 (Anton J. Benjamin)

Werke für Orchester

Sinfonie Nr. 1 in Es-Dur, 1905–07
Scherzo fantastique, für Orchester, 1908
Feu d'artifice (Feuerwerk), für Orchester, 1908

Die **Sinfonie in Es-Dur,** sein Opus 1, schrieb Igor Strawinsky, nachdem er seine Lehrjahre bei Rimski-Korsakow, dem das Werk gewidmet ist, beendet hatte. Nichtöffentlich wurde die Sinfonie auf Anregung von Rimski-Korsakow am 27. April 1907 von Hugo Warlich mit dem St. Petersburger Hoforchester aufgeführt; im Januar 1908 leitete Felix Blumenfeld dann die öffentliche Aufführung der Sinfonie. Strawinsky erzählt, daß Rimski-Korsakow bei der Uraufführung zugegen gewesen sei und ihm von Zeit zu Zeit kritische Bemerkungen zugeraunt habe: »Das ist zu schwerfällig, sei vorsichtiger, wenn du Posaunen im Mittelregister verwendest.« Und der für Strawinskys Musik grundsätzlich wenig Sympathie empfindende Glasunow habe nach der Aufführung einerseits gönnerhaft bemerkt: »Sehr nett, sehr nett!« Andererseits soll er geäußert haben, daß die Instrumentation viel zu schwergängig für eine solche leere Musik sei.

Das viersätzige Werk (Allegro moderato – Scherzo: Allegretto – Largo – Finale: Allegro molto) atmet eher heiter-klassizistischen Geist, trotz des großen sinfonischen Orchester-Apparates. Und es findet sich in der nahezu 40minütigen Partitur kaum ein Augenblick, der sich in jener intensivierten, sinfonischen Arbeit verausgabte – oder ihr Äquivalent einer sich nachhaltig reflektierenden Melancholie aufsuchte –, wie es für die Sinfonien Glasunows oder Tschaikowskys charakteristisch ist. Nach seiner *Petruschka*-Premiere im Jahre 1911 hatte sich Strawinsky zu seiner frühen Sinfonie auf verhaltene Weise geäußert:

»Ich schäme mich der Sinfonie nicht . . . Es ist mein erstes Werk. Es hat ein paar hübsche Stellen, aber der Rest folgt gehorsam dem Glasunow-Tschaikowsky-Stil, und die Instrumentation ist akademisch. Das Stück ist nicht wirklich interessant, kann aber immerhin als Dokument gelten, um wieder einmal zu zeigen, wie man nicht komponieren sollte« (PD, S. 22).

Dennoch hat Strawinsky das Werk mehrfach dirigiert, und Ernest Ansermet überlieferte die hübsche Geschichte des ersten Dirigats von Strawinsky, die sich kurz vor dem Beginn des Ersten Weltkriegs im Kursaal von Montreux zutrug:

> »Ich ließ seine *Erste Symphonie* (in Es) aus Rußland kommen, setzte sie auf mein Programm und lud ihn ein, in einem der nächsten Konzerte das Scherzo daraus, ein reizendes Stück, selbst zu dirigieren. Das war das erste Mal, daß Strawinsky ein Orchester leitete. Seine ganze Familie saß im Saal. Als er nach dem Konzert seinen Sohn Swjatoslaw [Soulima] fragte, wie ihm seine Musik gefallen habe – es war das erste Konzert, das der damals Fünfjährige besuchte –, bekam er zur Antwort: ›Ich mag Wagner lieber, der macht mehr Lärm!‹ (Ich hatte das Programm mit dem *Walkürenritt* beschlossen).« (Ansermet/Piguet, 1973, S. 38.)

In die Sinfonie arbeitete Strawinsky auch Liedzitate ein: so im ›Scherzo‹ bei [11]* einen Volkstanz, den er auch als »Ammentanz« in *Petruschka* nutzte, und im Finale ab [13] die Vorwegnahme eines Motivs aus dem dritten Necklied seiner *Trois petites chansons (Souvenir de mon enfance)* von 1913. Aber hier geschieht die Adaption der fremden Melodik gleichsam sinfonisch, wird thematisch verarbeitet, nicht wie später als Zitat lediglich in den Kontext eingeschnitten, montiert.

Das Orchesterstück **Scherzo fantastique** (1908) und der Beginn seiner Oper *Die Nachtigall* hatten noch den Beifall Rimski-Korsakows gefunden, wie sich Strawinsky erinnert:

> »Zu dieser Arbeit wurde ich durch den Meister sehr ermutigt. Noch heute erinnere ich mich mit großer Freude des Beifalls, den er den ersten Skizzen dieser Werke spendete. Wie habe ich es bedauert, daß es ihm nicht vergönnt war, sie zu hören, nachdem sie vollendet waren; ich glaube, er hätte sie geliebt« (E, S. 33).

Im Sommer des Jahres 1908 vollendete Strawinsky in Ustilug eine weitere, allerdings nur vierminütige Orchesterstudie, **Feu d'artifice** (*Feuerwerk*), die er Nadeshda Rimski-Korsakow und Maximilian Steinberg anläßlich ihrer Verheiratung widmete. Er übersandte sie auch Rimski-Korsakow, der indes inzwischen verstorben war.

---

* Die Ziffern in [ ] bezeichnen die Orientierungspunkte im Notentext.

Im Verlauf des Winters 1908/09 wurden beide Orchesterstücke in einem der Siloti-Konzerte uraufgeführt, am 2. Februar 1909, wie Strawinsky behauptet, und Sergej Diaghilews Anteilnahme an den Stücken führte zu einer lebenslangen Zusammenarbeit mit dem großen Kunst-Manager, die Strawinsky aus der provinziellen Enge St. Petersburgs in die Internationalität, nach Paris führte.

»Der Tag dieser Aufführung ist ein wichtiges Datum für die ganze Zukunft meiner musikalischen Laufbahn.«

Strawinsky erläuterte, daß sein »fantastisches Scherzo«, obwohl er sich zu jener Zeit in Maurice Maeterlincks Buch *Leben der Bienen* vertieft habe, rein sinfonische Musik sei, die seine frühe Mendelssohn-Faszination bezeuge und im langsamen Mittelteil den Einfluß von Wagners *Parsifal*, von dessen Karfreitagsmusik, die der junge Komponist allerdings nur als Partitur kannte.

Die ausladende, 16minütige Partitur des *Scherzo fantastique* exponiert vornehmlich jene fliehenden figurativen Charaktere, die sich bereits im ›Scherzo‹ von Strawinskys *Es-Dur-Sinfonie* finden, bevor sie sich in einem länger ausgesponnenen, im Tempo zurückgenommenen Mittelteil eher tastend an Wagner-Anspielungen versucht. Aber im weiteren Verlauf des Stücks drängen sich auch Erinnerungen an Rimski-Korsakows dahinjagende Hummelflug-Figurationen auf, die den jungen Komponisten offenbar magisch anzogen und zu unersättlich scheinenden Ausarbeitungen virtuosen Orchester-Filigrans verführten.

Das Orchesterstück *Feu d'artifice*, das Strawinsky in sechs Wochen niederschrieb, lebt ebenfalls von der Exponierung virtuosen Filigrans, auch hier findet sich eine dreiteilige Gliederung. *Feu d'artifice* ist indes spürbar um kompositorische Prägnanz bemüht, zeichnet sich durch größere Konsistenz, Folgerichtigkeit und Variabilität der gewählten Feuerwerks-Charaktere aus.

Russische Ballette. Musiktheater

Le Rossignol (Die Nachtigall)

Lyrisches Märchen in drei Akten auf ein Libretto von Igor Strawinsky und Stepan Mitusow nach Hans Christian Andersen, für Soli, Chor und Orchester, 1908/09 (Akt I) und 1913/14 (Akte II, III)

Uraufführung: Paris, Théâtre de l'Opéra, 26. Mai 1914 (Dirigent: Pierre Monteux; Choreographie: Boris Romanow; Regie: Alexandre Sanin; Ausstattung: Alexandre Benois).

In den Jahren 1908/09 arbeitete Strawinsky an einer lyrischen Erzählung in drei Akten nach Andersens Märchen »Die Nachtigall«, deren Libretto er zusammen mit seinem Freund Stepan Mitusow ausgearbeitet hatte. Die Autoren konzentrierten Andersens Märchen auf die wesentlichen Begegnungen des Kaisers und des Fischers mit der Nachtigall und gaben der Person des Fischers in jedem Akt Gelegenheit zu einem kommentierenden Gesang, der musikalisch den Charakter eines Refrains annimmt. Die Lied-Texte des Fischers und der Nachtigall lassen jenen schwärmerischen Ton der Natur-Lyrik Gorodetskis und Balmonts anklingen, der Strawinsky von seinen Liederzyklen vertraut ist.

Obwohl der Beginn des Werkes jene von Rimski-Korsakow nicht geschätzte Debussy-Nähe erkennen läßt, hatte der kranke Meister die ersten Skizzen seines Schülers recht beifällig aufgenommen. Als Strawinsky dann im Spätsommer 1909 die Orchesterpartitur des ersten Aktes beendete, erhielt er von Diaghilew ein Telegramm, das ihn um die Komposition des Balletts *Der Feuervogel* bat. Es folgten Aufträge für *Petruschka* und *Le Sacre du printemps*.

Die Nachtigall mit ihrer Ästhetik geriet zunächst in den Hintergrund, und der Komponist nahm die Arbeit an der Oper erst wieder auf, als er einen Auftrag des Moskauer Freien Theaters erhalten hatte.

»Ich schwankte lange, ob ich diesen Auftrag annehmen sollte. Von der Oper existierte nur das erste Bild, der Prolog, und den hatte ich vor vier Jahren geschrieben. Meine musikalische Sprache hatte sich seitdem erheblich gewandelt, und ich fürchtete, daß die Musik der folgenden Bilder durch ihren neuen Geist sich zu sehr von der des Prologs unterscheiden würde. Ich teilte den

Direktoren der Freien Bühne meine Bedenken mit und schlug ihnen vor, sich mit dem Prolog zu begnügen und ihn als kleine lyrische Szene aufzuführen. Aber sie bestanden auf der dreiaktigen Oper, und schließlich gelang es ihnen, mich umzustimmen. Da die Handlung erst im zweiten Akt beginnt, sagte ich mir, daß es nicht unlogisch sei, wenn die Musik des Prologs einen anderen Charakter zeige als die der folgenden Bilder. In der Tat: Der Wald mit der Nachtigall, [...] diese ganze zarte Poesie Andersens kann nicht in der gleichen Weise behandelt werden, wie der

Alexandre Benois' Kostümentwurf für die Rolle des Kaisers in der Uraufführung der *Nachtigall*

chinesische Hof mit seiner bizarren Etikette, den Palastfesten, den Tausenden von Glöckchen und Laternen, der brummenden, scheußlichen japanischen Nachtigall, kurz, der ganzen exotischen Phantasie, die natürlich eine andere musikalische Ausdrucksweise verlangt« (E, S. 56).

Strawinsky verständigte sich über den Fortgang des Librettos mit Mitusow im August und September 1913, arbeitete während des Winters an der Partitur, beendete sie im März 1914 und erfuhr, daß das Moskauer Freie Theater in Konkurs gegangen war.

So kam es am 26. Mai 1914 zur Uraufführung der *Nachtigall* in der Pariser Oper. Und Strawinsky erinnert sich, daß Sergej Diaghilew großen Wert darauf legte, *Die Nachtigall* als Ballett-Oper herauszubringen. Die Sänger waren im Orchestergraben untergebracht, und ihre Rollen wurden von Tänzern dargestellt.

»Die Premiere war insofern kein Erfolg, als sie keinen Skandal hervorrief. Musikalisch wie szenisch war die Aufführung ausgezeichnet. Monteux zeigte sich als Dirigent seiner Aufgabe gewachsen; die Sänger – namentlich ›Tod‹ und ›Nachtigall‹ – waren gut, und was die Szene anbetrifft, war sie dank Alexander Benois, der die Bühnenbilder und Kostüme entworfen hatte, die schönste Ausstattung von allen meinen früheren Werken bei Diaghilew. Boris Romanow erfand die Tänze, und Alexander Sanin führte Regie« (G, S. 125).

Der erste Akt wird mit einer atmosphärisch dichten Introduktion eröffnet, deren zarte Streicher-, Holzbläser-, Celesta- und Harfen-Farben eine feenartige Stimmung, die atmende Stille einer nächtlichen Landschaft suggerieren (s. Bsp. 5).

Ein Fischer erwartet sehnsüchtig den himmlischen Gesang der Nachtigall, der, durch Flöten-Soli antizipiert, sich an fühlige Naturbilder verschwendet: der hellste Stern sei ein diamanten strahlender Tautropfen geworden. Die naturselige Szene wird von einer Baßklarinette aufgestört und barsch von Hofleuten unterbrochen, die in einer burlesken Szene unter der Führung einer Küchengehilfin die Nachtigall suchen und deren Rufe zunächst mit denen eines Kalbs und von Fröschen verwechseln. Aber der Gehilfin gelingt es, die Nachtigall zu finden und sie an den Hof zu tragen. Der Fischer beendet den Akt mit dem ersten Teil seines Gesangs: Harten Menschen treibe der Gesang der Nachtigall Tränen ins Auge, jede ein leuchtender Stern.

Bsp. 5 *Le Rossignol*, 1. Akt, Introduktion. Partitur, S. 2 (Boosey & Hawkes)

Im zweiten Akt wird ein großes Fest vorbereitet, Glöckchen klingen auf, Laternen erleuchten die Szenerie, absteigende Posaunenchromatik begleitet den Befehl: »Hinweg mit euch! Der Kaiser wird gleich kommen.« Würdenträger schreiten herein, während eine *Marche chinoise* erklingt. Die Nachtigall wartet auf einer langen Stange, schließlich wird der Kaiser in seiner Sänfte hereingetragen. Nachdem die Nachtigall vor dem Kaiser gesungen hat, einen virtuosen Gesang, den sie mit einer weitschwingenden Vokalise einleitet und ausklingen läßt, zeigt er sich entzückt. Aber nun werden drei japanische Gesandte gemeldet, die Strawinsky mit Quintgängen charakterisiert und die dem Kaiser eine mechanische Nachtigall überreichen.

Bsp. 6 *Le Rossignol.* Partitur, S. 116 (Boosey & Hawkes)

Auch sie läßt sich hören. Ihre Figuren, stereotyp auf- und abgleitend zunächst, durch auffällige Repetitionen das Mechanische ihres Gesangs hervorhebend, werden vom Englischhorn artikuliert. Dazu erklingt ein Teppich von ostinat formulierten Farben der Celesta, der Harfe und Tremoli der Klarinetten. Als der Kaiser den Gesang der mechanischen Nachtigall beenden läßt, um die echte Nachtigall zu hören, ist diese bereits fortgeflogen. Darauf verbannt der Kaiser das »freche Tier« bis an die Grenzen seines Reiches und läßt die mechanische Nachtigall an seinem Bett aufstellen. Der Fischer beendet diesen Akt mit einer düsteren Vision: »Nun hüllt der Tod den Himmel ein, senkt seine Kälte auf die Welt. Ihren Sang höre ich nicht mehr, hin ist der Glanz, hin ist der Lenz.«

Im dritten Akt liegt der kranke Kaiser, bedrängt von Geistern, im Bett, der Tod steht an seinem Kopfende. Als der Kaiser nach seinen Musikern ruft, hört er mit einem Mal den Gesang der Nachtigall, der selbst den Tod anrührt und ihn fasziniert. So willigt der Tod überraschend ein, dem Kaiser die Krone und sein Leben wieder zurückzugeben. Nun, da der Kaiser neue Kräfte fühlt, bittet er die Nachtigall, am Hofe zu bleiben – in höchsten Würden. Sie aber verspricht ihm nur, jede Nacht wieder zu ihm zurückzukommen. Während der Kaiser den neuen Tag begrüßt, schließt der

Fischer die Oper mit einem Lied auf die Nachtigall: »Nun vor der Sonne flieht die Nacht, Vogelgesang klingt aus dem Wald. Oh, wie schön klingt ihr Lied im Lenz, Nachtigall, sei mir gegrüßt.«

»Ich finde heute, daß der erste Akt trotz seiner offensichtlichen Debussyismen, seinen Vokalisen à la *Lakme* und seinen – selbst für jene Zeit – allzu süßen und niedlichen Tschaikowsky-Melodien wenigstens opernwirksam ist, während es sich bei den folgenden Akten mehr um eine Art Ausstellungsopernballett handelt. Ich kann den musikalischen Stil der spätern Akte – die großen Sekunden, die parallelen Intervalle, die pentatonischen Tonfolgen, die Orchestereffekte wie Tremolos, sordinierte Bässe, Kadenzen – nur dem Umstand zuschreiben, daß ich nach fünf Jahren, und besonders nach dem *Sacre du printemps*, Schwierigkeiten hatte, wieder eine Oper zu schreiben« (G, S. 124).

Im Jahre 1917 schrieb Strawinsky auf der Basis des zweiten und dritten Aktes der Oper seine symphonische Dichtung **Le Chant du rossignol**, die 1919 von Ernest Ansermet in Genf uraufgeführt wurde.

Der Feuervogel (L'Oiseau de feu)

Ballett in einem Akt (2 Bildern), 18 Tanznummern und einer Orchester-Introduktion

Libretto: Michail Fokin.

Uraufführung: Paris, Théâtre de l'Opéra, 15. Juni 1910 (Dirigent: Gabriel Pierné; Choreographie: Michail Fokin; Ausstattung: Alexander Golowin; Kostüme: A. Golowin, Léon Bakst).

Personen: Der Feuervogel; die schöne Zarewna; Iwan Zarewitsch; der unsterbliche Kastschei; die gefangenen Prinzessinnen; die versteinerten Kavaliere; Jugend; die Gefolgschaft des Kastschei.

In seinen Gesprächen mit Robert Craft erinnert sich Strawinsky, daß alle Beteiligten, aber insbesondere Léon Bakst, Diaghilews erster Ratgeber, Gedanken zum Plan des Szenarios beisteuerten. Bakst sei auch, ebenso wie Golowin, für die Gestaltung der Kostüme verantwortlich gewesen. Mit Fokin zusammen habe Strawinsky dann das Libretto studiert, Episode für Episode, so lange, bis er die für die Musik erfor-

derlichen Proportionen kannte. Trotz Fokins enervierender Predigten, die er bei jedem Treffen wiederholte – über die Rolle der Musik
als Begleitung des Tanzes –, habe ihn Fokin viel gelehrt, und Strawinsky habe seither mit Choreographen auf vergleichbare Weise zusammengearbeitet; denn er schätze genaue Forderungen.

In Alexander Afanasjews berühmter Sammlung *Russische Volksmärchen* (Moskau 1855–63) finden sich auch drei Märchen, die den
Librettisten als Vorlage gedient haben mögen: »Kostschej der Unsterbliche«, »Das Märchen von Iwan Zarewitsch, dem Feuervogel und
dem grauen Wolf«, »Der Feuervogel und Wassilissa Zarewna«. In ihnen wird in anderen Zusammenhängen das Personal des *Feuervogel*-
Librettos vorgestellt: der unsterbliche Kastschei, der Feuervogel, der
Zarewitsch, die Zarewna, die Prinzessinnen, und es wird auch von einem verborgenen Garten mit goldenen Äpfeln oder von versteinerten
Menschen erzählt.

Wenn sich nach der *Introduktion* der Vorhang hebt, wird in einer nächtlichen Szenerie der über die Bühne flimmernde Feuervogel sichtbar. Er
umkreist einen Baum, der mit goldenen Äpfeln behangen ist. Iwan Zarewitsch, der den Vogel zu fangen versucht, verfolgt ihn, greift ihn schließlich, und der Vogel bittet um seine Freiheit. Nun überreicht der Feuervogel dem Zarewitsch eine feuerrote Feder. Wann immer er in Not gerate,
solle er sie in die Luft halten, der Feuervogel werde dann helfend herbei-
fliegen. Iwan Zarewitsch läßt ihn frei.

Die dreizehn verzauberten Prinzessinnen treten auf, pflücken goldene
Äpfel und werfen sie sich zu. Als sie den Zarewitsch bemerken, erschrek-
ken sie zunächst, nehmen ihn dann aber in ihren Kreis auf. Iwan begrüßt
die schöne Zarewna; die Prinzessinnen tanzen einen altslawischen Rund-
tanz, ›Korowod‹, und schließlich fügen sich auch Zarewna und Zarewitsch, von Liebe ergriffen, dem Tanz ein.

Als aus der Ferne Trompetensignale hörbar werden, die den beginnenden neuen Tag verkünden, verabschieden sich die Mädchen, eilen ins
Schloß des Kastschei, und Iwan wird bald darauf, bei sich rasch verdun-
kelnder Szene, von Ungeheuern bedroht. Kastschei und sein Gefolge treten auf, um ihn gefangenzunehmen. Nun erinnert sich der Zarewitsch an
die Zusage des Feuervogels und schwingt die Feder über sich. Die Unge-
heuer versuchen, sie ihm zu entreißen, Kastschei fordert seinen Tod und
beginnt mit der Beschwörung, um ihn in Stein zu verwandeln; da erscheint der Feuervogel.

Durch den Feuervogel verzaubert, wird Kastscheis Höllenvolk unfrei-
willig in einen *Danse infernale* hineingerissen, um bald darauf tot umzu-

fallen. Der Feuervogel tanzt nun unter dem Apfelbaum eine *Berceuse*, die den Kastschei einschläfert, und zeigt Iwan das Kästchen mit dem Riesenei, in dem Kastscheis unsterbliche Seele aufbewahrt wird. Ein greller Blitz begleitet den Tod Kastscheis: Iwan hat das Ei mit seinem Schwert zerschlagen. Kastscheis Palast, sein Zaubergarten verschwinden, die versteinerten Kavaliere beginnen wieder zu atmen, und das Volk jubelt dem neuen Zarenpaar zu.

Ein »Feuervogel«-Ballett wurde von Diaghilew und seinem Team bereits Anfang des Jahres 1909 diskutiert. Nach der finanziell verlustreichen Pariser Saison mit Opern und Balletten folgte Diaghilew dem Rat der Kritik, zukünftig nur mehr »russische« Ballette in Paris vorzustellen. So entschloß er sich, den *Feuervogel* in der nächsten Saison herauszubringen. Als Komponist wurde von Alexander Benois zunächst Alexander Tscherepnin favorisiert, aber Diaghilew hätte gern mit seinem Harmonielehre-Professor Anatoli Ljadow zusammengearbeitet. Als dann sichtbar wurde, daß Ljadow das Ballett nicht rechtzeitig komponieren würde, entschied sich Diaghilew für den jungen, unbekannten Strawinsky, der 1909 für die Pariser *Les Sylphides*-Produktion des Russischen Balletts bereits zwei Chopin-Pièces instrumentiert hatte.

»Gegen Ende des Sommers [1909] war die Orchesterpartitur des ersten Aktes [der *Nachtigall*] vollendet; ich kehrte aus den Ferien zurück und war entschlossen, an dem Werk weiterzuarbeiten. Da erhielt ich ein Telegramm, das alle meine Pläne umwarf. Diaghilew war soeben in St. Petersburg angekommen, und er schlug mir vor, die Musik zum *Feuervogel* zu komponieren, der im Frühjahr an der Pariser Oper vom Russischen Ballett aufgeführt werden sollte« (E, S. 35).

Igor Strawinsky, der sich seit längerem danach gesehnt hatte, seine künstlerische Isolation zu durchbrechen, der seine St. Petersburger Existenz als provinziell empfand, war von den Chancen dieses Auftrags fasziniert: Nunmehr würde er mit bedeutenden künstlerischen Persönlichkeiten zusammenarbeiten und sich zum ersten Mal in einem internationalen Milieu als Komponist bewähren können: in der Metropole Paris. Andererseits ergriff ihn auch Angst bei dem Gedanken, die große, nahezu 45minütige Partitur bis zum Frühjahr 1910 fertigstellen zu müssen. Denn damals kannte er seine Kräfte noch nicht.

Léon Baksts Kostümentwurf für Tamara Karsavina in der Uraufführung des *Feuervogels*

Obgleich Diaghilew den Auftrag an Strawinsky definitiv erst am 1. Dezember vergab, machte sich Strawinsky bereits Anfang November an die Arbeit in einem Landhaus 70 Meilen südlich von St. Petersburg, das den Rimski-Korsakows gehörte. Dort notierte er die eröffnenden Takte der Introduktion. Während des Winters 1909/10 arbeitete er intensiv an seinem Ballett, das er in zwei Tableaus gliederte: Auf die ›Introduktion‹ folgen 18 Tanznummern, davon 17 als Tableau I, und die letzte Nummer, glückliches Ende und jubelnder Neubeginn, bildet das Tableau II. Sobald Strawinsky Teile der Partitur komponiert hatte, legte Fokin die Choreographie fest. Der ehrgeizige, lernbegierige Komponist aber nutzte die Chance, bei jeder Probe zugegen zu sein. Zusammen mit Diaghilew und Waslaw Nijinski beendete er den Tag mit einem exquisiten Essen und einer guten Flasche Bordeaux.

Das Sujet des Balletts reizte Strawinsky wenig, denn es erforderte wie alle Handlungsballette deskriptive, das Szenario charakterisierende Musik, die er eigentlich nicht schreiben wollte. »Beispielsweise der Dialog zwischen Kastschei und Zarewitsch (No. 110), dort ist die Musik so wörtlich wie in einer Oper.« In den sechziger Jahren auf den *Feuervogel* zurückblickend, gesteht Strawinsky, daß in seiner Partitur Einflüsse von Rimski-Korsakow (Harmonik und Orchesterfarbe) und Tschaikowsky (opernhafte, ›vokale‹ Elemente) zu bemerken seien – obwohl er sich bemüht habe, Rimski-Korsakows Orchestrationskunst durch Spielanweisungen wie *sul ponticello, col legno, flautando, glissando* oder durch Flatterzungen-Effekte zu übertreffen.

Indes, umfassende Einflüsse Rimski-Korsakows auf das Sujet und die kompositorische Konzeption von Strawinskys Ballett sind nicht zu leugnen. So spiegelt sich im *Feuervogel* als Variante das Sujet der Rimski-Oper *Der unsterbliche Kastschei* (1902) – auch hier werden Gefangenschaft, Unterdrückung und Tod von Vernunft und Schönheit besiegt. Die in der Strawinsky-Literatur hervorgehobene Technik der leitmotivischen Charakterisierung der unterscheidbaren Sphären seines Balletts, die des Magischen und des Humanen, hat Strawinsky offenbar von Rimskis Oper *Der goldene Hahn* übernommen. Denn dort ist zu beobachten, wie das humane Element durch diatonische Themen und das magische Element durch chromatische Arabesken orientalischer Provenienz charakterisiert werden. In einer längeren Sequenz über sein Verhältnis zum Musikdrama faßt der Komponist solche frühen Einflüsse in folgender Weise zusammen:

»Der *Feuervogel* hat noch nicht völlig mit den Erfindungen gebrochen, die der Begriff Musikdrama deckt. Ich war noch immer empfänglich für das System der musikalischen Charakterisierung verschiedener Personen und dramatischer Situationen. Und dieses System offenbart sich hier in der Einführung von Prozessen, die zur Ordnung der Leitmotive gehören.

All das, was den bösen Kastschei betrifft, alles was zu seinem Königreich gehört – der Zaubergarten, die Menschenfresser und Monster aller Art, die seine Subjekte sind, und ganz allgemein alles, was magisch und geheimnisvoll, besonders oder übernatürlich ist –, wird in der Musik durch Leitharmonien charakterisiert.

Im Gegensatz zu der chromatischen magischen Musik ist das sterbliche Element (Prinz und Prinzessin) verbunden mit einer charakteristischen Musik des diatonischen Typus. Aufsteigende übermäßige Quarte und absteigende kleine Sekunde ergeben die Intervall-Basis für die Erscheinung des gütigen Feuervogels – Kastschei dagegen bekommt gebrochene, bösartige Terzen« (PD, S. 60).

Dementsprechend hat die Musik des Zarewitsch, der Prinzessinnen und die finale Danksagungsmusik, die wie die Apotheosen in Mussorgskys *Boris Godunow* blockartig auftrumpft, diatonische Züge – die beiden Korowod-Themen sind Volksliedmelodien (»Im Gärtchen«, Nr. 79 in Rimski-Korsakows Sammlung: *100 russische National-Lieder*, 1876), ebenso das finale Thema (»Rauschte nicht die Kiefer an der Pforte«, Nr. 21 ebd.). Die Musik des Feuervogels und des Kastschei aber ist durch das Intervall des Tritonus charakterisiert. Dieses Intervall ist bereits in den eröffnenden Takten der ›Introduktion‹ zu beobachten, ebenso wie das Wechselspiel zwischen großer und kleiner Terz (s. Bsp. 7, S. 49).

Die zweite motivische Charakterisierung der ›Introduktion‹ gilt offenbar dem Feuervogel. Sie beginnt mit einer Folge aufsteigender punktierter Motive und endet in einer geheimnisvollen Farbenschicht, jenem natürlichen harmonischen Glissando [b], auf dessen Entdeckung der Komponist stolz war und das selbst Richard Strauss verblüffte, als er im Jahre 1912 den *Feuervogel* in Berlin hörte. Der großbürgerliche Komponist allerdings schmeichelte sich, dem jungen russischen Kollegen einen guten Rat geben zu können: »Es ist ein Fehler, daß Sie Ihr Stück pianissimo anfangen lassen. Da hört das Publikum niemals zu. Man muß es beim ersten Akkord durch großes Getöse überraschen, dann folgt es sogleich, und hinterher können Sie machen, was Sie wollen« (E, S. 50). Ein Rat, der für sein neues Ballett *Petruschka* bereits zu spät kam und dem Strawinsky auch in seinen späteren Balletten nicht zu folgen vermochte.

Bsp. 7 *Der Feuervogel*, Introduktion. Klavierauszug, S. 5 (Schott)

Trotz der Behauptung des Komponisten, daß der *Feuervogel* noch nicht gänzlich mit dem Regelwesen des Musikdramas gebrochen habe, ist zu beobachten, daß Strawinsky im Verlauf des Balletts die einzelnen Szenen motivisch keineswegs klischeeartig, etwa auf der Basis eines Motiv- oder Harmonie-Katalogs charakterisierte. Eine Vielzahl von Charakteren leitete er zunächst aus den Motiven [a] und [b] der ›Introduktion‹ ab oder gestaltete sie auf der Basis von Volksliedmelodien oder selbstgefundenen Formulierungen. Dabei nutzte Strawinsky bereits jene Technik der moti-

vischen Untergliederung von Phrasen – sie zu neuen Zusammenhängen
ausspinnend –, die er später radikalisierte.

So ist im ersten Bild (Nr. 1 »Kastscheis verzauberter Garten«) eine Tonrepetition mit sich anschließenden ab- und aufsteigenden chromatischen
Skalen vor [2] auffällig, die aus der Introduktion abgeleitet ist. Und das
flatternd-tremolierende Formglied bei [2], das offenbar den (verborgenen)
Feuervogel charakterisiert, folgt strukturell dem Motiv [a] des Beginns:
es', ces, b, a, c', d', grundiert von Kastschei-Terzen. In der zweiten Szene
werden die ersten Flügelschläge des Feuervogels durch die Krebsform des
[a]-Motivs: fis, g, as, c' – d', dis', e' gis usw. gebildet. Auch die flattern-
den, ab- und aufsteigenden Sechzehntelbewegungen bei [8] sind strukturell an ein Derivat des Motivs [a] gebunden: fis, eis, e, c – h, c, cis, eis. Ver-
sinnlicht, wirklich konkretisiert wird die Verfolgung des Feuervogels
durch den Zarewitsch indes weniger durch solche motivische Arbeit.
Während sie die innere Logik und Festigkeit der Partitur sichert, leistet
Strawinskys großes Orchester seine staunenswerte Charakterisierungsarbeit. »Helle sirrende und flirrende Töne, Crescendi und Decrescendi in
den farbigsten und leuchtendsten Kombinationen, die dem Orchester der
damaligen Zeit zu entlocken waren, überfluten auf einmal die Bühne.
Harfen, Becken, Triangel, Glockenspiel, helle Bläser und Streicher, Ganz-
tonakkorde, Triller, Tremoli und Glissandi, kurz alles, was der Jugendstil
an aparten, unbekannten und ohne Partitur nicht analysierbaren Farbrei-
zen entwickelt hat, schlägt über dem Hörer zusammen. Der Feuervogel
ist da. Er ›fliegt‹ über die Bühne, im Gleichklang mit den auf- und ab-
wärtsströmenden Orchesterwellen, die seine Flugbahn anzeigen« (Kirchmeyer, 1974, S. 54).

Neben solchen figurativ aufgelösten, gestischen Momenten und gereih-
ten Satzstrukturen finden sich im *Feuervogel* aber auch Szenen von stau-
nenswerter formaler Geschlossenheit, etwa im »Tanz des Feuervogels«,
der Nummer 3 des Balletts. Auch hier ist die Faktur figurativ sehr stark
aufgelöst, aber es bildet sich dennoch eine symmetrische, zweiteilige Gliederung der Szene. Die Formteile wachsen jeweils aus einem Sekundbeginn
heraus, der sich triolisch und in Zweiunddreißigstel-Figuren zu einer
Viertaktgruppe erweitert, dann modifiziert wiederholt wird, so daß sich
eine interne Gliederungsform aus 4 + 4 Takten ergibt, an die sich eine größere Evolution anschließt.

Vergleichbar satzartig ist auch die Nummer 5, ein großes Adagio, ausgearbeitet, in dem der Feuervogel demütig um seine Freilassung bittet, die
ihm gewährt wird. Während die Großform als A–B–A' formuliert ist, findet sich in den A-Teilen wiederum jene satzartige 4 + 4-Gliederung, auf
die eine größere Evolution folgt.

МОЛЬБЫ ЖАРЪ ПТИЦЫ.　　　SUPPLICATIONS DE L'OISEAU DE FEU.

Bsp. 8 (Fortsetzung S. 52)

Bsp. 8 *Der Feuervogel*, Nr. 5. Klavierauszug, S. 18 f. (Schott)

Andererseits finden sich immer wieder detaillierte motivische Charakterisierungen: Als der Zarewitsch im Kreis der Prinzessinnen plötzlich erscheint (Nr. 8), wird er mit einem später länger ausgesponnenen diatonischen Horn-Motiv charakterisiert, der Feuervogel mit einer chromatisch absteigenden Zweiunddreißigstel-Geste, und das Erschrecken der Prinzessinnen ist durch ein Streicher-Motiv verdeutlicht (s. Bsp. 9).

Den »Reigen der Prinzessinnen« (Nr. 9) gestaltete Strawinsky auf der Basis des Volksliedes »Im Gärtchen«. Anders als später in *Petruschka* oder im *Sacre* werden hier noch große melodische Bögen entwickelt. Grundsätzlich scheint das Orchester unersättlich im Ausspinnen einer sich ver-

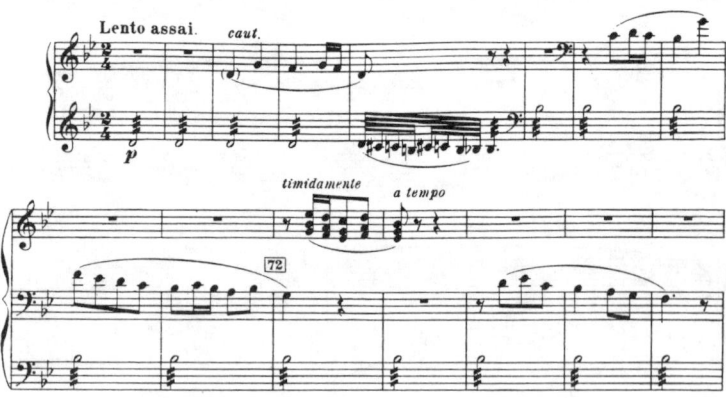

Bsp. 9 *Der Feuervogel*, Nr. 8. Klavierauszug, S. 32 (Schott)

ästelnden musikalischen Rhetorik, die sich hier meist an einen eleganten, überaus geschmeidigen orchestralen Mischklang bindet – trotz mancher volkstümlich knappen Formulierung. Das dominierende kompositorische Prinzip ist im *Feuervogel* noch nicht das des mosaikartigen Zusammensetzens von figurativen Zellen, sondern die Entwicklung des motivischen Materials zu größeren Formgliedern. Am weitesten voraus in die Zukunft der Verfahrensweisen Strawinskys weist die Musik um Kastschei, insbesondere in der Nummer 11, der großen Szene der Gefangennahme des Zarewitsch, und in Nummer 15, der ›Danse infernale‹ aller Untertanen Kastscheis. Hier erreicht das Orchester des *Feuervogel* gelegentlich eine klirrend harte Ausdrucksintensität, eine ostinat schlagende Monomanie, die an Momente in *Petruschka* und an das Orchester des *Sacre du printemps* denken läßt.

Später stellte Strawinsky insgesamt drei **Feuervogel-Konzertsuiten** zusammen: zunächst die **Suite Nr. 1**, 1911, aus 5 Musiknummern des Balletts (in originaler Besetzung: 4fach besetzte Holzbläser, 3- bis 4fache Blechbläser, Streichquintett; Celesta, Klavier, 3 Harfen, Triangel, Tamburin, Becken, große Trommel, Tamtam, Pauken, Glokken, Xylophon): 1. Introduktion, Kastscheis Zaubergarten, Tanz des Feuervogels; 2. Flehentliche Bitten des Feuervogels; 3. Spiel der Prinzessinnen; 4. Reigen der Prinzessinnen; 5. Höllentanz des Kastschei. – Die **Suite Nr. 2**, 1919, arrangierte der Komponist in stark reduzierter Orchesterbesetzung. – Eine **Suite Nr. 3**, 1945, folgte aus urheberrechtlichen Gründen, in Analogie zur 2. Suite, die um 5 (nach der ›Introduktion‹ eingeschobene) Nummern vermehrt wurde.

In Zusammenarbeit mit den Geigern Paul Kochanski und Samuel Dushkin entstanden in den dreißiger Jahren eine Reihe von Transkriptionen einzelner *Feuervogel*-Nummern:

Prélude und Reigen der Prinzessinnen, für Violine und Klavier, 1929

Berceuse, für Violine und Klavier, 1929

Berceuse, neue Transkription für Violine und Klavier, 1933

Scherzo, für Violine und Klavier

Schließlich entstand 1946 ein Schlager, *Summer Moon* (Text: John Klenner), auf der Basis des ersten Korowod-Themas.

Petruschka

Burleske in vier Bildern nach einem Libretto von Igor Strawinsky und Alexandre Benois
Uraufführung: Paris, Théâtre du Châtelet, 13. Juni 1911 (Dirigent: Pierre Monteux; Choreographie: Michail Fokin; Ausstattung: Alexandre Benois).

Personen: Die Ballerina; Petruschka; der Mohr; der alte Zauberer; die Ammen; die Kutscher; die beiden Stallknechte; der Kaufmann; die beiden Zigeunerinnen; die beiden Straßentänzerinnen; der erste und der zweite Orgelspieler; der »Hungerkünstler« auf dem Jahrmarkt; der Besitzer des Panoptikums; maskierte Bummler; Offiziere; Soldaten; Damen und Herren; Kinder; Polizisten; ein Bärentreiber; Jahrmarktsvolk

Das Ballett *Petruschka* spielt an einem Tag der »Butterwoche« (Fastnachtswoche) des Jahres 1830 auf dem weiträumigen Platz der Admiralität in St. Petersburg. Außer dem eigentlichen Theatervorhang, der zu Beginn des Stückes hochgezogen wird und der erst am Ende wieder fällt, gibt es noch einen besonderen Vorhang, der zu den einzelnen Szenen aufgezogen wird. Auf ihm ist der Zauberer abgebildet, der in der Handlung eine zwielichtige Rolle spielt.

1. Bild »Jahrmarkt in der Fastnachtswoche«: Die Bauern sind in die Stadt gekommen, um vor der Fastenzeit noch einmal ausgelassen zu feiern. Auf der Bühne sind Schaubuden, Karussells, ein Riesenrad zu sehen, und in der Mitte des Platzes ist die Theaterbude des Zauberers aufgestellt. Überall gibt es Volksgedränge. Mehrmals torkeln Gruppen Betrunkener über den Platz, ein Hungerkünstler unterhält die Menge, ein Drehorgelspieler tritt mit einer Tänzerin auf, und von der anderen Straßenseite kommt ein zweiter Straßenmusikant mit einer Spieldose und einer Tänzerin. Ein musikalischer Wettstreit entsteht, während vor der Schaubude des Gauklers Trommler um Aufmerksamkeit bitten. Nun erscheint der alte Zauberer vor seinem Theater und spielt auf seiner Flöte eine kleine Kadenz. Der Vorhang der kleinen Bühne hebt sich, und es werden drei Puppen sichtbar: Petruschka, der Mohr, die Ballerina. Mit drei Flötensignalen erweckt der Gaukler sie zum Leben, und sie tanzen eine *Danse russe*. Während die Ballerina und der Mohr flirten, steigt in Petruschka die Eifersucht auf. Der Tanz erstarrt.

2. Bild »Bei Petruschka«: Wenn sich der Vorhang hebt, wird die Tür zu Petruschkas kleinem Raum jäh aufgerissen und er selbst mit einem Fußtritt auf die Szene gestoßen. Er tanzt voller Sehnsucht und Hoffnungslosigkeit. Nun betritt die Ballerina seine Zelle, fühlt sich aber von seinem

grotesken Gebaren abgestoßen und verläßt ihn fluchtartig. Verzweifelt stürzt sich Petruschka kopfüber durch das Fenster seiner Zelle und landet in der Zelle des Mohren.

Tamara Karsawina als die Ballerina in *Petruschka*

3. Bild »Bei dem Mohren«: Der Mohr, der auf einem Diwan liegt, spielt mit einer Kokosnuß und beginnt bald darauf zu tanzen. Zu einer kleinen Marschmelodie tanzt die Ballerina aus dem Nachbarzimmer herein, ein Cornet à Piston in der Hand, und beide drehen zusammen mehrere Walzer-Runden. Der eifersüchtige Petruschka erscheint und gerät in ein Handgemenge mit dem Mohren, der ihn kurzerhand hinauswirft. Die Ballerina läuft davon.

4. Bild »Der Jahrmarkt am Abend«: Am Abend steigert sich der Jahrmarktstrubel. Ammen, ein Bauer mit einem tanzenden Bären, Zigeuner tanzen, eine große Menschenmenge bevölkert die Szene: ein Kaufmann streut Banknoten in die Menge, Kutscher und Stallknechte tanzen, Maskierte stürmen herbei. Plötzlich werden die Tanzenden unterbrochen.

Auf dem Theater des Gauklers ist ein Drama zu beobachten. Petruschka stürzt aus dem Theater heraus und wird vom Mohren verfolgt, den die Ballerina zurückzuhalten versucht. In höchster Not vermag Petruschka sich in die Menge zu stürzen, aber der Mohr folgt ihm und erschlägt ihn mit seinem Schwert. Die Menge sammelt sich um Petruschka, ein Polizist ruft den Gaukler herbei. Der aber hebt die Puppe hoch, schüttelt sie und versichert, sie bestehe nur aus einem Holzkopf und einem Körper aus Sägemehl; er trägt Petruschka ins Theater zurück. Auf dem Dach des Theaters aber erscheint plötzlich Petruschkas Geist und macht dem Zauberer und den Umstehenden eine lange Nase.

Strawinsky arbeitete an einem Konzertstück mit dominierendem Klavierpart, als sich ihm die hartnäckige Vorstellung einer Gliederpuppe aufdrängte, die plötzlich Leben gewinnt und durch das teuflische Arpeggio ihrer Sprünge die Geduld des Orchesters so sehr erschöpft, daß es die Puppe mit Fanfaren bedroht ... Bei einem seiner Spaziergänge am Genfer See, am Kai von Clarens, gelang es Strawinsky, der Gliederpuppe einen charakterisierenden Namen zu geben: Petruschka. Das war der volkstümliche, traurige Held der russischen Jahrmärkte seiner Kindheit. Und als Diaghilew ihn wenig später in Clarens besuchte, entwarfen sie in wenigen Tagen ein grobes Szenario des neuen *Petruschka*-Balletts:

»Als Schauplatz wählten wir den Marktplatz mit seiner Menschenmenge, seinen Buden und den Zauberkünsten des Taschenspielers; die Puppen erwachen zum Leben – Petruschka, sein Rivale und die Ballerina –, das Drama läuft ab und endet mit dem Tod Petruschkas. Ich ging sofort daran, das erste Bild zu komponieren« (E, S. 41).

Zur Zeit der Geburt seines zweiten Sohnes Soulima, Ende September 1910, hatte Strawinsky den größten Teil des 2. Bildes von *Petruschka* bereits fertig komponiert. Es folgte die *Danse russe* des 1. Bildes, und in Beaulieu sur Mer, wohin die Strawinskys im Oktober umgezogen waren, komponierte er den Rest des 1. Bildes, das 3. Bild und nahezu das vollständige 4. Bild. An Weihnachten traf Strawinsky mit Alexandre Benois zusammen, um mit ihm das Szenario zu studieren, denn Benois sollte die szenische Einrichtung des Balletts, die Dekorationen und Kostüme entwerfen.

Tamara Karsawina, die Primaballerina der ›Ballets russes‹, erinnert sich, daß Benois von Strawinskys Spontaneität entzückt gewesen sei und seine empfindsame Reaktion, die beste Quelle der Inspiration, geliebt habe. Sie erinnert sich aber auch an das römische Milieu, in dem die Pariser *Petruschka*-Premiere vorbereitet wurde, und an Strawinskys staunenswerte Arbeitsleistung:

»Als wir im Frühjahr 1911 während unserer Saison in Rom die Proben für ›Petruschka‹ vorwärtstrieben, um für Paris gerüstet zu sein, fühlten wir Künstler uns wie Galeerensklaven. Stunden um Stunden arbeiteten wir bis zur völligen Erschöpfung in einer Atmosphäre, die nach abgestandenem Essen roch (wir waren in das Restaurant des Constanzi-Theaters verwiesen worden). Fokin raufte sich die Haare, war völlig entkräftet und hysterisch. Verweise, Tränen und allgemeine Spannung elektrisierten die Luft. Nur Strawinsky, der die niedrige Arbeit eines Pianisten ausübte, blieb unbeirrt. Seine einzige Konzession an die Hitze und Müdigkeit bestand im Ablegen seines Rockes, nicht ohne sich vorher angemessen für sein hemdsärmeliges Erscheinen entschuldigt zu haben. Bedenkt man, daß er damals noch am Finale seines ›Petruschka‹ arbeitete, muß man seine Geduld und Sanftmut bestaunen« (Karsawina, 1952, S. 15 f.).

Obwohl Strawinsky am Erfolg von *Petruschka* zunächst zweifelte, weil das Ballett am Abend des 13. Juni 1911 als erste Komposition präsentiert wurde, war der Erfolg groß. Nicht zuletzt wegen der vorzüglichen Tänzer – die Karsawina als Ballerina, Nijinski als Petruschka und der von Strawinsky verehrte Enrico Cecchetti als Magier –, wegen der präzisen Orchesterarbeit von Monteux und der reichen künstlerischen Ausstattung von Benois. Aber während der Komponist in seinen *Erinnerungen* die Choreographie Fokins lobte, übte er an der choreographischen Arbeit in seinen *Gesprächen* mit Craft herbe Kritik.

»Auch Petruschka war nicht so, wie ich es mir vorstellte, aber ich habe den Verdacht, daß diesmal die Schuld eher bei Diaghilew als bei Fokin lag.
Ich hatte mir den Scharlatan als eine E.-T.-A.-Hoffmann-Figur vorgestellt, in einem enganliegenden blauen Frack mit goldenen Sternen, und nicht wie einen russischen Metropoliten. Auch die Flötenmusik sollte eher an Weber oder Hoffmann und nicht an die ›Fünf‹ erinnern. Und den Mohren hatte ich mir als Karikatur à la Wilhelm Busch gedacht und nicht als den rein mechanischen Hampelmann, wie er meist dargestellt wird.
Eine andere meiner Ideen: Petruschka sollte die Tänze des vierten Bildes (die Kutscher, die Kinderfrauen usw.) durch ein Loch in seiner Zelle beobachten, und wir, die Zuschauer, sollten sie ebenfalls aus der Sicht seiner Zelle erleben. Ich habe das die ganze Bühne einnehmende Karussell an dieser Stelle nie gemocht. Und im wichtigsten Augenblick der Geschichte war Fokins Choreographie zweideutig: So wie ich sie auffaßte, ist Petruschkas Geist der richtige Petruschka, und durch dessen Erscheinen am Ende des Spiels wird der Petruschka, der vorher spielte, zur Puppe. Sein Verhalten bedeutet nicht Triumph und Protest, wie man so oft behauptet, er zeigt vielmehr dem Publikum, wie er es an der Nase herumgeführt hat. Diese Stelle wurde in Fokins Choreographie nie deutlich. Eine großartige Erfindung war dagegen die steife Armbewegung, die Nijinski in so unvergeßlicher Weise verwirklichen sollte« (G, S. 45).

Alle Mitarbeiter an *Petruschka*, mit Ausnahme von Michail Fokin, hatten sich über die Musik des Balletts enthusiasmiert geäußert. Und sie gefiel auch Strawinskys neuen französischen Freunden, etwa Claude Debussy, der ihm am 13. April 1912 einen freundschaftlich-begeisterten Brief über *Petruschka* schrieb:

»Lieber Freund, Ihnen habe ich es zu verdanken, daß ich wunderschöne Pfingstferien in Gesellschaft von Petruschka, dem schrecklichen Mohren und der reizenden Ballerina verbrachte. Ich stelle mir vor, daß Sie unvergleichliche Stunden mit diesen drei Puppen genossen haben [...], und ich kenne nicht viel, was an Wert ihrem ›Tour de passe-passe‹ gleichkäme [...], es hat

Nijinski als Petruschka

darin eine klingende Magie, eine geheimnisvolle Verwandlung
mechanischer Seelen in menschliche durch einen Zauber, den
bisher offenbar nur Sie entdeckt haben. Und da hat es eine Un-
fehlbarkeit des Orchesters, wie ich sie nur bei Parsifal finden
konnte – [...]. Sie werden weitergehen als Petruschka, das ist
gewiß, aber Sie können bereits stolz sein auf das in diesem Werk
Geleistete« (G, S. 77 f.).

Selbst Ravel, der eigentlich auf jede Kritik an den »Russischen
Fünf« (s. S. 13) allergisch reagierte – und Petruschka war inhärente Kritik an den kompositorischen Idealen jenes »Mächtigen Häufleins« –,
äußerte offenbar keine Einwände. Der Petruschka-Erfolg tat aber insbesondere Strawinsky selbst gut, weil er dem Komponisten, der an
Le Sacre du printemps arbeitete, »die absolute Überzeugung seines
Ohres gab«.

Das in vier Bilder gegliederte Ballett besteht wesentlich aus drei zeitlich
ungefähr gleich proportionierten Abteilungen, denn die beiden großen
Jahrmarktsbilder umrahmen zwei kurze, intime Tableaus (»Bei Petruschka« und »Bei dem Mohren«, vgl. S. 54 ff.). Das Arrangement der
Jahrmarktszenen, die wie aus dem Leben gegriffen erlebt werden sollten,
war eine Idee von Benois. Leider harmonierte diese Idee des Bühnenbildners nicht mit den tänzerischen Stilierungsversuchen Fokins, der volkstümliche Elemente wie Hackentanz und Spitzentanz in die Gestaltung der
großen Bilder einbrachte. Im Gegensatz zum Feuervogel, in dem Strawinsky die volkstümlichen Melodien eher allusorisch integrierte, sie in
den kompositorischen Zusammenhang gleichsam verschleiernd einfügte,
vermied die Petruschka-Partitur keineswegs das deutliche Ausspielen he-
terogener kompositorischer Substanz.
Sie reicht hier von Zitaten russischer Volkslieder und Walzer-Passagen
bis zum Schlager. Und die Gliederung der Ballett-Komposition nimmt
grundsätzlich den Charakter eines Mosaiks an, dessen Formglieder eher
unvermittelt hart aneinandergefügt werden. In Petruschka erprobte Strawinsky andererseits zum ersten Mal wirklich extensiv jene Techniken der
Variantenbildung, des Erweiterns, Verkürzens, Modifizierens oder Um-
akzentuierens modellhafter Satz-Strukturen oder kompositorischer Zellen, die seine kompositorische Arbeit zukünftig auszeichnen. Sie werden
in der musikologischen Literatur (Cholopova, 1974) als die drei Verfahren
der ›Akzentvariation‹, der ›zeitlichen Variation‹ und der ›Polymetrik‹ diskutiert.

Das 1. Bild, die erste Jahrmarktszene, wird von Strawinsky in sechs Sektionen untergliedert (Ettl, 1968, S. 38): in eine thematische Einleitung (E, T. 1–13), in eine Jahrmarktszene (A, T. 14–91), einen Musikantenwettstreit (B, T. 92–154), eine zweite Jahrmarktszene (A', T. 155–258), eine Gauklerszene (C, T. 259–304) und die ›Danse russe‹ (D, T. 305–438). Jeder dieser Formteile ist durch motivische oder thematische Komponenten charakterisiert, die im Verlauf des Bildes modifiziert wiederkehren werden.

Strawinsky komponierte zunächst eine Klangtotalität von großer atmosphärischer Wirkung, die sich vornehmlich durch ostinate Bewegungen der Holz- und Blechbläser bildete. Überformt indes durch die signalartige Motivik der Flöten im hohen Register, die zu einem ersten thematischen Gedanken ausgearbeitet wird: T. 1–13.

Bsp. 10 *Petruschka*, Takt 1–18. Klavierauszug, S. 7 (Boosey & Hawkes)

Zugrunde liegt dem Flöten-Gedanken eine Skala auf a mit dem Ambitus einer Oktave und dem Grundton d (hypodorisch). Die Gestaltwerdung des ersten thematischen Gedankens von *Petruschka* ist ein sehr differenziertes Beispiel für die Technik der ›zeitlichen Variation‹ Strawinskys (Cholopova, 1974, S. 437). Denn hier wird nicht nur ähnliches, sondern auch neues melodisches Material zur 13taktigen Einheit zusammengeschmolzen.

Ausgangspunkt ist das grundlegende Quart-Motiv (a), das zunächst als abtaktige und dreimal als jambische Geste exponiert und dann um eine triolische Bewegung pentatonischen Charakters (Motiv b) erweitert wird.

Dieser neue Baustein, die (um 1 Viertel verkürzte) jambische Geste + triolische Bewegung, wird nun wiederholt, in T. 5 mit dem Modell T. 1 fortgesetzt und bei [1] auf a" beendet. Während in den Violoncelli ein Nebengedanke hörbar wird, spielen die Flöten mit dem Quartintervall nunmehr auftaktig, in umgekehrter Bewegungsrichtung (d – a), und das Motiv b erscheint auf a. Schließlich wird diese Sektion mit einer aufsteigenden Geste (d, e, a, h, c) mehr geöffnet als geschlossen (s. Bsp. 10, S. 61).

Zu beobachten ist in der thematischen Einleitung die Gestaltwerdung eines 13taktigen Themas durch ›zeitliche Variation‹ auf der Basis von metrisch-rhythmischer Variantenbildung einer intervallischen Grundsubstanz, des Motivs a (a – d), die durch ein fünftöniges Motiv b (auch hier ist der Quart-Ambitus konstitutiv) ergänzt wird.

Auf diese erste Sektion folgen im Verlauf des 1. Bildes noch fünf weitere. Die Formglieder, aus denen diese Sektionen zusammengefügt werden, sind nicht wie traditionelle klassische thematische Gedanken (d. h. periodisch oder satzmäßig oder in die kleine dreiteilige Liedform) gegliedert. Und die Großform wird dementsprechend weder durch die Verfahren der Fortspinnung noch der Entwicklung kompositorisch ausgearbeitet, sondern durch die Reihung einer bestimmten Anzahl variabel formulierter motivischer oder thematischer Charaktere. Ebendiese Reihungstechnik, die von fern an eine extreme Möglichkeit tonalen Komponierens erinnert, an die Freie Fortspinnung, bezeichnet Strawinskys Distanz in dieser Ebene (andere wären Bitonalität, ›Akzentvariation‹, ›zeitliche Variation‹, Polyrhythmik) zur musikalischen Tradition. Bevor das Formglied a (T. 1–13) als a' verkürzt wiederholt wird (T. 17–22), tritt bei [2] fragmentarisch ein neuer Gedanke in den Bässen auf. Er wird später, bei [3], als Formglied b zu einem Formabschnitt (T. 23–72) ausgearbeitet.

Hier ist die Klangtotalität nunmehr vielfältig geschichtet: Ostinate Bewegungen in den Violinen I + II, Viola, in der Harfe; in den Violoncelli und in den Kontrabässen wird ein halb liturgisches, halb heidnisches Thema hörbar (aus Rimski-Korsakows Volksliedersammlung von 1876, Nr. 47), der mixolydische »Ostergesang der Bettler von Smolensk«, dessen Original zwischen ¾- und ¼-Takt wechselt (Finalis: g, Rezitationston c statt d). Auffallend an diesem Formglied ist die nach 2 Takten in den Holzbläsern und im Klavier einsetzende, den Gedanken modifizierende heterophone Struktur, tonale Schichtung d über g, statisch durchgehalten. Daran schließt sich die modifizierte Repetition des Formglieds b als b' an (T. 42–72). Die Ausgangsgestalt wird nun als ¾-Takt akzentuiert und mit inneren Erweiterungen hörbar, apotheotisch-blockartig in Mussorgsky-Manier geschichtet. Bei [11] ist eine imitatorische Verschränkung des thematischen Gedankens zu beobachten.

Dann wird bei [13] (T. 73–79) ein neuer Gedanke als Formglied c einge-
fügt:

Bsp. 11

Auffällig ist an diesem dreitaktigen Motiv die initiale Synkopation und
der Quart-Sprung e – a, der mit dem wiederholten absteigenden Skalenausschnitt a'–g'–fis' fortgesetzt wird. Daran schließt sich bei [15] eine
essentiell aus 4 Achteln bestehende Quart-Geste, ein Motiv d, das einem
⅝-Takt mit Akzent auf 1 eingepaßt wird und dementsprechend perma-
nenter ›Akzentvariation‹ (Cholopova), aber auch Motivvariation unterworfen wird, und das heißt konkret: in den 4 Takten ihre motivische Gestalt jeweils neu setzt. Es folgen die verkürzten Formglieder a und c.

Der eigentlichen Szene des jahrmarktlichen Musikantenstreits bei [22]
schickt der Komponist noch drei Fragmente voraus: ein viertaktiges
Volkslied-Zitat (»Durch Transbaikaliens wilde Steppen«), das von Leierkastenfiguren begleitet wird, ein Fragment aus c, die erweiterte Akzentvariation d und ein a-Fragment.

Der Musikantenwettstreit exponiert zunächst, von Leierkastenfiguren
(Flöten) begleitet, das Volkslied-Zitat. Darauf folgt [23] der Schlager »Elle
avait un jambe en bois«, den Strawinsky täglich vor seinem Arbeitszim-
mer in Beaulieu gehört hatte:

Bsp. 12

Danach wird bei [26] eine Spieldosen-Melodie, das russische Volkslied
»Am trüben Herbsttag« hörbar, die von der wiederaufgenommenen
Volksliedmelodie »Durch Transbaikaliens wilde Steppen« – beide Volkslieder hatte Andrej Rimski-Korsakow an Strawinsky gesandt – und später
vom Schlager überlagert wird.

Ab [30] werden verschiedene zuvor exponierte thematische Formglieder mosaikartig zusammengefügt – c, a, b, d – bis zu jener seltsam klagen-

den Musik, *Le tour de passe-passe*, die durch zwei Trommler angekündigt wird und die mit dem Flötensolo des Gauklers und zuletzt mit drei Flötenakzenten die Verzauberung der Puppen einleitet. Nun beginnen die Puppen zur Überraschung des Publikums zu tanzen: die berühmte *Danse russe*, in der drei motivische Formglieder – a [64], b [66], c [73] »Lied zum Abend vor St. Johannis« gereiht und zu Sektionen der Form ausgearbeitet sind.

Der Tanz leitet hinüber zum 2. Bild (»Bei Petruschka«), das wiederum durch zwei Trommler angekündigt wird. Hier findet sich gleich am Beginn die bitonale Überlagerung von C-Dur und Fis-Dur, der ursprüngliche Ausgangspunkt der gesamten Partitur als Klangchiffre der gespaltenen Seele des Petruschka.

Bsp. 13

Stärker als im 1. Bild tritt nun die episodenhafte Gliederung der Petruschka-Musik hervor, die ja zunächst als Konzertstück mit dominierendem Klavierpart konzipiert und von Strawinsky als »combat« des Klaviers (der Gliederpuppe) gegen das Orchester imaginiert worden war (s. S. 56). So findet sich eine größere Anzahl signalartiger Formulierungen: nach [95] z. B. die bitonale Wendung der Klarinetten; das im dreifachen Forte hervorgestoßene absteigende Dreiklangssignal der Trompeten oder die tokkatenartig herausgespielten virtuosen Aggressivitäts-Gesten des Klaviers um [99], während der vehement-dialogische Charakter der Begegnung Orchester – Klavier im Andantino-Teil eine versöhnlichere Gestik bevorzugt. Bei [108] wird das aggressive Wechselspiel der Klangkörper wieder aufgenommen, um in einen orchestralen Ausbruch [112] der Bläser einzumünden und von dort im schnellen Wechsel von Klavier- und Solo-Einwürfen fortgesetzt zu werden.

Die beiden Trommler kündigen darauf das 3. Bild an, das dem Mohren gewidmet ist und ebenfalls mit zerrissener, signalartiger Gestik eingeleitet wird. Bei [125] entfaltet sich eine orientalische Melodie, zu der der Mohr tanzt. Überraschend bricht in die verstörte Atmosphäre bei [132] plötzlich eine feenhaft anmutige kleine Melodie ein, die den Auftritt der Ballerina vorbereitet und in einen schlagzeugbegleiteten Geschwindmarsch des Cornet à piston hineingerissen wird, zu dem die Ballerina tanzt. Zwei Ländler geben der Ballerina und dem Mohren nun die Gelegenheit, sich im Tanz zu wiegen und ihr Einverständnis zu erleben: Bei [141] ist eine steirische Melodie hörbar und wenig später ein Walzer von Joseph Lanner, der polymetrisch von der augmentierten orientalischen Melodie im ²⁄₄-Takt kontrapunktiert wird [144].

Bsp. 14

Der unwillkommene Auftritt des eifersüchtigen Petruschka wird danach durch das Signal einer aufsteigenden Dreiklangsbrechung angekündigt. Die Szene endet im heftigen Kampf zwischen dem Mohren und Petruschka, die Ballerina flieht.

Das 4. Bild führt zum Jahrmarktstreiben der Fastnachtswoche zurück, es ist Abend. Wieder mobilisiert der Komponist das Schwirren ostinater Figuren, um die Atmosphäre des übermütigen Jahrmarkt-Treibens zu verdeutlichen. Aber dieses 4. Bild wird in seinem Verlauf konsequent um wechselnde Szenerien gegliedert. Zunächst wird ein großräumig disponierter ›Tanz der Ammen‹ eingeführt, mit dem »Lied der jungen Frau« und dem Volkslied »O, du alte enge kleine Kammer« als zentralen melodischen Ereignissen.

Bsp. 15

Es folgt der Auftritt eines Chalumeau (Instrument der Klarinetten-Familie) spielenden Bauern mit einem Bären, der durch ein chromatisches Thema charakterisiert wird; Zigeuner tanzen, ein Kaufmann prahlt, und als größer konzipierte Szene folgt der ›Tanz der Kutscher und Pferdeknechte‹. Dessen aufstampfende Tonrepetionen sind zwar einem »Straßenlied aus Tombosk« entnommen, aber sie weisen bereits auf die mächtigen Klangballungen des *Sacre du printemps* voraus.

Bsp. 16

Daran schließt sich wiederum »Das Lied der jungen Frau« an, das zu einem größeren Formglied ausgesponnen wird: im Wechsel mit dem »Straßenlied aus Tombosk«. Es folgen eine Maskerade und die aus mehreren Episoden zusammengesetzte Schlußszene: Tötung Petruschkas – Petruschkas Tod – der Polizist und der Gaukler – die Erscheinung von Petruschkas Doppelgänger, die ja nach Strawinskys Einsicht nicht Petruschkas »Geist«, sondern den eigentlichen Petruschka in die Erscheinung treten läßt: zum Erstaunen des Gauklers.

Von der *Petruschka*-Musik gibt es eine Transkription für Klavier zu 4 Händen, die Strawinsky noch vor der Premiere anfertigte. – Im Jahre 1921 schrieb er für Arthur Rubinstein eine Suite **Trois mouvements de Petrouchka** für Klavier solo mit den Sätzen: Danse russe – Chez Pétrouchka – Semaine grasse (Tableau IV). – 1932 richtete Strawinsky für den Geiger Samuel Dushkin eine Version der **Danse russe** für Violine und Klavier ein.

Le Sacre du printemps (Das Frühlingsopfer)

Bilder aus dem heidnischen Rußland, in zwei Teilen, nach einem Libretto von Igor Strawinsky und Nikolaus Roerich

Uraufführung: Paris, Théâtre des Champs-Élysées, 29. Mai 1913 (Dirigent: Pierre Monteux; Choreographie: Waslaw Nijinski; Ausstattung: Nikolaus Roerich).

Personen: Die 300jährige Alte; der Weise; das erwählte Mädchen; Mädchen; Frauen; der Rat der Weisen; Jugendliche; Ahnen.

Das Jahrhundertereignis *Le Sacre du printemps* wurde vom Komponisten zunächst als Vision einer rituellen Frühlingshandlung geschaut, als er an den letzten Seiten seines *Feuervogel*-Balletts arbeitete: Weise Männer sitzen im Kreis und schauen auf den Todestanz eines jungen Mädchens, das geopfert werden soll, um den Gott des Frühlings günstig zu stimmen. Unversehens hatte sich in ihm gleichsam als Beigabe intensiver kompositorischer Arbeitsprozesse das Sujet eines neuen Balletts gebildet. Aber erst nachdem Strawinsky *Petruschka* vollendet hatte, ging er an die Ausarbeitung des visionär Geschauten, suchte den Rat des Bühnenbildners und Mythenkundlers Nikolaus Roerich, der zum Diaghilew-Kreis gehörte und sich im Sommer 1911 in Talaschkino aufhielt, auf dem Gut der Prinzessin Tenyschewa – einer großzügigen Mäzenin der Künste, insbesondere der authentischen russischen Kunst. »Ich fuhr zu ihm [Juli 1911], und wir besprachen den szenischen Aufbau des *Sacre* und die genaue Folge der einzelnen Episoden. Als ich wieder in Ustilug war, begann ich mit der Partitur, und im Winter [November 1912] beendete ich sie in Clarens.«

Als Igor Strawinsky das Ballett zu komponieren begann, orientierte er sich an einer frühen Libretto-Version, die er zusammen mit Roerich ausgearbeitet hatte:

»*Le Sacre du Printemps* ist ein musikalisch-choreographisches Werk. Es sind Bilder aus dem heidnischen Rußland, innerlich zusammengehalten von einer Hauptidee: dem Geheimnis des großen Impulses der schöpferischen Kräfte des Frühlings. Es gibt keine Handlung, aber folgende choreographische Sukzession:

Teil I: Der Kuß der Erde

Man feiert das Frühlingsfest. Es findet auf den Hügeln statt. Man bläst auf Flöten. Junge Männer wahrsagen. Bei ihnen ist eine alte Frau. Ihr sind die Geheimnisse der Natur bekannt – sie lehrt, wie man weissagt. Junge Mädchen, die Gesichter bemalt, kommen in einer Reihe vom Fluß her. Sie tanzen den Frühlingstanz. Die Spiele beginnen. Das Spiel der Brautentführung. Man führt den Frühlingsreigen auf. Man teilt sich in zwei Lager. Ein Lager geht auf das andere zu. Keilförmig dringt in die Frühlingsspiele die heilige Prozession der weisen alten Männer ein. Der älteste und weiseste Greis bricht das Spiel ab. Unter Zittern erwartet man die große Handlung der Greise, die Segnung der Frühlingserde. Der Kuß der Erde. Man tanzt auf der Erde. Durch den leidenschaftlichen Tanz heiligt man die Erde. Im Tanz wird man eins mit der Erde.

Teil II: Das große Opfer

In der Nacht halten die Jungfrauen geheimnisvolle Spiele ab. Herumgehen in Kreisen. Eine ist als Opfer ausersehen. Das Schicksal bestimmt sie zweimal. Zweimal wird sie in den ausweglosen Kreis eingefangen. Die Jungfrauen ehren die Auserwählte mit einem stürmischen Tanz. Sie rufen die Vorfahren an. Sie übergeben die Auserwählte den weisen alten Männern. In Gegenwart der Alten opfert sie sich im großen, heiligen Tanz, das große Opfer wird ausgeführt« (PD, S. 75).

Nikolaus Roerich hatte sich, vermutlich im Februar oder März 1913, in einem Brief an Sergej Diaghilew über den Inhalt des Balletts in folgender Weise geäußert (PD, S. 77):

»Im *Sacre du printemps*, den ich und Strawinsky geplant haben, versuchten wir eine Reihe von Szenen irdischen Vergnügens und himmlischen Triumphes zu präsentieren, wie sie von den Slawen empfunden werden … Meine Absicht ist es, daß uns die erste Szene an den Fuß eines heiligen Hügels in einer üppigen Ebene versetzt, wo sich slawische Stämme versammeln, um den Frühling zu feiern. In dieser Szene finden sich eine alte Hexe, die die Zukunft voraussagt, ein Frauenraub und Rundtänze. Dann kommt der feierlichste Augenblick. Der weise Alte wird vom Dorf herbeigetragen, um seinen Kuß der neu blühenden Erde aufzudrücken. Während dieser Handlung wird die Menge von geheimnisvoller Furcht gepackt [...]. Nach dieser Aufwallung von irdischer Freude bringt uns die zweite Szene ein himmlisches Mysterium. Junge Mädchen tanzen den Reigen auf dem heiligen Hügel zwischen verzauberten Felsen; dann wählen sie das Opfer, das sie ehren wollen. Kurz darauf wird sie ihren letzten Tanz tanzen vor den Alten, die in Bärenhäute gehüllt sind, um zu zeigen, daß der Bär der Urahn der Menschen war. Dann weihen die Graubärte das Opfer dem Gott Jarilo.«

Strawinskys *Sacre* unterscheidet sich als Sujet wesentlich von den vorausgegangenen Pariser Produktionen, von der Märchenerzählung des *Feuervogel* und der typisierenden Charakterisierung der Gliederpuppen-Menschen in *Petruschka*. Zwar ist *Le Sacre du printemps* kein ›Ballet blanc‹, dennoch soll die tänzerische Aktion dominieren: »Die ganze Sache muß von Anfang bis Ende im Tanz ausgedrückt sein; es gibt keinen Takt pantomimischer Darstellung« (PD, S. 92). Aber der Komponist schrieb sein Ballett im Kontext des wilden russischen Frühlings, »der in einer Stunde zu beginnen schien und wie ein Aufbrechen der ganzen Erde war«, und der wenigen Stichworte eines Librettos, die weniger eine Geschichte erzählen als ein archaisches Bewußtsein dokumentieren. (Wie wenig festgelegt die Episoden sind, ist noch heute an der Diskrepanz zwischen der französischen Terminologie und der Aufführungspraxis ablesbar: *Danse des adolescentes* verweist auf einen Tanz von Jungfrauen statt von jungen Männern.) Daß *Le Sacre du printemps* bis in unsere Gegenwart eine größere Karriere als Orchester-Partitur machte, daß selbst die Ballett-Produktionen von Mary Wigman (1957), Maurice Béjart (1959), John Neumeier, Valery Panow, Martha Graham als problematisch erlebt wurden, war sicher auch in einem Ballett-Sujet begründet, dessen Urschauer des ausbrechenden Frühlingserlebnisses zwar in die Gegenwart übertragbar schienen, deren ritueller Bewußtseinshorizont dem gegenwärtigen Bewußtsein aber fremd blieb.

Strawinskys definitive kompositorische Ausarbeitung gliederte das Ballett in zwei Teile:

Teil I: Anbetung der Erde (russ. Urtext »Kuß der Erde«)

Introduktion (Lento).
Die Vorboten des Frühlings. Tanz der Jünglinge.
Das Spiel (russ. »Ritual«) *der Entführung. Frühlingsreigen.*
Kampfspiel (russ. »Ritueller Kampf«) *der feindlichen Stämme.*
Zug des Weisen (russ. »Umzug des Ältesten und Weisesten«).
Der Weise.
Tanz der Erde.

Teil II: Das Opfer

Introduktion (Largo).
Mystischer Reigen der jungen Mädchen.
Verherrlichung der Erwählten (russ. »Wahl und Huldigung
der Erwählten«).
Beschwörung der Ahnen.
Ritualtanz der Geister der Ahnen.
Danse sacrale (L'Élue) – sie tanzt, bis sie tot zusammenbricht.

Beide Teile werden durch eine Introduktion eröffnet, und danach finden die tänzerischen Aktionen statt, Teil I im Tageslicht und Teil II in der beginnenden Nacht.

Die *Introduktion* von Teil I ist wegen ihres Zitats eines litauischen Volksliedes berühmt geworden. Aber Strawinsky inszeniert das Erwachen des Frühlingsmorgens nicht allein auf der Basis eines halbtaktigen Motivs, das im Verlauf des Satzes zum chromatisch absteigenden Skalenausschnitt »orientalisiert« wird, sondern exponiert auch ein einflußreiches Motiv bei [2] (vgl. Bsp. 21, S. 80).

Solche Dialektik der Motivsetzungen ist in allen Sätzen des Balletts bemerkbar und wird meist um ein oder zwei weitere motivische Elemente ergänzt. Die Basis der motivischen Arbeit Strawinskys bleibt indes im *Sacre* (wie schon in *Petruschka*) die figurative Zelle, das Kurzmotiv, das Prozessen der Variantenbildung unterworfen wird. Hinzu kommt im *Sacre* eine Neigung zu Orientalismen, zur ornamentalen Ausspinnung von Motiven, wie zum Komprimieren: zu festgehaltenen harmonischen Setzungen, die als Ereignis wechselnder Akzentsetzungen komponiert werden. Das bekannteste Beispiel solcher konstellativen Setzung findet sich im *Tanz der Jünglinge*, im zweiten Satz von Teil I. Hier werden zwei Akkorde, Es-Dur und Fes-Dur (E-Dur) übereinandergeschichtet und in einem achttaktigen Verlauf Umakzentuierungen unterworfen. Auf solche Weise wird die Funktionalität der Akkordsetzung eliminiert und nur ihre rhythmische Qualität, die Pulsation erlebbar. Die Einwürfe der Hörner unterstreichen die wechselnden Akzentuierungen:

Bsp. 17 *Le Sacre du printemps*, Tanz der Jünglinge

Vergleichbare Verfahren der rhythmischen Gestaltung, durch wechselnde Akzentuierungen von Akkorden oder Akkord-Gruppen, finden sich auch im Teil II, in der *Verherrlichung der Erwählten (Glorification de l'élue)* und in der *Danse sacrale (L'Élue)*.

Bsp. 18 *Le Sacre du printemps*, Danse sacrale. Klavierauszug, S. 67 (Boosey & Hawkes)

Der Beginn der *Danse sacrale* gibt einen Einblick in zwei Verfahrensweisen Strawinskys: in die Umakzentuierung von Akkordgruppen und in seine Technik der Variantenbildung durch Eliminierung oder Ergänzung von Elementen eines Modells.

So wird in den Takten 1 und 2 zunächst eine Akkordkonstellation a umakzentuiert, in den Takten 3–5 eine neue Konstellation b gesetzt. Darauf erfolgt die modifizierte Wiederaufnahme der Konstellationen a + b in T. 6–9: T. 2 wurde eliminiert. Es folgt eine neue Konstellation c in T. 10 bis 12. Die sich anschließenden Takte 13–16 nehmen die Konstellation b wieder auf und erweitern sie um c (T. 11 + 12). Dynamische Anweisungen – *sempre sf, ff* – unterstreichen den konstellativen Charakter der gedanklichen Äußerung und die Nachdrücklichkeit der repetitiven Gestik. Grundsätzlich lebt der kompositorische Verlauf innerhalb einer Sektion, einer begrenzten Form-Struktur, vom Wechsel zwischen Akzenten der Akkordkonstellationen und konstellativen Konzentraten. In der *Danse sacrale* folgt bei [149] eine zweite Sektion mit ähnlichem Ausspielen der akkordischen oder figurativen Elemente. Der Eindruck explosiver Zerrissenheit der musikalischen Rede, der sich an solchen Strukturen bildet, hat zum Gerede über die Nähe des *Sacre* zum Expressionismus geführt. Aber Strawinskys Haltung ist der der Schönberg-Schule um 1910 unvergleichbar. Seine Haltung bleibt deskriptiv. Er formuliert nicht subjektive Befindlichkeit, sondern sein Blick wendet sich nach draußen, hin zur aufbrechenden Erde.

Ernst Ansermet hat eine Materialschicht der *Danse sacrale* zwischen den Ziffern [192] und [200] herausgelöst und ihre motivische Arbeit detailliert untersucht. Daran ist abzulesen, wie logisch Strawinsky mit nur zwei Elementen durch Erweiterung und Verengung auf kleinstem Raum arbeitet (s. Bsp. 19, S. 74).

Die von Zeitgenossen erlebte schockierende Neuartigkeit der Partitur, ihre ungewöhnliche Originalität, die bis heute nachvollziehbar ist, resultiert also vornehmlich aus der »barbarischen« Reduktion der spätromantischen musiksprachlichen Mittel, die in Werken von Wagner, Strauss, Mahler, aber auch des jungen Schönberg (*Pelléas und Melisande, Gurrelieder*) einen hohen Differenzierungsgrad erreicht hatten. *Le Sacre du printemps* überwältigte die Zeitgenossen weniger durch sein Riesenorchester (25 Holzbläser, 19 Blechbläser, 60 Streicher, 5 Pauken, große Trommel, Tamtam, Schellentamburin, kubanischer Reibstock), das ja in jener Zeit üblich war und sich auch bei

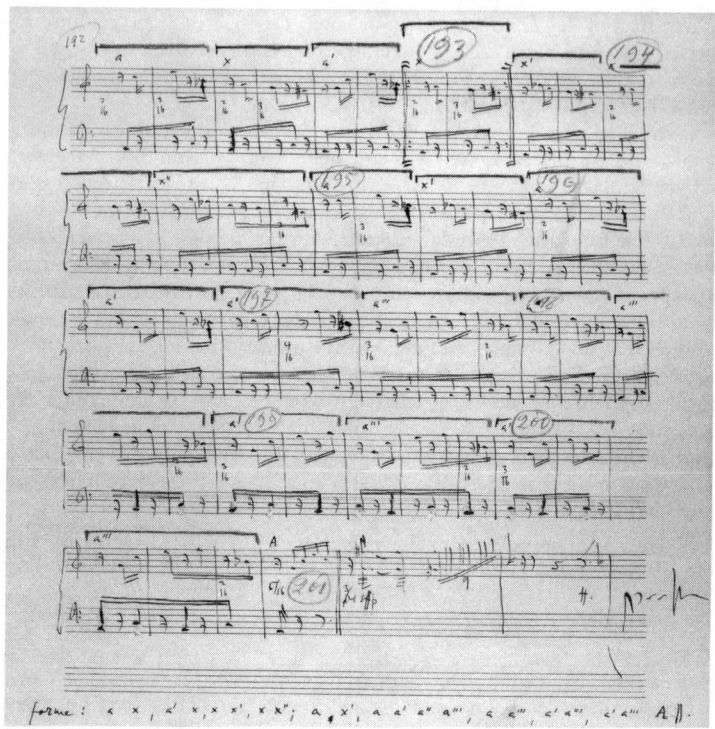

Bsp. 19 Rhythmisch-melodische Analyse der *Danse sacrale*.
Entwurf von Ernest Ansermet mit Eintragungen von Igor Strawinsky (Paul Sacher Stiftung, Basel)

Debussy findet, sondern durch die raffinierte Manipulation und Radikalisierung simpler volkstümlicher Wendungen, wie sie die »Russischen Fünf« (s. S. 13) bereits genutzt hatten. Und hatte nicht schon Tschaikowsky über gewisse Manierismen Glasunows geklagt: daß er, anstatt einen Gedanken zu entwickeln, sich mit der Wiederholung desselben auf tausend verschiedene Arten zufriedengebe, die Melodie vernachlässige und auf allerlei harmonische Kuriositäten Jagd mache?

Hätte der von Strawinsky so verehrte Tschaikowsky (gest. 1893) angesichts des *Sacre* nicht zu einer Jeremiade ausholen müssen: über die gänzliche Abschaffung des Prinzips der Entwicklung, über die

Eliminierung der Wertigkeit von Akkordfunktionen, die Gestaltung von Sätzen auf der Basis reihender Motiv-Variation und über die Ablösung der homophonen oder polyphonen Anlage von Satzstrukturen durch das Prinzip der Schichtung mehrerer Material- und Gestaltungsebenen?

Eher befremdet reagierte Claude Debussy auf das *Sacre*-Erlebnis, das ihm als Klavierpartner Strawinskys im Hause des Musikkritikers Louis Laloy beim Durchspielen der vierhändigen Version zuteil geworden war. In einem Brief Debussys, der am 8. November 1912 in Clarens abgestempelt wurde, gesteht der Komponist, der *Petruschka* als ein außerordentliches Werk gelobt hatte:

>»In meinem Gedächtnis haftet die Erinnerung daran, wie wir bei Laloy Ihr *Sacre du printemps* spielten. Dies verfolgt mich wie ein schöner Alptraum, und ich versuche vergeblich, mir den furchtbaren Eindruck zu vergegenwärtigen. Darum erwarte ich die Aufführung wie ein kindliches Leckermaul, dem man Süßigkeiten versprochen hat« (G, S. 78).

Weil Nijinski, den Diaghilew als Choreographen des *Sacre* bestimmt hatte, mit anderen choreographischen Aufgaben noch beschäftigt war – *Daphnis und Chloe* von Ravel, *Der blaue Gott* von Reynaldo Hahn –, mußte die Premiere des *Sacre du printemps* um ein Jahr verschoben werden. Das gab dem Komponisten die Gelegenheit, an der Instrumentation des Balletts nunmehr in Muße zu arbeiten (und er hatte Zeit zur Komposition der *Trois poésies de la lyrique japonaise*, 1912/13, für Gesang und Klavier oder Kammerorchester).

Obgleich Strawinsky das tänzerische und mimische Talent Nijinskis bewunderte – »sein Petruschka war über alle Maßen herrlich« –, beunruhigte ihn der Gedanke an eine Zusammenarbeit mit dem jungen Star der ›Ballets russes‹. Denn Nijinski waren »die einfachsten musikalischen Regeln unbekannt, und er konnte weder Noten lesen noch irgendein Instrument spielen. Über die Art, wie er Musik erlebte, sprach er in banalen Phrasen«, und »da man von ihm niemals ein persönliches Urteil hörte, mußte man zweifeln, daß er überhaupt eines hatte. Dieser Mangel war so schwerwiegend, daß er durch seine bildlichen Visionen, die mitunter schön waren, nicht aufgewogen werden konnte« (E, S. 47 f.).

Aber der tief besorgte Komponist hatte keine andere Wahl, denn Fokin hatte sich von Diaghilew getrennt, und »Romanow war durch die *Salome* von Florent Schmitt völlig in Anspruch genommen. So blieb nur Nijinski, und Diaghilew, der nie von der Hoffnung ließ, aus ihm einen Ballettmeister zu machen, bestand darauf, daß er sowohl das *Sacre* wie *Jeux* von Debussy für die gleiche Spielzeit inszenieren sollte« (E, S. 48). Über die choreographische Leistung Nijinskis hatte sich Strawinsky in den dreißiger Jahren sehr kritisch geäußert:

> »Während ich den *Sacre* komponierte, sah ich das Schauspiel vor mir als eine Folge ganz einfacher rhythmischer Bewegungen, die von blockartig aufgebauten Gruppen ausgeführt werden, so daß ein unmittelbarer Eindruck auf den Zuschauer entsteht. Alle überflüssigen Einzelheiten, alle Verwicklungen, die den großen Eindruck hätten abschwächen können, sollten verbannt sein; nur für den *Sakralen Tanz*, mit dem das Werk endet, war eine Solotänzerin vorgesehen. [...] Nijinski begriff den dramatischen Charakter dieses Tanzes sehr gut, aber er war wieder einmal unfähig, ihn in verständlicher Form darzustellen, und er komplizierte alles aus Ungeschicklichkeit oder Mangel an Einsicht. Um ein Beispiel anzuführen: Ist es nicht ein Zeichen von fehlendem Geschick, wenn man das Tempo der Musik für sich selbst unbewußt verlangsamt, um komplizierte Tanzschritte entwerfen zu können, die sofort unausführbar werden, wenn das vorgeschriebene Zeitmaß gespielt wird?« (E, S. 54.)

Als er seine Memoiren formulierte, hatte Strawinsky offenbar nur mehr sehr ungenaue Erinnerungen an das Premierenereignis, denn er notierte 1968/69, daß alle Kritik an Nijinskis Choreographie ungerecht gewesen sei. Er selbst hatte sich unmittelbar nach der *Sacre*-Premiere in einem Interview (*Gil Blas*, 4. Juni 1913) sehr zustimmend über Nijinskis Fähigkeiten als Choreograph geäußert (PD, S. 511):

> »Nijinski ist ein bewunderungswürdiger Künstler. Er ist fähig, das Ballett zu revolutionieren. Er ist nicht allein ein wunderbarer Tänzer, sondern auch fähig, schöpferisch Neues zu schaffen. Sein Beitrag zu *Le Sacre du printemps* war sehr bedeutend.«

Die Premiere des *Sacre* fand in den Turbulenzen eines ungewöhnlich heftigen Theaterskandals statt, der nach Strawinskys Meinung vornehmlich durch die Wirren einer Choreographie angeheizt wurde, die sich in ihren Differenzierungen verhakte, anstatt sich in blockartig geführten Gruppen, in anonymen, rituellen Massenwirkungen zu verwirklichen. Hinzu kam freilich die Erregung im Saal über Strawinskys außerordentliche, schockierende Partitur, wie Valentine

Gross, eine journalistische Zeugin, nach London berichtete (Buckle, 1984, S. 256):

>»Das Theater schien von einem Erdbeben heimgesucht zu werden. Es schien zu erzittern. Leute schrien Beleidigungen, buhten und pfiffen, übertönten die Musik. Es setzte Schläge und sogar Boxhiebe [...]

Sacre-Impression von Jean Cocteau

Ich sah Maurice Delage [den Komponisten], der vor Entrüstung puterrot angelaufen war, den kleinen Maurice Ravel, der sich aufplusterte wie ein Kampfhahn, Léon-Paul Fargue [den Dichter], der die zischenden Logeninsassen mit vernichtenden Bemerkungen überschüttete. Ich weiß nicht, wie es möglich war, daß dieses Ballett in einem solchen Aufruhr zu Ende getanzt wurde ... Ich stand zwischen den beiden mittleren Logen, fühlte mich im Auge des Hurrikans ganz wohl und klatschte mit meinen Freunden.«

Pierre Boulez indes fällt es in den siebziger Jahren nicht schwer, sich zu vergegenwärtigen, welche Bestürzung bestimmte Partien des

Sacre in der absterbenden Welt der großbürgerlichen Belle Époque verursacht haben müssen:

> »Es war das frische Blut der ›Barbaren‹, eine Art von elektrischem Schock, der ohne Vorbereitung bleichsüchtigen Organismen verabreicht wurde. [...] Harmonische Beziehungen und melodische Bildungen sind [im *Sacre*] auf schlagkräftige, leicht zu behaltende Formeln gebracht, die eigentlich fast nur dazu dienen, eine rhythmische Erfindungskraft zu lancieren, wie sie die westliche Musik bis dahin nicht gekannt hatte. [...] Zweifellos enthielt auch schon die Musik Westeuropas die Keime zur Vorherrschaft des Rhythmus – vor allem in ihren Anfängen. Aber bei der Suche nach Lösungen wurde in den Epochen der Polyphonie, der melodischen Homophonie und der entwickelnden Formen die Rolle des Rhythmus mehr und mehr auf die einer unumgänglichen Grundlage reduziert. [...]

Zwei charakteristische Tanzposen in *Le Sacre du printemps*

Bei Strawinsky aber kehrt sich dieses Verhältnis fast um: die überragende Bedeutung des Rhythmus schlägt sich nieder in der Reduktion von Polyphonie und Harmonik auf untergeordnete Funktionen. [...].

Strawinsky hat die Richtung des rhythmischen Impulses geändert. Bis dahin beruhte Musik wesentlich auf einem Grund-Metrum. Innerhalb dieses gleichförmigen Ablaufs wurden ›Konflikte‹ produziert: Überschneidungen, Überlagerungen und Verschiebungen rhythmischer Formeln, die meist untrennbar mit melodischen Einfällen und harmonischen Funktionen zusammenhingen.

So ergab sich eine Art Ordnung und Regelmäßigkeit, die durch momentan auftretende Fremdkörper gestört wurde. Bei Strawinsky hingegen, und besonders im *Sacre*, existiert zunächst nur ein fast körperlich wahrnehmbarer Grundpuls. [...] Dieser Grundpuls, der einer vorgegebenen Zählzeit entspricht, wird nun vervielfältigt, teils regelmäßig, teils unregelmäßig. Dabei entstehen natürlich die erregendsten Wirkungen durch die unregelmäßige Folge, das Phänomen des Unvorhersehbaren innerhalb eines vorhersehbaren Zusammenhangs« (Boulez, im CD-Begleitheft).

Ein beredtes Beispiel solcher differenzierenden, erweiternden und verengenden Arbeit mit einem Grundpuls findet sich in der ersten Introduktion des *Sacre*.

Dort wird zunächst ein fünftaktiger thematischer Gedanke hörbar, der aus der Folge sechstöniger (a), mehrtöniger (a') und fünftöniger (b) Motive entfaltet wird. Als Modell diente Strawinsky vermutlich eine litauische Volksweise, die im phrygischen Modus steht (Finalis e, Repercussa c):

Bsp. 20 Litauische Weise (nach Scherliess, 1982, S. 38)

Gesetzt wird zunächst eine metrische Einheit aus 2 Vierteln, die sich in eine Fermate auf a' hineindehnt – die erste und zweite Zelle so verzahnend. Aus dieser Dehnung wächst eine zweite, siebentöne, wesentlich triolische Zelle heraus, eine Variante von a, die durch das fünftöne b-Motiv fortgesetzt wird, das charakteristisch zweimal a' berührt und in modifizierter Gestalt später als Überleitungs-Figur zu *Die Vorboten des Frühlings* (vgl. Gliederung S. 70) dient. In T. 3 wird nun ein Quintolenkonzentrat des Motivs a hörbar, das 3 Viertel und 1 Achtel beansprucht. Die vierte Zelle ist eine besonders komplexe Modifikation des Motivs a. Es wird metrisch auf 4½ Pulse gedehnt, bildet innerhalb der Triole eine triolische Bildung, nutzt die modusfremden Töne b und ges und wird in T. 6 mit einem triolischen Echo beendet. Das Motiv a wird nun prolongiert (½ + 1 + 1 + ½), wieder aufgenommen und zunächst mit Motiv b sowie in T. 9 mit der Quintolen-Version von a fortgesetzt. Ein motivischer Zusammenschnitt aus den Takten 2 + 3 (Quartfall Motiv b + a') beendet diesen Formteil.

Bsp. 21 *Le Sacre du printemps*, Beginn. Klavierauszug, S. 3 (Boosey & Hawkes)

Pierre Boulez, dessen Analyse auf der Zweier-Pulsation eines Grund-
motivs a besteht, die in anderen Zellen modifiziert werde, kommt zuletzt
zu interessanten Schlußfolgerungen:

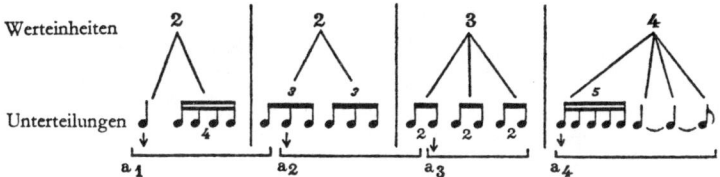

Bsp. 22

»Wenn ich mich so lange und so detailliert mit der Analyse dieser
Passage aus der ›Introduktion‹ befaßt habe, so darum, weil eine solche Erfahrung selbst bei Strawinsky eine Ausnahme ist und weil ein
so großes Raffinement in der Asymmetrie wie in der Symmetrie der
Perioden, eine so neugestaltete Variation der Rhythmik aufgrund ir-
rationaler Werte sich in seinem Werk kaum noch findet, von gewissen
Passagen im *Chant du Rossignol* einmal abgesehen. Denn zur Haupt-
sache beruht seine Technik [. . .] auf der rationalen Teilung (2, 4, 8)
oder auf der irrationalen Vervielfachung eines Einheitswertes. Aber
wir werden noch weiterhin auf diese ›Introduktion‹ zurückkommen
müssen, denn sie ist bemerkenswert, was die individuell übereinan-
dergeschichteten Entwicklungen betrifft, was die Struktur angeht, die
daraus resultiert, und sie ist bemerkenswert wegen des ›Dachziegel‹-
Phänomens der Komposition, das heißt: des gegenseitigen Überlap-
pens von Entwicklungen« (Boulez, »Strawinsky bleibt«, S. 175 f.).

Im November 1913 erschien eine Kritik von Jacques Rivière, dem
Herausgeber der *Nouvelle Revue Française*, einer der wenigen Be-
richte, der die Intentionen des Komponisten zu ergründen suchte:

»Dies ist ein biologisches Ballett. Es ist nicht nur der Tanz der
primitivsten Menschen, es ist der Tanz vor dem Menschen . . .
Strawinsky sagt uns, daß er das Aufbranden des Frühlings schil-
dern wollte. Aber dies ist nicht der übliche, von Dichtern besun-
gene Frühling mit seinen linden Lüften, seinem Vogelgezwit-
scher, seinem hellblauen Himmel und zarten Grün. Hier ist
nichts als der erbarmungslose Kampf des Wachsens, das panische
Entsetzen vor den aufsteigenden Säften, die beängstigende Um-

gruppierung der Zellen. Frühling von innen gesehen, mit all seiner Heftigkeit, seinen Spasmen und Rissen. Es ist, als beobachten wir ein Drama unter einem Mikroskop« (Buckle, 1984, S. 254).

Die Version des *Sacre du printemps* für Klavier zu 4 Händen entstand im Jahre 1913.

Emigrant in der Schweiz

(1914–1920)

Die Zwischenphase seiner Schweizer Emigration verbrachte Strawinsky nach dem spektakulären Aufstieg in die Internationalität im introvertiert scheinenden, ungewöhnlich intensiven Umgang mit volkstümlichen russischen Texten. So entstanden zwischen den Jahren 1914 und 1918 die Liederzyklen der *Pribaoutki* (1914), der *Berceuses du chat* (1915/16), *Trois histoires pour enfants* (1915/17), *Four Russian Peasant Songs* (*»Saucers«*) (1914/17) und *Quatre chants russes* (1918), aber auch jene in ihrem ästhetischen Anspruch, ihrer radikalisierten epischen Haltung ungewöhnlichen Musiktheater-Produktionen: *Les Noces* (1914/23), *Renard* (1915/16), *L'Histoire du soldat* (1918) und das Ballett mit Gesang *Pulcinella* (1919/20).

In jüngerer Zeit sind solche neuen Theatertendenzen Strawinskys in Zusammenhang mit Wsewolod Meyerholds Theater der Stilisierung diskutiert worden (Dömling/Hirsbrunner), ohne daß man nachweisen konnte, daß der bedeutende, auch in St. Petersburg am Marientheater arbeitende Regisseur (*Tristan und Isolde*, 30. Oktober 1909) mit Strawinsky je Kontakt gesucht hätte. Überliefert ist bisher lediglich, daß Meyerhold 1918 in Petrograd (St. Petersburg) Strawinskys *Le Rossignol* in Szene setzte: »Stumme Figuranten vollführten auf der Vorbühne Pantomime, die Sänger hatten Notenpulte, am Rande der Bühne links und rechts war der unbewegliche Chor untergebracht« (Druskin, 1976, S. 86). Und bei Druskin (S. 257, Anm. 116) findet sich auch der Hinweis, daß Strawinsky persönlich Meyerhold als Regisseur gewählt habe. Nachweisbar ist indes, daß Meyerhold sich in seinen Schriften zur kompositorischen Arbeit Strawinskys gelegentlich nicht allein distanziert, sondern auch gänzlich inkompetent äußerte, wie in einer Notiz über Strawinskys *L'Histoire du soldat*: »Voriges Jahr hörte ich in Weimar ein neues Orchesterwerk [!] von Strawinski. Das Hauptinstrument bei ihm ist die Geige, der Rest:

Flöte [!], Trommel, Trompete. Sieben bis acht Mann bilden das Orchester. Alle anderen Instrumente, außer der Geige, werden in solcher Weise eingesetzt, daß man dem Dirigenten zuschaut und denkt: ›Gewiß wird er nachher massiert werden wie nach einem Boxkampf‹« (Meyerhold, Bd. 2, S. 185). Es liegt nahe, zu vermuten, daß der gegen Kritik überaus empfindliche junge Komponist aus Gründen verachtungsvollen Vergessens Meyerholds dramaturgischen Einfluß auf seine Werke weder in seinen Schriften noch in seinen Gesprächen mit Craft je erwähnte. Außerdem hatte Meyerhold ein sehr kritisches Verhältnis zu den ästhetischen Erwägungen des Theaterkritikers und Mitarbeiters der ›Ballets russes‹, Alexandre Benois, den Strawinsky als geistvollen künstlerischen Gesprächspartner überaus schätzte, besonders dessen Urteil in Fragen der Malerei, der Literatur und Musik: »Ohne Benois folgen zu wollen, dem, wie von ihm längst bewiesen, alle Wege zu einem echten russischen Theater verschlossen sind, beeilen wir uns jedoch, auf jene Stelle in Puschkins Manifest hinzuweisen, die Benois' gesamte Theaterästhetik über den Haufen wirft, jene Benoissche Ästhetik, die sich auf ›wahres Lebensgefühl, Offenherzigkeit, Wahrheit‹ stützt, ›lebendiges Erleben‹, auf ›Erkenntnis des Lebens in seiner ganzen Kompliziertheit‹. Wir möchten Benois die Stelle empfehlen, wo Puschkin bedauernd spricht: ›Immer noch halten wir das *Schöne* für eine Nachahmung der schönen Natur und den *Zweck* für die Kardinaltugend der Kunst« (Meyerhold, Bd. 1, S. 257 f.). Benois indes mußte im Theatermilieu der Zeit auch seinen publizistischen Einsatz für Fokin, die Duncan, Nijinski, Strawinsky, Diaghilew oder die Gontscharowa verteidigen.

Zu bedenken ist freilich auch, daß ausgerechnet Anatoli K. Ljadow, der ursprünglich den *Feuervogel* komponieren sollte, und später Michail Fokin, der sich mit Diaghilew überworfen hatte, zum »Meyerholdkreis« gehörten (s. Meyerhold, Bd. 1, S. 250). Meyerholds Theater sollte ein anti-naturalistisches, von Andeutungen lebendes, Akzente setzendes, den Zuschauer zum Weiterdenken anregendes Theater sein, eine künstlerische Haltung verwirklichend, die Meyerhold mit mehreren Schopenhauer-Zitaten verdeutlichte: »Die Skizzen großer Meister wirken oft mehr als ihre ausgemalten Bilder. [...] Wachsfiguren, obgleich in ihnen die Nachahmung der Natur ihren höchsten Grad erreichen kann, bringen nie eine ästhetische Wirkung hervor und sind daher nicht eigentlich Werke der schönen Kunst. Denn sie lassen der Phantasie nichts zu tun übrig« (Meyerhold, Bd. 1, S. 106). Meyerholds Opernkonzept setzte bei der Pantomime an. »In der Pantomime ist der Rhythmus der Bewegungen, der Gesten und Gruppierungen streng mit dem musikalischen Rhythmus verschmolzen; nur wenn das erreicht ist, ist die Pantomime ideal.« Meyerhold war aber auch ein Anhänger des Maskentheaters der Spanier und Italiener des 17. Jahrhunderts und des russischen Balagan-Theaters (Jahrmarkt-Theaters), »bei dem das ›Belustigen‹ immer vor dem ›Belehren‹ kommt und wo die Bewegung höher geschätzt wird als das Wort«. Und Druskin sieht die neue Haltung der Regisseure Meyerhold und Alexander Tairow mit einem Konglomerat von Traditionen verbunden: »die natürliche, unmittelbare Konvenienz des Shakespeare-Theaters, die Commedia dell'arte, die mittelalterlichen Mysterienspiele, die volkstümlichen Schaubudenstücke, die Jahrmarktvorstellungen, die Zirkus- und Akrobaten-Schaustellungen, das japanische Puppentheater, wo schwarzgekleidete Schauspieler direkt vor den Augen der Zuschauer mit Puppen hantieren usw.« (Druskin, 1976, S. 84).

Sergej Diaghilew, der vermutlich mit den neuen Stilisierungstendenzen des zeitgenössischen Theaters bei Meyerhold und Tairow (s. Dömling/Hirsbrunner, 1985, S. 25) vertraut war, hatte sowohl für seine Produktion des *Coq d'or* von Rimski-Korsakow (14. Mai 1914), wie auch für seine Produktion von Strawinskys *Le Rossignol* 12 Tage danach, am 26. Mai, die Sängerinnen und Sänger in schwarzer Abendkleidung an den Bühnenseiten plaziert und die Darstellung ihres Rollenspiels Tänzern und Pantomimen übertragen. Die ursprünglich integrierten Dimensionen der musikalischen und der mimischen Darstellung, die Funktionen des singenden und handelnden Schauspielers wurden also verzweigt, wurden getrennt. Und das geschah offenbar nicht allein aus Allergie gegen die beschränkten Darstellungsmittel des naturalistischen Theaters Stanislawskis, sondern auch, um die hohen technisch-künstlerischen Maßstäbe der ›Ballets russes‹ so optimal wie möglich durchsetzen zu können. Denn die tendenziell ungelenk agierenden Sänger konnten sich nun auf ihre sängerische Arbeit konzentrieren und die Experten der Bewegung auf ihre pantomimischen Bewegungsabläufe. Carl Dahlhaus (S. 180) gibt zu bedenken, »daß Teilmomente der Wirklichkeit, wenn man sie isoliert und aus der komplexen Realität herauslöst, unversehens zu ästhetischen Phänomenen werden, die um ihrer selbst willen da sind, statt pragmatische Funktionen zu erfüllen«.

Dementsprechend könnte man Strawinskys Verfahren der Rollenaufspaltung, wie er es in *Renard*, aber auch in *Les Noces, L'Histoire du soldat* und in *Pulcinella* praktizierte, als ein Verfahren charakterisieren, das die Auffassung des künstlerischen Materials differenziert und so ein neues »Wahrnehmbar-Machen« ermöglicht – durch die Isolierung der »Parameter«. »Am Gestischen tritt dadurch, daß es vom Sprachlichen getrennt erscheint, die intern-formale Struktur statt der inhaltlich-externen, realistischen Bedeutung hervor, und Analoges gilt für den musikalischen Textvortrag, der durch Loslösung vom Szenischen ins halb Abstrakte gerät« (Dahlhaus, 1989, S. 197). So entsteht ein Plus an dramaturgischer Perspektivität und bilden sich zweifellos neue Aspekte um die alten Sujets.

In einem Interview des Jahres 1913, das Strawinsky anläßlich von *Le Rossignol* gab, hatte er sich grundsätzlich skeptisch über die Oper als Gattung geäußert: »Ich mag Opern nicht. Musik kann mit Gesten oder Worten vermählt werden – nicht mit beiden gleichzeitig, sonst entsteht Bigamie. Deshalb ist die künstlerische Basis der Oper falsch, und deshalb tönt Wagner am besten im Konzertsaal« (White [1979] S. 225). Und in einem Interview mit der *St. Petersburger Zeitung* (10. Oktober 1912) hatte er bereits erklärt: »Ich spüre kein besonderes Bedürfnis, Opern zu schreiben. Was mich interessiert, ist das getanzte Drama, das einzige Genre, in dem ich eine Vorwärtsentwicklung sehe« (I. und V. Strawinsky, S. 12).

Um Strawinskys Neigung zur Trennung der künstlerischen Dimensionen, wie grundsätzlich seine kompositorische Verfremdungs- und Parodie-Technik in ihrer ästhetischen Haltung zu begreifen, ist in der musikologischen Literatur auch auf die gleichzeitige Diskussion der russischen Formalisten, zeitgenössischer russischer Literaturtheoretiker hingewiesen worden. Dementsprechend wurde das literaturkritische Begriffsrepertoire, wurden Begriffe wie Verfremdung oder Parodie zur Analyse der künstlerischen Haltung Strawinskys genutzt. »Ein Kunstwerk wird wahrgenommen auf dem Hintergrund und auf dem Wege der Assoziierung mit anderen Kunstwerken. Die Form des Kunstwerks bestimmt sich nach ihrem Verhältnis zu anderen, bereits vorhandenen Formen. Das Material des Kunstwerks wird ständig mit Pedal gespielt, d. h. es wird herausgehoben, ›zum Tönen gebracht‹. Nicht nur die Parodie [das ist die neue, verfremdete Gestalt], sondern überhaupt jedes Kunstwerk wird geschaffen als Parallele und Gegensatz zu einem vorhandenen Muster. Eine neue Form entsteht nicht, um einen neuen Inhalt auszudrücken, sondern um eine alte Form abzulösen, die ihren Charakter als künstlerische Form bereits verloren hat« (Sklovskij, 1969, S. 51). Und in einer Anmerkung (ebd., S. 121) fügt der Autor hinzu, daß er die Einflüsse der Rasse oder des Milieus keineswegs gering einschätze, »aber im Hinblick darauf, daß von allen Einflüssen, die in der Literaturgeschichte eine Rolle spielen, der wichtigste der Einfluß von Werk auf Werk ist, bin ich hauptsächlich diesem nachgegangen. *Wir wollen es anders machen als unsere Vorgänger: hier haben wir Herkunft und wirkendes Prinzip sowohl der Geschmacksveränderungen als auch der literarischen Revolutionen; hier gibt es keine Metaphysik.*« Die verfremdende Arbeit an einem vorhandenen Kunstwerk aber geschieht, um die automatische Apperzeption eines Musikwerks durch Störungen, durch kompositorische Eingriffe zu verhindern. Dieses Konzept des Weiterdenkens von Musik und musikalischer Tradition, ihre verfremdende Aneignung, tritt besonders deutlich in Strawinskys neoklassischer Schaffensphase hervor. Es wird zum bestimmenden Verfahren aber bereits für eine ganze Reihe von Instrumentalwerken der Schweizer Jahre: *Trois pièces pour quatuor à cordes* (1914), *Valse des fleurs* (1914), *Trois pièces faciles* (1914/15), *Cinq pièces faciles* (1916/17), *Ragtime für elf Instrumente* (1918).

Die komplexen Zusammenhänge, die um Strawinskys sich bildende Ästhetik gesponnen werden – Meyerhold und die russischen Formalisten andererseits –, vernachlässigen allerdings einen russischen Traditionshintergrund, der als Balagan-Theater (Jahrmarkt-Theater), als Theater der Schnurrenerzähler (Skomorochen) auch Strawinsky aus vielfältigen Kindheitserlebnissen gegenwärtig war und deren Darstellungsmöglichkeiten er in Marionettentheater-Episoden seines Balletts *Petruschka* bereits nutzte.

Im Sommer 1910 »entstanden die ersten Skizzen zu *Petruschka*, wo wir schon dem Einfluß der neuen Theatertendenzen begegnen. Auf der einen Seite finden sich hier Motive der Jahrmarkt-Schaubude umgesetzt, was noch stärker im *Fuchs* [*Renard*] hervortreten wird (und später noch, mit Einsatz von Zirkusakrobaten, auch in ›Le Parade‹ von Eric Satie oder in Darius Milhauds ›Le bœuf sur le toit‹). Andererseits aber werden hier die grotesken Verfahren des Puppentheaters eingesetzt: sowohl Arap als auch die Ballerina und Petruschka sind Marionetten, die der Gaukler führt. [...] Das Neuartige dieser Werke schlug sich gewöhnlich immer spürbarer in der Musik als in der Bühnenform nieder. Möglicherweise war sich Strawinsky über die Konturen dieser Form noch nicht im klaren. Den Anstoß zur endlichen Klärung könnten die Theaterexperimente gegeben haben, die von der Diaghilew-Truppe durchgeführt worden waren« (Druskin, 1976, S. 85).

Im Jahre 1912 stellte sich Igor Strawinsky dem Chef des Orchesters von Montreux, Ernest Ansermet, vor, und es entwickelte sich aus diesem ersten Kontakt über Jahrzehnte eine freundschaftliche Beziehung, die um Gespräche über Kunst und die kompositorische Arbeit Strawinskys kreiste. Nach dem Ausbruch des Ersten Weltkriegs, im August 1914, wurde das Orchester aufgelöst, Ansermet zog nach Lausanne, und Strawinsky übernahm in Clarens am Genfer See das Haus, das Ansermet aufgegeben hatte: »La Pervenche«. Später zogen die Strawinskys nach Morges, ebenfalls am Genfer See, und wohnten bis zum Jahre 1917 zunächst in der Villa Rogivue, danach im dritten Stock des Hauses Bornand, in dessen Hof sich eine Statue Paderewskis befand.

In der Schweizer Emigration lernte Strawinsky eine ganze Reihe von Künstlern kennen, mit denen er sich befreundete und wie mit Charles Ferdinand Ramuz, dem Waadtländer Dichter, intensiv zusammenarbeitete: an der Übertragung seiner russischen Liederzyklen ins Französische, oder an der Burleske *Renard*; schließlich entwarf Ramuz, russische Erzählungen nutzend, die ihm Strawinsky zur Verfügung gestellt hatte, ein Meisterwerk: das Libretto zu *L'Histoire du soldat*.

»Da ich mich nach der Kriegserklärung auf das Gebiet der Schweiz beschränkt sah, bildete ich mir dort einen kleinen Kreis von Freunden. Es waren hauptsächlich C. F. Ramuz, René Auberjonois, die Brüder Alexandre und Charles-Albert Cingria, Ernest Ansermet, die Brüder Jean und René Morax, Fernand Cavannes und Henri Bischoff« (E, S. 60).

Am Ende der zwanziger Jahre widmete Ramuz seinem russischen Freund ein Dokument der Freundschaft, das unter dem Titel *Souvenirs sur Igor Strawinsky* publiziert und später auch ins Deutsche übertragen wurde. In diesen *Souvenirs* versuchte Ramuz auch jenes Spannungsfeld behutsam auszuschreiten, in das beide Männer gerieten und worin sie sich für einige Jahre intensiv einzurichten vermochten:

»So konnte ich sofort sehen, daß du, Strawinsky, genau so wie ich, das Brot liebtest, wenn es gut ist, den Wein, wenn er gut ist, den Wein und das Brot zusammen, das eine um des anderen willen. Ich sehe dich noch das Messer nehmen und die einfache, entschlossene Geste, mit der du das schöne, halbweiche Innere des Käse von seiner Rinde löstest. [...]

C. F. Ramuz und Igor Strawinsky in Lavaux

Deine Nahrung war die meine. Ich weiß nicht genau, warum mir damals (denn die Bezeichnung ist keine unmittelbare) der Ausspruch Nietzsches einfiel: ›Ich liebe den, der über sich selber hinaus schaffen will und so elend zugrunde geht‹; der, den ich damals in dir liebte (den ich immer in dir liebe), war derjenige, der im Gegenteil tiefer als er selbst steht, schafft und nicht zugrunde geht. [...]

Die mittelmäßigen deutschen Künstler (um wieder auf Nietzsche zurückzukommen) haben den Kopf eines Genies und Hände wie jedermann. Und ich möchte damit nicht sagen, daß du einen Kopf wie jedermann hast; aber gerne vergesse ich deine Gesichtszüge und suche sonstwo in dir diese geheimnisvolle schöpferische Kraft, die man zu Unrecht mit dem Denken verknüpft, denn sie kann überall sein, im Auftreten, in der Gestalt, im Schulterbau, in einer Art sich zu halten, in einer Art tätig zu sein, in einer Art sich auszuruhen. Du bist nicht sehr groß, Strawinsky; du siehst nicht sehr stark aus, wenigstens nicht aus der Ferne. Du bist sehr stark im Verborgenen, weil du auf die Wirklichkeit Wert legst und weil du Wirklichkeit brauchst« (Ramuz, 1974, S. 15–18).

Die Freundschaft zwischen den beiden Männern lockerte sich allmählich, weil die Freunde sich entfremdeten und anderen Lebenshaltungen zuneigten. Für Ramuz war das »Beharren im Heimatlichen keinesfalls eine Verarmung, sondern ein Gewinn an Tiefe«, wie Ansermet beobachtete. Strawinsky habe indes jenen Kosmopolitismus favorisiert, »in dem die Menschen zwar ihre nationalen Eigenheiten bewahren, aber auf einer Ebene miteinander leben, auf der diese nationalen Unterschiedlichkeiten nicht mehr spürbar sind. Verhängnisvollerweise gerät damit das eigentlich Menschliche im Menschen etwas in den Hintergrund« (Ansermet/Piguet, 1973, S. 40).

Musiktheater. Ballett

Les Noces (Die Hochzeit)

Russische Tanzszenen in zwei Teilen (vier Bildern) auf ein Libretto von Igor Strawinsky nach russischen Volkstexten, für Soli, Chor, 4 Klaviere und Schlagzeug; 1914/23

Uraufführung: Paris, Théâtre de la Gaité-Lyrique, 13. Juni 1923 (Dirigent: Ernest Ansermet; Choreographie: Bronislawa Nijinska; Ausstattung: Natalja Gontscharowa).

Der Gedanke an eine neue Komposition, an eine Ballettkantate über das Sujet einer russischen Bauernhochzeit, kam Strawinsky bereits im Jahre 1912, während er an seinem Ballett *Le Sacre du printemps* arbeitete. Er begann mit der Textzusammenstellung für *Les Noces*, nachdem er ein Exemplar der zehnbändigen Anthologie Pjotr Kirejewskis mit volkstümlichen Gedichten (Moskau 1868–74) in Kiew erworben hatte, im Sommer 1914, kurz vor dem Ausbruch des Ersten Weltkriegs. Bei der Auswahl und Gliederung der Texte versuchte Strawinsky, eine Dramatisierung im üblichen Sinne und alle Individualisierung des Personals zu vermeiden.

»Als meine Konzeption sich entwickelte, sah ich, daß sie nicht auf die Dramatisierung einer Hochzeit hinauslief oder auf die Begleitung eines Hochzeitsschauspiels mit die Szene charakterisierender Musik. Statt dessen wünschte ich tatsächliches Hochzeitsmaterial zu präsentieren, Zitate volkstümlicher, d. h. nichtliterarischer Verse« (ED, S. 114).

Für *Les Noces* nutzte Strawinsky nahezu ausschließlich Texte der Kirejewski-Anthologie, während *Renard* und *L'Histoire du soldat* dann auf dem Material der Sammlung Afanasjews basierten.

Les Noces (russ. *Swadjebka* ›Bauernhochzeit‹) ist eine Folge typischer Hochzeitsepisoden, die als Zitate typischer Hochzeitsgespräche präsentiert werden. Der Komponist faßte die Texte in zwei Teilen und vier Bildern zusammen, die bestimmte Augenblicke des Hochzeits-Prozesses herausheben: Teil I, 1. Bild »Bei der Braut«; 2. Bild »Beim Bräutigam«; 3. Bild »Das Brautgeleit«. – Teil II, 4. Bild »Der Hochzeitsschmaus«.

Die Unterhaltungen haben ritualistischen Charakter, äußern sich in Klischees, vergleichbar jenen Szenen in Joyces *Ulysses*, in denen man zwar dem verbindenden Faden der Gespräche nicht zu folgen vermag, aber dennoch Fetzen, Bruchstücke der Unterhaltungen aufnimmt. Und die Arbeiten von Joyce und Strawinsky haben gemeinsam, daß sie eher darstellten als beschrieben oder gar erläuterten.

»Es gibt keine individuellen Rollen in *Les Noces*, nur Solo-Stimmen, die bald den einen, bald den anderen Charakter personifizieren. So ist der Sopran in der ersten Szene nicht die Braut, sondern nur die Stimme der Braut; die gleiche Stimme wird in der letzten Szene mit der Gans verbunden.

Ei - nes Ta - ges kam die Hei - rats - ver - mitt - le - rin, hat - te nur eins im Sinn, müh - lo - sen Geld - ge - winn.

Bsp. 23 *Les Noces*, 1. Bild, Sopranstimme

Auf vergleichbare Weise werden die Worte des Bräutigams in der
Szene ›Beim Bräutigam‹ von einem Tenor gesungen, zuletzt aber
von einem Baß. [. . .] Sogar die Namen Palagai oder Saweliushka
gehören niemandem im besonderen. Sie wurden vielmehr wegen
ihres Klanges, ihrer Silben und ihrer russischen Charakteristik
gewählt« (ED, S. 115).

Strawinsky gibt zu bedenken, daß nicht allein die Kenntnis des dörf-
lichen Hochzeits-Brauchtums zum näheren Verständnis von *Les Noces*
wichtig sei, sondern auch die Kenntnis des benutzten typischen Voka-
bulars. So sei beispielsweise das Wort ›rot‹ im letzten Bild der Ausruf
für ›schön‹, beziehe sich also nicht allein auf die Farbe. »›Der Tisch ist
rot‹ oder ›Der Tisch ist schön‹ entsprechen einander. [. . .] Manchmal erfordert die Tradition, daß jemand sagt: ›Es ist *gorko* – bitter.‹ Wenn der
Bräutigam das hört, muß er seine Braut küssen, worauf die Gesellschaft sagt: ›Der Wein ist süß‹. Dieses Spiel entwickelt sich auf Bauern-
hochzeiten gern in obszöner Weise, wenn etwa einer in sein Weinglas
schaut und sagt, ›Ich sehe einen Busen, der bitter ist‹, und der Bräutigam dann den Busen der Braut küssen muß, um ihn zu süßen, und sich
dann allmählich weiter abwärts bewegt« (ED, S. 116).

Die auffällig lange Entstehungszeit von *Les Noces* – 1914 in Clarens begonnen, im April 1917 in Morges beendet, 1921 und 1923
wurde noch an der Instrumentation gearbeitet – hatte äußere und innere Gründe. Der Autor unterbrach die Arbeit an *Les Noces* mehrfach, um andere Kompositionen fertigzustellen, aber der besondere
Charakter des Werkes erforderte eine ungewöhnliche Instrumentation, die Strawinsky erst kurz vor der Premiere fand.

»Ich hatte bereits in Morges verschiedene Versuche für die Instrumentierung gemacht. Ich begann mit einer Besetzung für
großes Orchester, aber die ließ ich bald wieder fallen, denn sie
hätte im Hinblick auf die Komplexität des Werkes einen ungewöhnlich großen Apparat erfordert. Ich versuchte dann eine andere Lösung mit einem mehr summarisch zusammengesetzten
Orchester und schrieb eine Partitur, die für polyphone Einheiten
gedacht war: für mechanisches Klavier, elektrisches Harmonium,
ein Bläserensemble und zwei ungarische Zimbals.
Aber dabei stieß ich auf ein neues Hindernis: ich wurde mir allmählich darüber klar, wie unerhört schwierig es für den Dirigenten sein müsse, den Part der Musiker und Sänger mit dem der mechanischen Instrumente in Übereinstimmung zu bringen. [. . .]

Nahezu vier Jahre lang hatte ich *Die Hochzeit* unberührt liegen-gelassen. Andere, dringendere Aufträge nahmen mich in An-spruch, und Diaghilew [der Strawinskys Vortrag von *Les Noces* tief ergriffen, mit Tränen in den Augen gelauscht hatte] verschob zudem die Aufführung von Jahr zu Jahr« (E, S. 101).

Schließlich wurde der Uraufführungstermin festgelegt, und es ge-schah das Wunder, das Strawinsky herbeigesehnt hatte, unter Zwang fiel ihm die Lösung zu:

»Ich erkannte, daß das vokale Element, das auf dem Atem beruht [4stimmiger Chor und Solo-Quartett], am besten durch ein Or-chester zu unterstützen sei, das nur Instrumente aufweist, deren Ton durch den Schlag entsteht.«

So fand er sein Instrumental-Ensemble, nicht um den Klang sol-cher Volksfeste nachzuahmen, die Strawinsky nie erlebt hatte, son-dern als Konsequenz seiner kompositorischen Disposition:
4 Klaviere; Xylophone, Pauken, 2 Kastagnetten, Glocke, 2 große Trommeln mit und ohne Schnarrsaiten, Schellen, Triangel.

Grundsätzlich sei der Findungsprozeß der einer allmählichen Re-duktion des Instrumentariums vom riesigen *Sacre*-Orchester zum Schlag-Ensemble gewesen.

»Die Instrumentation zeigt gewisse Verwandtschaften mit der Oper *Die Nachtigall*, die mir jedenfalls bisher unbemerkt geblie-ben waren. Die Musik zum ersten Auftritt des Tenors zum Bei-spiel scheint der Oper nicht nur rhythmisch und harmonisch (Parallelakkorde, mit betonten Quinten) zu entstammen, son-dern ebenfalls im Vokalstil (s. Bsp. 24, S. 94).
Und das Gezwitscher im Pianola während der Wehklage der Braut offenbart sich unerwartet als ein Erbe der ornithologi-schen Ornamente der Oper. Auch verwenden beide Werke Orientalismen, am auffallendsten in *Swadjebka* [*Les Noces*] wäh-rend derselben Wehklage, wo die Zimbals japanische Zupfin-strumente bei der Begleitung eines Kabuki-Spiels sein könnten« (s. Strawinsky, »Swadjebka . . .«, S. 161).

»Glockenklänge läuten die vokal, gruppentänzerisch und schlag-zeug-instrumental simultanen Szenen ein und aus. Das Glocken-klangmotiv, ein aufsteigend in Kleinterz und Großsekund ge-spaltener Quartschritt, bildet die musikalische Urzelle der Bauernhochzeit und wird durch die etwa 25 Minuten [30–35 Mi-

Bsp. 24 *Les Noces*, Klavierauszug, S. 11 (Chester Music)

nuten] Aufführungsdauer hindurch unentwegt permutiert, was dem Werkganzen eine magische Starre verleiht. Das Instrumentarium kontrapunktiert die Vokalstimmen so, daß aus den Abwandlungen des Glockenmotivs bitonale Schichtungen sich ergeben. Den Vokalpartien liegen Leiterbildungen des russisch-orthodoxen dorischen, phrygischen und mixolydischen Kirchentons zugrunde« (Lindlar, 1982, S. 37).

Die Choreographie der Nijinska für die Uraufführung, in Blöcken und Massen, entsprach weitgehend Strawinskys Konzeption des Rituellen und Unpersönlichen; Individualisierungen der Partien konnten nicht hervortreten. Während Braut und Bräutigam stets auf der Bühne gegenwärtig sind, sprechen die Gäste über sie, als wären sie nicht vorhanden – das sei eine Art der Stilisierung, nicht ungleich der des Kabuki-Theaters.

Renard

Szenische Burleske in einem Akt für vier Pantomimen, auf ein Libretto von Igor Strawinsky nach altrussischen Tierfabeln, für 2 Tenöre, 2 Bässe und Kammerensemble, 1915/16

Uraufführung: Paris, Théâtre de l'Opéra, 18. Juni 1922.

Personen: Fuchs, Hahn, Kater, Ziegenbock.

Strawinsky berichtet, daß ihn die Prinzessin Edmond de Polignac im April 1915 um ein Werk für ihren Salon gebeten habe, eine Musiktheaterarbeit, die er bereits begonnen hatte. Die Umstände des Auftrags halfen ihm, die Größe des Ensembles selbst zu bestimmen, aber er hätte auch ein größeres Orchester wählen dürfen. Die Musik habe er schnell komponiert, der Marsch, der die Burleske eröffnet und beendet, sei die letzte Nummer der Partitur gewesen, die er vollendete.

Die Inszenierung des *Renard* habe er so geplant, daß das Werk nicht mit einer Oper verwechselt werden könne. Im Vorwort zu seiner Partitur präzisiert der Komponist seine Absichten in folgender Weise:

»*Renard* soll von Clowns, Tänzern und Akrobaten gespielt werden, am besten auf einem Podest mit dem Orchester dahinter. Bei Aufführungen im Theater sollte man vor dem Vorhang spielen. Während der Vorstellung verlassen die Spieler die Bühne nicht. Sie treten während des kleinen Marsches, der als Einleitung dient, gemeinsam auf, und ihr Abgang erfolgt in gleicher Weise. Die Akteure sprechen nicht. Die Sänger (2 Tenöre, 2 Bässe) befinden sich im Orchester.«

Das Verhältnis von Gesangspartien und Rollenfiguren entspreche dem in *Les Noces*, und wie dort seien die Partien der Sänger nicht mit einer Rolle zu identifizieren (so wechselt die Partie des Fuchses zwischen Baß I, Tenor I, Tenor II); die Sänger und Pantomimen sollten alle gleichzeitig auf der Bühne sein. *Renard* bedürfe keiner symbolistischen Obertöne, denn es sei eine simple Moral-Erzählung. Die religiöse Satire (der Fuchs als Nonne verkleidet; in Rußland waren Nonnen Unberührbare) sei weniger eine Satire als eine liebenswürdige Spötterei. Alexander N. Afanasjews Sammlung *Russische Volksmärchen* (1855–63) enthalte wenigstens 5 verschiedene »Renard«-Geschichten, in denen der Lügner gefangen und durch den Kater und den Ziegenbock vor ein Gericht gebracht werde. Er habe eine der Geschichten ausgewählt und sein eigenes Libretto daraus gestaltet.

Nachdem er mit der Komposition begonnen hatte, habe er bemerkt, daß sein Text zu kurz sei. Darum habe er beschlossen, die »Salto mortale«-Episode zu wiederholen.

Renard sei durch die Guzla, dieses außergewöhnliche Instrument, angeregt worden, das im letzten Teil der Burleske vom Ziegenbock gespielt wird und im Orchester mit gutem, wenn auch unvollkommenem Erfolg vom Zimbal imitiert werde.

»Die Guzla ist jetzt ein Museumsstück, sie war aber bereits zu meiner Kinderzeit in St. Petersburg selten, eine Art Balalaika. [...] Ein Teil des Spaßes in *Renard* besteht darin, daß dieses extrem behend zu spielende Instrument von einem Huffüßler, einem Ziegenbock gespielt werden soll. Die Guzla-Musik – plink, plink – war übrigens die erste Nummer des *Renard*, die komponiert wurde« (ED, S. 119 f.).

Das Libretto vollendete Strawinsky Anfang 1915. Mit der Komposition begann er im Frühjahr 1915 in Château d'Oex und schloß sie nach Ballett-Reisen durch Italien am 1. August 1916 in Morges ab.

»Wie das Märchen, von dem Strawinsky in *Le Rossignol* ausging, ist auch die Tierfabel, die er *Renard* (1915/16) zugrunde legte, eine epische Gattung. Und die epische Struktur der Vorlage wurde durch die Dramatisierung zwar in eine komplizierte Form gebracht, aber keineswegs aufgehoben ...
Die frappierende Dramaturgie beruht auf einem Prinzip, dessen psychologische Wurzeln die Verzweiflung eines Opernregisseurs über sein Metier sein könnte, das ständig mit der eigenen Unmöglichkeit konfrontiert ist.
Die Rollen des Stücks – Hahn, Fuchs, Kater, Bock – werden von Strawinsky gewissermaßen aufgespalten, indem er das szenisch-gestische Moment vom sprachlich-musikalischen trennt ... Eine Zuordnung der Vokalpartien zu den szenisch dargestellten Rollen ist angedeutet – Hahn: Tenor I, Fuchs: Tenor II, Kater und Bock: Baß I und II –, wird aber nicht selten durchbrochen« (Dahlhaus, 1983, S. 179).

Renard wird mit einem ›Marsch‹, einer Einzugsmusik der Darsteller, eröffnet, und bei dessen Klängen verlassen die Akteure zuletzt auch wieder die Bühne.

Zwischen Eröffnungs- und Schluß-Marsch der Burleske ist das Schauspiel der Torheit und Eitelkeit des Hahnes und der Verlogenheit und

Bsp. 25 *Renard*, Marsch. Partitur, S. 147 (Chester Music)

Schläue des Fuches in vier Teilen, mit einer ›Introduktion‹ und einem
›Nachspiel‹, zu sehen.

Der erste Teil beginnt mit einem Dialog zwischen dem Hahn und dem
als Nonne verkleideten Fuchs, der ihn bittet, von seiner Stange herabzu-
steigen und seine Sünden zu beichten. Noch antwortet der Hahn mit di-
stanzierendem Witz, als aber die Nonne in ihn dringt, die Hähne hätten
alle zu viele Frauen, um die sie sich stritten, als seien sie käufliche Weiber
– er solle an sein Ende denken, sonst müsse er in Sünde sterben –, stürzt

sich der Hahn in den ersten »Salto mortale«. Der Fuchs ergreift ihn und schleppt ihn über die Bühne. Als der Hahn in seiner Verzweiflung Kater und Ziegenbock um Hilfe anfleht, erscheinen sie und bedrohen den Fuchs. Darauf läßt er den Hahn los und entflieht.

Im zweiten Teil wird ein Wechsel von der monologisch-dialogischen zur epischen Struktur des Textes deutlich. Baß I und II sowie Tenor II singen: »Unser Gockel geht spazieren. Aus dem Haus, seine Frauen auszuführen. Er voraus. Schön gefleckte, bunt gescheckte. Plötzlich steht an einer Ecken Reinecke zu aller Schrecken. Tief sich neigend spricht er, höflich Wesen zeigend: ›Sag, warum spazierst du grad hier mitten in des schlauen Fuchses Jagdrevier?‹« Nun bittet der Hahn um sein Leben und schlägt dem Fuchs vor, die schöngefleckten Hühnerfrauen statt seiner zu fressen. Aber der Fuchs ist wählerisch, packt den Hahn und trägt ihn über Stock und Stein fort. Der Hahn jammert, aber die Hennen hören ihn nicht, denn sie träumen. Kater und Ziegenbock ziehen sich zurück.

Im dritten Teil besteigt zu unserer Überraschung der Hahn wiederum seinen Hochsitz und kräht wie im ersten Teil: »Von meiner Warte aus sing ich in alle Welt hinaus.« Der Fuchs erscheint, läßt seine Nonnenverkleidung fallen und bittet den Hahn, sich am Fenster zu zeigen. Er lockt ihn mit Erbsen und bietet ihm vergebens sein Haus voller Weizen und ganz frischen Kuchen. Als der Fuchs aber in zärtlichem Falsett um Freundschaft wirbt: »Komm etwas näher, ach, so hör mich doch, bis zur Erde tiefer noch, will zum Dank dich tragen bis zum Himmel hoch«, wagt der eitle Hahn wieder einen »Salto mortale«, wird wiederum gegriffen, über die Szene geschleift, nun auch gerupft, fällt in Ohnmacht.

Im vierten Teil treten Kater und Ziegenbock auf, singen dem Fuchs voller List ein gefälliges Liedchen und begleiten sich auf der Guzla. Sie singen Pribaoutki, volkstümlich-scherzhafte Verse, von denen Strawinsky sagte, daß sie eine Schnelligkeit und Akzentuierung erfordern, die im Russischen ganz natürlich sei. Keine Übersetzung dieses Liedes könne das übertragen, was er musikalisch mit der Sprache gemacht habe. Von Kater und Ziegenbock angerufen, steckt der Fuchs die Nasenspitze aus seinem Haus und beobachtet, wie die Tiere zu seinem Schrecken eine Sense schwingen. Ziegenbock und Kater aber geben vor, den Fuchs vor den Tieren schützen zu wollen, packen ihn schließlich am Schwanz und erwürgen ihn. Beide Bässe und beide Tenöre heulen nun mit voller Kraft, der Fuchs stirbt.

Im Nachspiel tanzen glücklich Hahn, Ziegenbock und der Kater und bitten zuletzt, wie die Skomorochen (Schnurrenerzähler): »Unser Lohn bitte, wenn's gefiel!« Dann verlassen die Akteure zum ›Marsch‹ die Bühne.

L'Histoire du soldat (Die Geschichte vom Soldaten)

Zu lesen, zu spielen und zu tanzen, in zwei Teilen, für 1 Sprecher, 2 Schauspieler, 1 Tänzerin und 7 Instrumentalisten: Klarinette, Fagott, Cornet à piston, Posaune, Violine, Kontrabaß und Schlagzeug
Libretto: Charles F. Ramuz.

Uraufführung: Lausanne, Théâtre Municipal, 28. September 1918 (Dirigent: Ernest Ansermet; Regie: Igor Strawinsky und Charles F. Ramuz. Bühnenbild und Kostüme: René Auberjonois).

Personen: Der Erzähler (Vorleser); der Soldat; der Teufel; die Prinzessin (stumm).

»Der Gedanke zur *Geschichte vom Soldaten* kam mir im Frühjahr 1917, aber ich konnte ihn nicht ausarbeiten, weil ich noch mit *Les Noces* und mit der Gestaltung einer Symphonischen Dichtung nach der Oper *Die Nachtigall* beschäftigt war. [. . .] Ich entdeckte meinen Gegenstand in einer der Erzählungen Afanasjews vom Soldaten und dem Teufel. In der Geschichte, die mich reizte, bringt der Soldat den Teufel dazu, viel Wodka zu trinken. Dann gibt er dem Teufel eine Handvoll Schrotkugeln zu essen, ihm versichernd, es sei Kaviar; der Teufel schlingt sie gierig hinunter und stirbt. Ich fand danach andere Teufels-Episoden und machte mich an die Arbeit – sie aneinander stückelnd. Nur das Gerüst des Spiels stammt von Afanasjew-Strawinsky, die endgültige Form ist das Verdienst meines Freundes Charles F. Ramuz. Ich arbeitete mit Ramuz, indem ich ihm Zeile für Zeile meines Textes aus dem Russischen übersetzte« (ED, S. 89 f.).

Dorothee Eberlein gibt zu bedenken, daß Strawinsky in seiner *Geschichte vom Soldaten* nicht nur das Märchen-Motiv der Verdammnis des armen Kerls, der sich mit dem Teufel einläßt, aufgreife, sondern auch das Schicksal von russischen zwangsrekrutierten Soldaten vor 1917, »die hoffnungslose Rückkehr, die keine mehr sein kann, denn der Soldatendienst unter dem russischen Zaren Nikolaus I. kam einer 25jährigen Verurteilung als Strafgefangener gleich. Darum wollten die jungen Leute lieber Leibeigene bleiben. Aber immer wieder geschah das gleiche: der zum Militärdienst bestimmte Mann wurde hinterrücks und unerwartet von zwei Polizeisoldaten überrumpelt und festgenommen« (Eberlein, 1978, S. 147).

Charles Ferdinand Ramuz, der Schweizer Literat aus dem Waadtland und ein guter Freund des Komponisten, richtete die *Geschichte vom Soldaten* in zwei Teilen ein; die Texte werden sämtlich gesprochen.

In Teil I (der in drei Szenen unterteilt ist) begegnet der Soldat, zwischen Chur und Wallenstadt unterwegs zu seinem Heimatdorf, um dort einen 14tägigen Urlaub zu verbringen, dem Teufel in der Gestalt eines Schmetterlingsfängers. Der überrascht den Soldaten beim Kramen in seinem Tornister und bittet ihn um seine Geige – im Tausch gegen ein wunderliches Buch, das ihm Reichtum verspricht: »Das ist ein Buch, das wie ein Geldschrank funktioniert. Ihr schlagt es auf – und was Ihr wollt, zieht Ihr hervor: Wertschriften, Noten, Gold.« Man einigt sich, drei Tage miteinander bei Wein, guten Speisen und wirklichem Wohlleben verbringen zu wollen. Aber: »Wie lange Zeit? – Es gibt die Zeit nicht mehr.« Als der Soldat endlich in seinem Dorf ankommt, die Nachbarin, die Mutter und seine Braut begrüßen möchte, wird er nicht erkannt, die Braut ist bereits verheiratet, hat zwei Kinder. Der Soldat hatte drei Jahre, nicht Tage, mit dem Teufel verbracht, darum wird er nun für ein Gespenst gehalten. Er gerät außer sich vor Zorn über den Verführer und Betrüger, aber der Teufel erinnert ihn daran, daß seine Lebenschancen reduziert sind, wenn er versuchen sollte, ihm zu entfliehen. Sein Regiment? – es würde ihn als Deserteur an die Wand stellen. Darum ermahnt er ihn: »Das Buch ist dein. Die Geige mein. Nun weiter unsern Weg – zu zwein.« Der Soldat wird reich, wird sehr reich. Aber er fühlt sich unter Lebenden lebendig-tot und sinniert: »Wie machen's die anderen, daß sie glücklich sind? Die Verliebten, die sich küssen . . .« – Bei ihrer nächsten Begegnung gibt der Teufel ihm schließlich die Geige zurück, aber als der Soldat sie zu spielen versucht, bleibt sie stumm. Darum wirft er sie in die Kulisse, kehrt in seine Schreibstube zurück und zerreißt das Buch in tausend Stücke.

In Teil II sieht man den Soldaten wieder wandern, aber er kommt nicht nach Wallenstadt, sondern in ein anderes Land, ein anderes Dorf. Im Gasthaus sitzend, hört er den Ausrufer: »Der König läßt verkünden, daß gern er seine Tochter dem vereint zum Dank, der sie von ihrer Krankheit heilt.« Ein Fremder, der sich als ehemaliger Soldat zu erkennen gibt, tritt hinzu und ermuntert den Soldaten, die Königstochter zu gewinnen. Er wird zum König vorgelassen, und der verspricht dem »Doktor-Soldaten«, daß er die Prinzessin am nächsten Tag sehen werde. Der hinzutretende Teufel indes klärt ihn über seine Verlegenheit auf: »Das Mittel, sie zu heilen – das hab ich. Es ist ein Ding, das ich nur hab . . . das du wohl hattest . . . mein armer Freund, du bist verloren.« Der Erzähler indes rät dem Soldaten, sich zur Wehr zu setzen und mit dem Teufel Karten zu spielen, um die Geige wiederzugewinnen. Man spielt. Der geldgierige Teufel gewinnt alles Geld des Soldaten, aber er läßt sich betrunken machen: »Sauf! Sauf!

Sauf!« So gewinnt der Soldat bald seine Geige zurück und spielt dem Teufel auf, der vom Stuhle fällt.

Im Zimmer der Prinzessin beginnt der Soldat sein Geigenspiel mit einem *Tango*. Die Prinzessin erhebt sich von ihrem Lager und beginnt zu tanzen. Sie tanzt danach einen *Walzer* und schließlich einen *Ragtime*. Während der Soldat und die Prinzessin sich umschlungen halten, kriecht auf allen Vieren plötzlich der Teufel herein und versucht ihm die Geige zu entreißen. Der Soldat aber spielt nun zum *Tanz des Teufels* auf; der Teufel tanzt bis zur Erschöpfung, so daß er zu Boden fällt. Nun packen ihn Soldat und Prinzessin bei seinen »Tatzen« und schleifen ihn hinter die Kulissen.

Zum *Kleinen Choral* kommen die Verliebten wieder auf die Bühne und fallen sich in die Arme, belauert vom Teufel, der in seinem *Couplet* eine Warnung ausspricht, die beide nicht beherzigen: »Ja, so weit ging alles gut. Aber nun seid auf der Hut! Bis zur Grenze! Dann gebt acht! seid sonst neu in meiner Macht!« Warnungen an das Paar hält auch der Vorleser der

Szene aus der *Geschichte vom Soldaten*. Aquarell von René Auberjonois, 1918

moralisierenden Strophen bereit, die jeweils nach den Fermaten des *Gro-ßen Chorals* verlesen werden: »Man soll zu dem, was man besitzt, begeh-ren nicht, was früher war. Man kann zugleich nicht der sein, der man ist und der man war.« Oder: »Ein Glück ist alles Glück; zwei ist keins.« Ei-nes Tages fragt die Prinzessin den Soldaten nach seiner Herkunft, und er erzählt sehnsuchtsvoll von seiner Mutter und dem Leben auf dem Dorf. »Wenn wir hinreisten?«, lockt sie ihn, er aber weiß: »Es ist verboten.« Dann sind sie schon unterwegs, der Kirchturm grüßt, zum Grenzpfahl ist es nur noch ein kleines Stück – »Doch sie! doch sie – sie blieb zurück.« Der Soldat überschreitet die Grenze und wird vom geigenden Teufel zum *Triumphmarsch des Teufels* vorangetrieben.

Igor Strawinsky hat für seine *Geschichte vom Soldaten* Musiknummern geschrieben, deren Zahl er in Teil I auf drei begrenzt: *Marsch des Solda-ten – Kleine Stücke am Bachufer – Pastorale.*

Kompositorisch intensiver ist dann Teil II ausgearbeitet, der wiederum mit dem *Marsch des Soldaten* beginnt und fortgesetzt wird mit den Num-mern: *Der Königsmarsch – Kleines Konzert – Tango/Walzer/Ragtime – Tanz des Teufels – Kleiner Choral – Couplet des Teufels – Großer Choral – Triumphmarsch des Teufels.*

Die Musik wurde für eine Theaterproduktion komponiert, die wie ein antiker Thespiskarren durch die Schweizer Kantone ziehen sollte. Nach-dem Strawinsky die Wahl eines polyphonen Instrumentes wie das Klavier oder das Harmonium verworfen hatte, weil ihm die Möglichkeiten der Instrumente aus pragmatischen (geringe Dynamik des Harmoniums) und kompositorischen Gründen (er wollte kein virtuoses Klavierstück schrei-ben) nicht genügten, entschied er sich für ein Instrumental-Ensemble, das den Reichtum der Gruppen des Orchesters auf jeweils zwei Instrumente reduzierte, die die hohen und tiefen Register einer Orchestergruppe re-präsentierten: von den Holzbläsern wählte er Klarinette und Fagott, von den Blechbläsern Cornet à piston und Posaune, von den Streichern Vio-line und Kontrabaß, und hinzu kam ein reichhaltiges Schlagzeug, das von einem Schlagzeuger gespielt werden kann: große Trommel und 2 Rühr-trommeln, Schellentamburin, Becken, Triangel.

Später erinnert sich Strawinsky, daß seine Wahl der Instrumente von ei-nem wichtigen Ereignis im europäischen Musikleben dieser Zeit beein-flußt war, von der Entdeckung des amerikanischen Jazz. Darum ähnele das Ensemble der *Histoire du soldat* dem einer Jazzband in jeder Katego-rie: Streicher, Holzbläser, Blechbläser, Perkussion. Das Fagott habe er statt des Saxophons gewählt, weil es im instrumentalen Ensemble weniger durchdringend sei. Jazz kannte Strawinsky damals freilich noch nicht, sondern lediglich Notenblätter, Jazz-Arrangements. Er habe den Rhythmus-Stil des Jazz also nicht adaptiert, wie er gespielt, sondern wie er ge-schrieben wurde.

Der erste thematische Gedanke für die *Geschichte vom Soldaten* sei die Trompeten-/Posaunen-Melodie am Beginn des Marsches gewesen. Weder habe er zu jener Zeit die Partitur von Erik Saties *Piège de Méduse* (1913) gekannt, die eine ähnliche Instrumentenkombination (Klarinette, Trompete, Posaune, Violine, Violoncello, Kontrabaß, Schlagzeug) favorisiere, noch sei es seine Absicht gewesen, Musik internationalen Charakters zu schreiben: eine amerikanische Posaunenmelodie und Ragtime, einen französischen Walzer, deutsch-protestantische Hochzeits-Choräle, einen spanischen Pasodoble.

»Jazz bedeutet auf jeden Fall einen völlig neuen Klang in meiner Musik, und die *Histoire* bezeichnet den letzten Bruch mit der russischen orchestralen Schule. [...] Die charakteristischen Klangeindrücke der *Histoire* sind das Kratzen der Violine und die Zeichensetzung der Trommeln. Die Violine ist die Seele des Soldaten, und die Trommeln sind die Teufelei« (ED, S. 92).

Zur Komposition seines *Ragtime für elf Instrumente* (ebenfalls 1918) äußerte Strawinsky: »Der Eindruck, den die Jazzmusik auf mich machte, war so lebendig, daß mir der Gedanke kam, eine Art ›Portrait-Typ‹ dieser neuen Tanzmusik zu entwerfen und ihm das Gewicht eines Konzertstücks zu geben, so wie es früher Musiker zu ihrer Zeit mit dem Menuett, dem Walzer, der Mazurka gemacht hatten« (E, S. 80). Ernest Ansermet erinnert daran, daß der *Walzer* aus der *Geschichte vom Soldaten* (s. Bsp. 26, S. 104) »alle erforderlichen Eigenschaften eines Walzers à la Musette-Ball oder Erntefest habe, und beim Musette-Ball lösen die Spieler der Melodie-Instrumente – Violine, Klarinette, Piston – einander ab, sie spielen aus dem Gedächtnis und zuweilen nach Gutdünken, was ihnen gerade einfällt, wodurch die Begleitstimmen in Verlegenheit geraten und falsche Bässe oder falsche Harmonien spielen, nur noch darauf erpicht, um jeden Preis den Takt zu halten« (Ansermet, 1965, S. 571).

Dementsprechend sei Strawinskys *Walzer* »die ästhetische Vision des ländlichen Walzers, die die ganze von außen her beobachtbare Expressivität des Walzers wahrt, aber nicht die harmonische Gesetzmäßigkeit, noch auch die formale Symmetrie des durch das musikalische Bewußtsein von innen herausgehobenen Walzers.« Und wie der Walzer, so ist auch der *Große Choral* durch das musikalische Bewußtsein von innen herausgehoben. Einerseits »Portrait-Typ« des Gemeindegesangs, durch die distanzierende Perspektive Strawinskys in seiner gegliederten Mechanik hervortretend, andererseits in ein Konzept reflektierenden Lebensresümees unmittelbar vor Ausbruch der Katastrophe dramaturgisch streng eingebunden.

Bsp. 26 *L'Histoire du soldat.* Klavierauszug, S. 38 (Chester Music)

Strawinskys Musiknummern sind also nie Gebrauchsmusik im strengen
Sinne, sondern nutzen bestimmte Gattungstypen und ihren traditionsrei-
chen Assoziations- und Ausdruckshorizont, um sie dem dramaturgischen
Konzept des Stückes einzupassen. So wird die häufig, auch bruchstück-
haft, eingesetzte Musik *Marsch des Soldaten* vorwiegend als Klangfolie

genutzt, in die hinein der Erzähler z. B. über den Soldaten berichtet, daß er wandert, um bald daheim sein zu können. Freilich, es ist eine Folie, in der ausbrechende Klarinetten und Piston-Figuren oder plötzliche Schlagzeug-Akzentuierungen auch die übermütig-heitere Gemütsverfassung des Soldaten widerspiegeln. Solche Augenblicke kontrastieren indes hart mit der sperrigen, ostinaten Monotonie, die im Kontrabaß durchgehalten wird: des Orgelpunkts auf g und des sich anschließenden Nonenintervalls d – e'. Ähnlich vielschichtig ist eine Musik der 2. Szene, die *Pastorale*, komponiert. Sie setzt ein, nachdem der Soldat seine Ratlosigkeit bekannte: »Ich Trottel hab auf ihn gehört und hab ihm meine Geige gegeben . . . Und jetzt – was fang ich an? Was fang ich jetzt an? Was fang ich jetzt an?« Es ist geronnene Tristesse, existentielle, abgründige Kälte, die in der zweimal intonierten Klarinetten-Formel laut wird; erst später, im Solo des Piston, scheint ein wenig Hoffnung zu dämmern. Und diese Kälte scheint auch in den ostinaten Bewegungen zu nisten, die der spektakulären Lamento-Figur folgen: die Musik zerbröselt, löst sich auf in Sekundfolgen.

Gleichsam von außen, kompositorisch distanziert formulierter Pomp und königlicher Prunk sind dann für den auftrumpfenden *Königsmarsch* und das in koketter Pedanterie sich verspielende *Kleine Konzert* charakteristisch, die vom Komponisten mit maliziösem Lächeln serviert werden: das ist eigentlich nicht die Welt des Soldaten.

Pulcinella

Ballett mit Gesang in einem Akt auf ein Libretto der Commedia dell'arte, Musik nach Giambattista Pergolesi

Uraufführung: Paris, Théâtre des Champs-Élysées, 15. Mai 1920 (Dirigent: Ernest Ansermet; Choreographie: Leonid Massine; Ausstattung: Pablo Picasso).

Personen: Pulcinella, Pimpinella; Florindo, Caviello; Il Dottore, seine Tochter Prudenza; Tartaglia, seine Tochter Rosetta; vier kleine Pulcinellas; Furbo, der Freund und Doppelgänger Pulcinellas.

Gesangssolisten: Sopran, Tenor, Baß.

Die Komposition dieses Balletts mit Gesang war von Strawinsky am 20. April 1920 beendet und in einer bejubelten Premiere am 15. Mai im gleichen Jahr vorgestellt worden. Es entstand nach 21 kompositorischen Vorlagen des neapolitanischen Komponisten Giovanni Battista Pergolesi (1710–36), die Sergej Diaghilew als Abschriften in Neapel und London entdeckt hatte. Barry S. Brook konnte jedoch 1988 nachweisen, daß die von Strawinsky genutzten Werke zwar den Namen Pergolesis trugen, tatsächlich aber von insgesamt fünf Komponisten geschaffen wurden. So gingen sieben Vorlagen auf Triosonaten von Domenico Gallo (1730) zurück, zwei gehörten zu den Suiten für Tasteninstrumente des Mailänders Carlo I. Monza (1696?–1739), eine zu den »Concerti armonici« des holländischen Grafen U. Wilhelm van Wassenaer, und die bekannte Arie »Se tu m'ami« fand sich in der Sammlung *Arie antiche* (1885 herausgegeben von Alessandro Parisotti). Nur 10 Vorlagen waren tatsächlich Kompositionen Pergolesis: 8 wurden seinen komischen Opern *Il Flaminio* und *Lo frate 'nnamorato* entnommen, je eine Vorlage seiner Kantate »Luce degli occhi miei« und der Sinfonia (Sonata) für Violoncello und Continuo.

Mit *Pulcinella* erarbeitete und orchestrierte Strawinsky aber nicht allein Musik des frühen 18. Jahrhunderts, sondern erfüllte sich und Diaghilew auch einen lang gehegten Wunsch. Seit er im Jahre 1917 mit Picasso einige Wochen des Einverständnisses in Rom und Neapel verbracht hatte – alten italienischen Aquarellen und Commedia dell'arte-Aufführungen leidenschaftlich ergeben –, hoffte Strawinsky auf eine Gelegenheit, mit Picasso künstlerisch zusammenarbeiten zu können.

»Wir reisten zusammen nach Neapel (Picassos Porträt von Massine entstand während dieser Bahnfahrt) und verbrachten dort einige Wochen in ständigem Umgang. Wir waren beide tief beeindruckt von der Commedia dell'arte, die wir in einem überfüllten, von Knoblauch dampfenden kleinen Raum sahen. Der Pulcinella war ein großer betrunkener Tölpel, und jede seiner Bewegungen, wahrscheinlich auch jedes Wort, wenn ich es verstanden hätte, war obszön« (G, S. 75).

Als Diaghilew den Komponisten um seine Mitarbeit an einem Pergolesi-Ballett bat, hatte der Manager mit den ›Ballets russes‹ bereits zwei Pastiche-Produktionen herausgebracht: Im Jahre 1917 *Le donne di buon umore*, ein Ballett, das Strawinskys Generationsgenosse Vicenzo Tommasini nach Musik von Domenico Scarlatti eingerichtet hatte, und *Der Zauberladen* (1919), von Ottorino Respighi nach Themen Rossinis arrangiert. Strawinsky war von Diaghilews Plänen zunächst keineswegs fasziniert, denn er kannte nur Pergolesis *La Serva Padrona* und das *Stabat Mater*. Die intensive Beschäftigung mit den Vorlagen beseitigte indes seine anfängliche Skepsis:

»I looked and I fell in love.«

Igor Strawinsky. Zeichnung von Pablo Picasso, Rom 1917

Ihr Sujet entnahmen die Autoren (Diaghilew, Massine, Strawinsky) einem in Neapel aufgefundenen Manuskript aus dem Jahre 1700, in dem sich mehrere Komödien im Stile des volkstümlichen neapolitanischen Theaters fanden. Die ausgewählte Episode hieß *Die vier identischen Pulcinellas*:

Alle jungen Mädchen der Nachbarschaft sind in Pulcinella verliebt, während ihm die eifersüchtigen jungen Männer nach dem Leben trachten. Im geeigneten Augenblick kleiden sich Florindo und Caviello wie Pulcinella, um ihre Angebeteten (Rosetta und Prudenza) zu beeindrucken, und schlagen den vermeintlich echten Pulcinella nieder, der indes seine Identität mit dem Double Furbo getauscht hat. Pulcinella tritt als Zauberer verkleidet auf, erweckt sein Double zu neuem Leben und offenbart sich den verlobten Paaren gerade in dem Augenblick, als die jungen Männer glaubten, ihren Rivalen beseitigt zu haben. Pulcinella verheiratet nun alle miteinander und nimmt selbst Pimpinella zur Frau: mit dem Einverständnis von Furbo, der in das Gewand des Zauberers schlüpft.

»Ich begann, indem ich auf Pergolesis Originalmanuskripten komponierte, als würde ich ein eigenes, älteres Werk bearbeiten. Ich begann ohne vorgefaßte Meinungen und ästhetische Standpunkte, und das Ergebnis hätte ich nicht vorhersagen können. Ich wußte, daß mir ein ›gefälschter‹ Pergolesi nicht gelingen würde, denn meine Motorik ist grundverschieden; bestenfalls konnte ich seine Aussagen mit meinem eigenen Akzent wiederholen. Daß das Ergebnis bis zu einem gewissen Grad witzig-ironischen, satirischen Charakter haben würde, war vielleicht unumgänglich, denn wer hätte im Jahre 1919 ein solches Material ohne satirische Distanz behandeln können? [...] *Pulcinella* war meine Entdeckung der Vergangenheit, die Erleuchtung, durch die mein gesamtes späteres Werk erst möglich wurde. Gewiß, es war ein Blick zurück – die erste von vielen Liebesbeziehungen, die in diese Richtung gingen –, aber es war auch ein Blick in den Spiegel« (ED, S. 112 f.).

Diaghilew hatte eine stilisierte Orchestration der Vorlagen erwartet und reagierte auf Strawinskys »Pergolesi-Mosaik« beleidigt: im Namen des offenbar beleidigten 18. Jahrhunderts. Nach der Premiere wurde Strawinsky als »pasticheur« attackiert, er habe sein russisches Erbe verraten und ein Sakrileg begangen. Er aber antwortete seinen zahlreichen Widersachern, sie respektierten die klassische Tradition, er indes liebe sie.

Der Höreindruck, der sich an *Pulcinella* am Ende des 20. Jahrhunderts bildet, ist weniger der einer ironischen Distanzierung oder gar Brechung der Modelle des 18. Jahrhunderts als viel eher der einer staunenswerten stilistischen Geschlossenheit des Balletts. Der Grund dafür liegt im Verfahren des Komponisten: Die Anordnung der Zitate der Tradition ist gänzlich Strawinskys Werk, aber die »Harmonisierung – und das ist der geschickteste Zug der gemeinschaftlichen Arbeit – ist neu komponiert worden; dabei wurde jedoch von den Bässen [und den Oberstimmenverläufen] Pergolesis ausgegangen. Strawinskys Baß entfernt sich zwar vom Originaltext, folgt ihm jedoch – allerdings in bewundernswerter Weise – in neun von zehn Fällen. Da auf diese Art ein im wesentlichen Pergolesischer Rahmen von Melodie und Baß gegeben war, stand Strawinsky vor dem Problem, eine Harmonik zu verwirklichen, die dem Profil des Autors [der Autoren] gemäß war, um den Stil des 18. Jahrhunderts zu bewahren« (Craft, *Strawinsky*, S. 118).

Dennoch dominieren harmonische Tonika-/Dominant-Überlagerungen oder Sekundbeifügungen die getreuliche Nachzeichnung der latenten Harmonik. Auffällig ist auch eine gewisse Mechanik durch ostinate Repetitionen oder die Umwandlung der Sonatenstruktur in eine – durch beigefügte solistische Verläufe angereicherte – konzertante Ouvertüre, während das kammermusikalische Instrumentarium dem Modell des 18. Jahrhunderts folgt:

Strawinsky nutzt je 2 Flöten, Oboen, Fagotte, 2 Hörner, Trompete, Posaune und zwei Streichergruppen: ein Concertino-Quintett und ein mehrfach besetztes Ripieno-Quintett.

Wie in *Renard*, finden auch hier die Sänger neben dem Orchester ihren Ort. Und wie in *Les Noces* gibt es keine Identifikation der Partien der Sänger mit dem Rollenspiel der Darsteller. Gesungen werden Serenaden, Duette und Terzette als charakteristische Einlagen.

Strawinskys Eingriffe, die vor allem den Klangeindruck antasten, gelegentlich trockene Gestik favorisierend, sind bei der Gegenüberstellung von Domenico Gallos Original und Strawinskys Lösung in der Violin-Fassung gut zu beobachten (s. Bsp. 27 und 28, S. 110–113). Strawinsky zieht das zarte Stimmengeflecht des Originals zu Klangkonstellationen zusammen, die unflexibel auf die latente Harmonik der Stimmverläufe reagieren, blockartige Setzungen bevorzugen. Öfter, so in T. 11 und 12, sind in *Pulcinella* innere Erweiterungen durch figurative Repetitionen zu beobachten.

Bsp. 27 (Fortsetzung S. 111)

Bsp. 27 Domenico Gallo: Triosonate Nr. 1, 1. Satz (aus: R. Stephan, 1981, S. 316 f.)

Bsp. 28 (Fortsetzung S. 113)

Bsp. 28 Igor Strawinsky: Suite für Violine und Klavier, 1. Satz (aus: R. Stephan, 1981, S. 318 f.)

Strawinsky erinnert sich, daß die Zusammenarbeit der drei Künstler mit Diaghilew immer wieder von Dissonanzen heimgesucht wurde (G, S. 76):

»Picassos ursprünglicher Plan war ganz anders als die reine Commedia dell'arte, die Diaghilew im Auge hatte. Seine ersten Entwürfe zeigten Figuren der Offenbach-Zeit mit Backenbärten statt Masken. Als wir sie Diaghilew zeigten, war er sehr barsch. [...] Der Abend endete damit, daß Diaghilew die Zeichnungen auf den Boden warf, darauf herumstampfte und beim Hinausgehen die Türe hinter sich zuknallte. Am nächsten Tag bedurfte es Diaghilews ganzen Charmes, um den tief beleidigten Picasso zu versöhnen, aber am Ende brachte ihn Diaghilew tatsächlich dazu, einen Commedia-dell'arte-Pulcinella zu schaffen.«

Ernest Ansermet hatte sich bereit erklärt, die musikalische Leitung des Balletts zu übernehmen, das schließlich zusammen mit Strawinskys *Petruschka* und *Gesang der Nachtigall* herauskam:

»*Pulcinella* gehört zu jenen seltenen Stücken, bei denen alles gut zusammenstimmt und bei denen die einzelnen Elemente: Stoff,

Pulcinella und Arlecchino. Zeichnung von Pablo Picasso, 1920

Musik, Choreographie und Ausstattung ein innig verbundenes und homogenes Ganzes bilden. Bis auf einige Episoden, die zu ändern nicht mehr gelingen wollte, war die Choreographie eine der besten, die Massine je geschaffen hat; so gut hatte er den Geist des neapolitanischen Theaters erfaßt. Die Art, wie er selbst die Rolle des ›Pulcinella‹ durchführte, war über alles Lob erhaben. Was Picasso geleistet hatte, war wundervoll, und ich kann schwerlich sagen, was mich mehr begeistert hat, die Farbe, die räumliche Gestaltung oder der staunenswerte Theaterinstinkt dieses außerordentlichen Künstlers« (E, S. 86).

Bearbeitungen:

Konzertsuite für Kammerorchester (8 Nummern), 1922
Suite für Violine und Klavier (5 Nummern), 1925
Suite italienne, für Violoncello und Klavier (5 Nummern), 1932
Suite italienne, für Violine und Klavier (6 Nummern), 1933

Instrumentale Miniaturen

Trois pièces pour quatuor à cordes
  (Drei Stücke für Streichquartett), 1914
Trois pièces faciles für Klavier vierhändig, 1914/15
Cinq pièces faciles für Klavier vierhändig, 1916/17

Vom zweiten der *Drei Stücke für Streichquartett* gestand Strawinsky, daß es ihm eingegeben wurde, nachdem er in London Little Tich erlebt hatte, den großen Clown. Seine Kunst hätte ihm die Zuckungen, das Auf und Ab, den Rhythmus – selbst die Stimme und den Witz suggeriert.

»Nebenbei bemerkt waren diese Stücke nicht von Schönberg oder Webern beeinflußt, wie man behauptet hat – wenigstens nicht, soweit ich mir dessen bewußt bin. Ich kannte 1914 von Webern noch nichts und von Schönberg nur den *Pierrot lunaire*. Meine Stücke sind vielleicht dünner an Substanz und wiederholen sich häufiger, aber sie sind doch auch in der Grundkonzeption ganz anders und kündigen, wie ich glaube, eine bedeutungsvolle Wendung in meiner Musik an. Trotz der offensichtlichen Bezugnahme auf *Petruschka* in *Eccentric* [s. S. 117] weisen die *Drei Stücke*, so scheint mir, auf die ein Jahr später entstandenen *Pièces faciles* für Klavier vierhändig hin, und von diesen ist es nur ein Schritt zu meinem heute so verpönten ›Neoklassizismus‹ (in dem mir, ohne daß ich mir bewußt wurde, zu welcher Kategorie ich nun zu zählen war, doch die Komposition einiger nicht ungefälliger Sachen gelungen ist).« (G, S. 196.)

Rudolf Stephan (1972, S. 27) hat in einer behutsamen Analyse des 1. Stücks zu zeigen versucht, daß der eigentliche Gegenstand der Komposition der Widerstand sei, das unbezogene Nebeneinander dreier kompositorischer Elemente: zunächst einer 10taktigen tänzerischen Melodie in der 1. Violine, deren Phrasen als Varianten aufeinander bezogen sind, und eines ostinat repetierten Modells von 7 Zählzeiten im Violoncello. Zwischen beiden Instrumenten ergeben sich wegen der verschiedenen Extension ihrer Phrasen Asynchronitäten. Schließlich wird als mobiles Element ein absteigender Skalenausschnitt fis – cis in der 2. Violine dem Zusammenhang beigefügt:

Bsp. 29 (Fortsetzung S. 117)

Bsp. 29 *Trois pièces pour quatuor à cordes.* Partitur, S. 1
(Boosey & Hawkes)

Das 2. Stück, heterogen zusammengesetzt, wird durch die Wiederaufnahme der triolischen Struktur seines Beginns zuletzt als Drei-
gliederung gerundet, während das 3. Stück, das im Wechsel von zwei
Motivgruppen atmet, antiphonal gegliedert ist.

Die *Drei Stücke für Streichquartett* instrumentierte Strawinsky in
den Jahren 1914–18 neu und erweiterte sie im Jahre 1928 um die nun
ebenfalls orchestrierte Pianola-Studie *Madrid*, zu der Sammlung
Quatre études pour orchestre (*Danse, Eccentric, Cantique, Madrid*).
Diese *Vier Etüden* wurden am 7. November 1930 von Ernest Ansermet in Berlin uraufgeführt.

In einem Zeitraum von sieben Jahren, zwischen 1914 und 1921,
schrieb Igor Strawinsky eine auffallend große Zahl von Miniaturen
für Klavier zu zwei und vier Händen, die er zu kleinen Zyklen zu-

sammenschloß und seinen Freunden oder seinen heranwachsenden Kindern Théodore, Ludmilla und Soulima widmete.

Die Reihe dieser Werke eröffnete eine **Valse des fleurs** (1914) für zwei Klaviere, den Strawinsky für die Schulanfänger Théodore und Ludmilla komponiert hatte. – Im gleichen Jahr begann er mit der Komposition der **Trois pièces faciles** für Klavier vierhändig, die er Alfredo Casella, Erik Satie und Sergej Diaghilew widmete und deren ›Secondo‹-Parts auf die geringen klaviertechnischen Möglichkeiten von Diaghilew Rücksicht nahmen. In dem zwei Jahre später komponierten Zyklus der **Cinq pièces faciles**, die er für seine Kinder Théodore und Mika schrieb, ist dann umgekehrt der ›Primo‹-Part besonders rücksichtsvoll ausgearbeitet.

Diese vierhändigen Klavierstücke – Typen gängiger Gebrauchsmusik wie Marsch, Walzer, Polka, Galopp oder Melodietypen regionaler Provenienz wie ›Balalaika‹, ›Espagnola‹ und ›Napolitana‹ – hat Strawinsky später für Kammerorchester instrumentiert und in zwei Orchester-Suiten zu je vier Stücken zusammengefaßt: **Suite Nr. 1**, Dezember 1925 (Andante, Napolitana, Espagnola, Balalaika) und **Suite Nr. 2**, 1921 (Marsch, Walzer, Polka, Galopp).

In den *Dialogues* (1968, S. 40 f.) erinnert sich Strawinsky an eine Begegnung mit Casella und Diaghilew in einem Mailänder Hotelzimmer, 1915, in dem er zur größten Verwunderung der Freunde seine *Polka* spielte: der Komponist des *Sacre du printemps* ein solches Stück Popcorn? Aber für den italienischen Komponisten Alfredo Casella war dieser Augenblick zu einer Art neoklassischer Sternstunde geworden, zu einer neoklassischen Wegweisung, der er in den kommenden Jahrzehnten getreulich folgte. Da Casella von der *Polka* überaus enthusiasmiert war, versprach Strawinsky auch für ihn ein Stück zu schreiben und fügte dann als »Portrait des esprits« von Erik Satie für den heiter-witzigen Komponisten noch einen »Ice-cream-Walzer« hinzu.

Die Quelle des für Casella geschriebenen *Marsches*, eine kleine Melodie, entnahm Strawinsky einem Buch mit volkstümlicher irischer Musik.

Bsp. 30
(Aus: PD, S. 176)

Aber die Komposition differenziert nicht allein den Beginn der Melodie, sondern setzt den *Marsch* aus akzentuierten (Militär)-Signalen und einer ganzen Reihe unterscheidbarer Zweitakt-Phrasen mosaikartig zusammen.

Bsp. 31 *Marsch* (für Alfredo Casella). Aus: *Three easy pieces for piano duet*, S. 1 (Chester Music)

Während die originale Klavier-Version der Stücke ihre melodische Kontur und die harmonische Querständigkeit, die sich aus den ostinaten Formeln der Bässe ergeben, hervortreten läßt, gewinnt der musikalische Eindruck durch die Orchestration an atmosphärischen Nuancen. Trommelwirbel und Trompetensignale, schließlich mächtiges Stampfen des Orchesters betonen den persiflierend militaristischen Charakter des Stücks. Der *Walzer* ist eindeutig als Leierkasten-Pièce orchestriert, mit deutlichen Erinnerungen an *Petruschka*, während die *Polka* mit orchestriertem Pomp an den mit der Peitsche knallenden »Zirkus-Direktor« Diaghilew gemahnt, den Strawinsky zu porträtieren beabsichtigte. Der *Galopp* war die von Ravel favorisierte Nummer, die gar nicht schnell genug gespielt werden konnte und ihn offensichtlich an die eigene Cancan-Tradition erinnerte.

Strawinskys Miniaturen antizipieren auf eine verblüffende Weise jene Ästhetik des Verzichts, für die Jean Cocteau in seinem Aphorismenband *Le Coq et l'arlequin* (1918) im Namen Erik Saties so beredt warb: »Angeekelt vom Ungefähren und Verschwommenen und Überflüssigen, von Verschnörkelungen und modernen Tricks, und von einer Technik versucht, deren kleinste Kniffe er kennt, beschränkt Satie sich freiwillig darauf, in einfachem Holz zu schnitzen und schlicht, sauber, klar zu bleiben« (Cocteau [o. J.], S. 32). Während Strawinskys neue Handschrift sicher nicht der Schlichtheit zu bezichtigen wäre, teilt sie mit Cocteau und den Komponisten der »Groupe des Six« dennoch die Neigung zu klaren kompositorischen Konturen und die Faszination für die Kultstätten des volkstümlichen Genre, der ›Music Hall‹ und des ›Cabaret‹.

Liederzyklen

Pribaoutki (Chansons plaisantes)

Vier Scherzlieder für mittlere Stimme, Flöte, Oboe (Englischhorn), Klarinette (in A, B), Fagott, Violine, Viola, Violoncello und Kontrabaß; 1914

1. »Onkel Peter«; 2. »Marianne«; 3. »Der Oberst«; 4. »Der Greis und der Hase«

Uraufführung: Paris, Mai 1919.

Die *Pribaoutki* entstanden vor und nach den ersten Tagen des Ersten Weltkriegs in Salvan (Schweiz), und Strawinsky charakterisiert sie als die unmittelbaren Vorgänger des *Renard*. ›Pribaoutki‹ sind volkstümliche russische Verse; die vergleichbare englische Gattung wären die Limericks. ›Pribaoutki‹ sind stets kurz, gewöhnlich nicht länger als 4 Zeilen. Sie haben in einem volkstümlichen Spieltyp ihren Ursprung, indem jemand ein Wort sagt, dem ein anderer ein zweites hinzufügt, das dritte und vierte Personen dann in höchster Geschwindigkeit zu einem Stegreif-Zusammenhang fortentwickeln. So entstehen Abzählreime – wie das englische »eeny, meeny, mynee, mo« –, Scherzlieder auf der Basis einer Art Nonsens-Lyrik. Strawinskys *Pribaoutki* sollten von einer Männerstimme gesungen werden, denn bei der Komposition des Zyklus habe er an die Baritonstimme seines Bruders Gury gedacht.

Im Umgang mit den volkstümlichen russischen Versen machte Strawinsky noch eine bedeutende Entdeckung:

> »Ein wichtiger, charakteristischer Zug der russischen Volksdichtung ist die Vernachlässigung des Redeakzents beim Singen. Die Entdeckung der hier schlummernden Möglichkeiten war eine der erfreulichsten in meinem Leben. Ich glich einem Menschen, der plötzlich entdeckt, daß seine Finger im zweiten Gelenk ebenso beweglich sind wie im ersten. Wir kennen alle jene Gesellschaftsspiele, bei denen ein und derselbe Satz seinen Sinn dadurch verändert, daß die Betonung auf einem Wort wechselt« (ED, S. 121).

Valentina Cholopova bestätigt, daß es zu den phonologischen Besonderheiten der russischen Sprache – im Gegensatz zum Französischen, Deutschen oder Polnischen – gehöre, schwankende Akzente zu setzen (Cholopova, 1974, S. 439). Auf solche Weise, durch die jeweils andere Akzentuierung eines Wortes, könne die Bedeutung eines Satzes verändert werden.

Der Oberst

Der Oberst ging heut über Land,
fing sich eine Wachtel mit der Hand –
Wasser wollte sie kriegen,
drum mit Vergnügen
tat sie von dannen fliegen.

Plumps lag sie unten,
im Wasser drunten
hat sie gefunden
der Pope Popowitsch,
der Peter Petrowitsch.

Am Beispiel dieses dritten Liedes, »Der Oberst«, hat Gero Schließ die Technik Strawinskys, Wortakzente und musikalische Akzente gleichsam individuell zu setzen, untersucht und kommt zu folgendem

Ergebnis (Schließ, 1992, S. 18): »Strawinsky nutzt die Wortreihen ge-
nauso wie die Singstimme als rhythmisches und klangliches Material.
Die dritte Schicht, die instrumentale Begleitung, setzt ihr eigenes
rhythmisches Muster noch dazu.«

a)
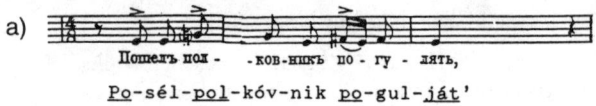

b)
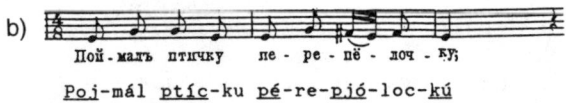

c)
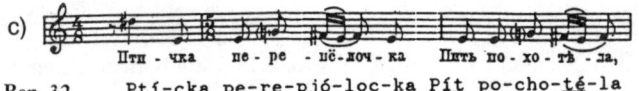

Bsp. 32

Der Liedzusammenhang bildet sich aus der Reihung von instrumentalen und vokal-instrumentalen Formgliedern, deren Modelle
durch Variantenbildung differenziert werden. So folgt auf eine fünf-
taktige Gruppe mit regelmäßigen Akzentuierungen, einem charakteristischen Klarinetten-Solo und Fagott-Einwurf (Formglied 1), das
erste vokal-instrumentale Modell: »Der Oberst ging heut über
Land«: eine Textdeklamation um die kleine Terz e' – g' in Achteln
(Formglied 2). Daran schließt sich eine um Einwürfe des Fagotts, der
Oboe und der Flöte erweiterte sechstaktige Variante von 1 und eine
nahezu identische Wiederaufnahme des dreitaktigen Formglieds 2:
»fing sich eine Wachtel mit der Hand«.

Bsp. 33a

Bsp. 33b

Bsp. 33c a–c: »Der Oberst«, aus: *Pribaoutki*. Klavierauszug, S. 7–9
(Chester Music)

Während die Akzente der Streicher in der nächsten Viertaktgruppe
auf 5 Achtel erweitert werden, der Satz sich mit ausgedehnteren Soli
des Fagotts, der Oboe und einer Flötenfigur anreichert, folgt die
nächste vokal-instrumentale Gruppe, »Wasser wollte sie kriegen,
drum mit Vergnügen tat sie von dannen fliegen«, noch der Terz-
akzentuierung und die folgende, »Plumps lag sie unten, im Wasser
drunten hat sie gefunden der Pope Popowitsch, der Peter Petrowitsch«, wird nach einer Einton-Rezitation mit einer zweitaktigen
Kadenz beschlossen. Der Liedzusammenhang folgt in der letzten
Gruppe einer intensivierten internen Dynamik, die durch die Syn-
chronisation von Wortakzent und komponiertem Akzent deutlich
gesteigert wird.

Auffällig ist an den anderen *Pribaoutki* eine Tendenz des Komponisten zur Reihung von 2 thematisch charakterisierten Modellen.
Daraus resultiert bei »Onkel Peter« und »Marianne« eine zweiteilige
Gliederung der Lieder, die in »Der Greis und der Hase« durch re-
sponsoriale Korrespondenzen zwischen Vokal- und Instrumentalpart
reizvoll differenziert wird.

Zweites Kapitel

Leben in Frankreich

(1920–1938)

Die Familie Strawinsky verläßt die Schweiz (1920)

Im Juni 1920 verläßt Igor Strawinsky zusammen mit seiner Frau Jekaterina und seinen Kindern Théodore, Ludmilla, Soulima und Milena die Schweiz, lebt zunächst in Carantec in der Bretagne und später in Garches bei Paris, im Hause der Modeschöpferin Gabrielle (Coco) Chanel. Im Herbst 1921 ziehen die Strawinskys an die Biskaja, nach Biarritz, im Jahre 1924 nach Nizza (Montboron) in die Nähe Jean Cocteaus, der in dem benachbarten Fischerstädtchen Villefranche lebt und sich bald der Ausarbeitung des Librettos für Strawinskys *Oedipus Rex* widmen wird.

Am Beginn der dreißiger Jahre lebt der Komponist in Voreppe en Isère, nahe Grenoble, unterhält aber auch seit 1921 ein Studio in der Maison Pleyel in Paris. In Voreppe trifft Strawinsky regelmäßig Samuel Dushkin, den amerikanischen Violinvirtuosen russischer Herkunft, um seinen Rat für die spieltechnischen Möglichkeiten der Solo-Partie seines *Concerto en ré pour violon et orchestre* (1931) zu erbitten. Zum Ende des Jahres 1934 – Strawinsky ist nun französischer Staatsbürger geworden – zieht die Familie ein letztes Mal in Frankreich um, nach Paris (125 rue Faubourg St-Honoré). Hier entsteht in enger Zusammenarbeit mit Walter Nuwel, dem Jugendfreund aus den St. Petersburger Jahren, die *Chronique de ma vie* (1935/36), Strawinskys Lebensbericht in 2 Bänden. (Craft notiert auch Roland-Manuel als Ghostwriter – vgl. PD, S. 349.) Wenig später, im Jahre 1935, gibt Strawinsky dem Drängen der Freunde, unter ihnen Paul Valéry, nach und bewirbt sich am Institut de France um den freigewordenen Sitz des verstorbenen Komponisten Paul Dukas. Gewählt wird der französische Komponist und Musikkritiker Florent Schmitt.

Im Mai 1935 wird Strawinsky (der erwogen hatte, nach seinem Schweizer Exil Rom als seinen Wohnsitz zu wählen) nach Konzerten in Bologna und Rom vom Duce, dem Führer der italienischen Faschisten, Benito Mussolini, und vom Außenminister, dem Grafen Ciano, empfangen. »Ich betrachte mich aus Sympathie und Neigung als halbitalienisch«, hatte er einem Reporter gestanden. Und in einem Interview der Zeitung *Il Piccolo* (27. Mai 1935) gibt sich der Ordnungs-Fetischist Strawinsky vollends als Sympathisant des italienischen Faschismus zu erkennen: »Wenn mich meine Ohren nicht täuschen, ist die Stimme Roms die des Duce. Ich erzählte ihm, daß ich mich selbst als Faschist fühle. Heutzutage gibt es Faschisten überall in Europa. Obwohl er sehr beschäftigt war, erwies Mussolini mir die hohe Ehre, eine Dreiviertelstunde lang mit mir zu plaudern. Wir sprachen über Musik, Kunst und Politik« (PD, S. 551).

Die zahlreichen Wohnungswechsel Strawinskys in den zwanziger und dreißiger Jahren begünstigten nicht seine intensive kompositorische Arbeit, hinzu kamen die Turbulenzen seines staunenswert extensiven, freilich auch lukrativen Reiselebens, das nach der Uraufführung seines Klavierkonzerts im Jahre 1924 begonnen hatte und ihn in den folgenden Jahren als Dirigenten und Pianisten, als Interpreten eigener Werke durch die großen Musikstädte Europas und Amerikas führte.

Nach den Schweizer Exiljahren (1914–20), die Strawinsky meist an die Region des Waadtlandes gebunden hatten, öffneten sich ihm nun in mannigfaltiger Weise das künstlerische Europa und seit seiner ersten Konzertreise in die USA zu Beginn des Jahres 1925 zunehmend auch der amerikanische Kontinent. Während seiner zweiten Amerika-Tournee im Jahre 1935, in der seine Autorität als Dirigent eigener Werke nachdrücklich bestätigt wurde, wuchs spürbar auch das Interesse des amerikanischen Publikums an seiner kompositorischen Arbeit.

Nach dieser zweiten Amerika-Tournee erhielt Strawinsky mehrere Kompositionsaufträge für neue Ballette und Orchesterwerke: *Jeu de cartes*; *Concerto in Es (Dumbarton Oaks)*; *Symphonie in C.*

Als schöpferischer Musiker setzte der Komponist von den zwanziger Jahren an, bis zu seiner Abreise in die USA im September des Kriegsjahrs 1939, seine Erkundungen der europäischen Gattungs- und Form-Tradition fort. Es fehlt in jenen Jahren nicht an Bekenntnissen zur Epoche der Bach-Zeit und zum reinen Kontrapunkt als dem wahren Konstruktionsmittel der Musik, mit dem man dauerhafte musikalische Formen schmieden könne:

»Die Musik meiner jüngsten Werke: *Symphonies d'instruments à vent, Octuor pour instruments à vent*, geschrieben 1923, ferner das in diesem Jahr komponierte *Concerto pour piano* und schließlich die *Sonate pour piano*, die vor wenigen Wochen [1924] vollendet wurde – die Musik dieser Werke ist von A bis Z absolute Musik. Diese Musik ist trocken, kühl, durchsichtig und prickelnd wie Champagner extra dry.

Die Zeit liegt hinter mir, in der ich versuchte, die Musik zu bereichern. Heute möchte ich sie konstruieren. Ich suche nicht mehr den Kreis der musikalischen Ausdrucksmittel zu erweitern, ich suche in das Wesen der Musik einzudringen. Das ist wahrscheinlich der Grund, warum mich einige Leute, die mir bisher gefolgt sind, nicht mehr verstehen können. [. . .]

Ich habe in der letzten Zeit sagen hören, daß ich mit meinen letzten Werken zu Bach zurückkehre. Diese Behauptung ist nur halb richtig. Ich entwickele mich nicht zu Bach hin, sondern zu der lichtvollen Idee des reinen Kontrapunkts, der schon lange vor Bach existierte und dessen Repräsentant er war. Der reine Kontrapunkt scheint mir die einzig mögliche Materie zu sein, mit der man starke und dauerhafte musikalische Formen schmiedet. Er kann weder durch die raffiniertesten Harmonien noch durch die reinste Instrumentation ersetzt werden. Die auf Modulation [basierenden] oder [aus] harmonischen Fortschreitungen konstruierten Formen werden immer einen unbestimmten und ungenauen Charakter haben. Das sind die Pseudoformen der Musik, die nur mehr oder weniger geschickt den Mangel eines soliden Gerüstes verbergen können. Das wahre Konstruktionsmittel in der Musik ist keineswegs die Harmonik, eine flüssige und schwankende Substanz, sondern der Kontrapunkt« (Scherliess, 1983, S. 28).

Bela Bartók erläuterte in einem Aufsatz, daß Strawinskys Neoklassizismus nach *Pulcinella* mit dem *Oktett* und dem *Klavierkonzert* wirklich begann, und er erinnerte an eine Äußerung Strawinskys, daß er glaube das Recht zu haben, in seine Kompositionen all das Material zu integrieren, das seinen Absichten gemäß sei.

»Die Ansicht mancher Leute, Strawinskys neoklassischer Stil basiere auf Bach, Händel oder anderen Komponisten jener Zeit, ist eher oberflächlich. Tatsächlich wendet er sich nur dem Material dieser Periode zu, den Mustern, Modellen, die Bach, Händel und andere nutzten. Strawinsky gebraucht solches Material auf eigene Weise, arrangiert und transformiert es seiner eigenen individuellen Anschauung gemäß, auf solche Weise Werke eines neuen, individuellen Stils schaffend« (vgl. PD, S. 128).

Strawinsky selbst sah sein neoklassisches Komponieren im internationalen Kontext, also epochal (G, S. 198):

»Was sie den Rückzug auf feste Formeln (*formulation*) nennen, setzte erst in den späten zwanziger Jahren ein, mit dem Auftreten des sogenannten Neoklassizismus – dem von Schönberg, Hindemith und mir selbst. Während der anderthalb Jahrzehnte von 1930 bis 1945 bewegten sich diese drei ›neoklassischen‹ Schulen immerhin in aufsteigender Richtung, und schon allein die Tatsache, daß man dabei von Schulen spricht, zeigt den Beginn fester Regeln (*formulae*). Die Schönberg-Schule oder, wie man sie heute nennt, die Schule der Dodekaphonisten, war bei all ihren großen Verdiensten besessen von dem künstlichen Bedürfnis, jede Andeutung der Dreiklang-›Tonalität‹ zu verleugnen – was recht schwer zu verwirklichen ist. Und sonderbarerweise war ihre Musik fest verwurzelt in einem höchst schwülstigen und anmutslosen Brahms.

Was meine eigenen Nachahmer anbelangt, meine ›Schule‹, wenn Sie so wollen, war der Haken bei ihnen, daß sie nicht so sehr meine Musik als das Persönliche in meiner Musik imitierten. Sie wurden bekannt für ihre Rhythmen, ihre Ostinati, ihre ›unerwarteten‹ Akzente, ihre diatonischen ›Linien‹, ihre ›Dissonanzen‹ und ihre C-Dur-, mit einem H oder einem A gewürzten Schlußakkorde.

Die Kennzeichen der Hindemith-Schule waren ihre unaufhörlichen ⅝-Tempi, ihre endlosen Quarten und ihre Fugen mit 32 Takte langen Themen.«

Während Igor Strawinsky in seinen ersten beiden schöpferischen Jahrzehnten vornehmlich Liederzyklen, die großen Ballette und unter dramaturgischen Gesichtspunkten revolutionäre Werke für das Musiktheater in kammermusikalischen Dimensionen schrieb, bedachte er nun die Gattung des Solokonzerts, die durch Vivaldis, Bachs, Mozarts und Beethovens Werke prägnant formuliert worden war, neu: in seinen drei Klavierkonzerten – *Concerto für Klavier und Blasorchester* (1924), *Capriccio für Klavier und Orchester* (1929), *Concerto per due pianoforti soli* (1935) – und in seinem *Violinkonzert in D* (1931). In all diesen Kompositionen ist auffällig, daß Strawinsky den konzertierenden Wettstreit des Hauptinstruments mit Instrumentalensembles zu feingliedrigen kontrapunktischen Geweben verdichtete. In seinem *Concerto für Klavier und Blasorchester* folgt er zunächst noch der Neigung, mit Bläserensembles zu arbeiten, wie er das in den *Bläsersinfonien* (1920) begonnen und in seinem *Oktett* (1922) fortgesetzt hatte, und zwar aus Gründen, die er im Januar 1924 der Zeitschrift *The Arts* in einem Aufsatz mit dem Titel »Einige Gedanken über mein Oktett« anvertraut hatte:

»Mein *Oktett* ist für ein Bläserensemble geschrieben. Mir scheint eine Bläsergruppe besser geeignet zu sein, eine gewisse Starre der Form darzustellen, als die weniger kalten und diffuseren Streichinstrumente. Die Schmiegsamkeit der Streichinstrumente ermöglicht dem Ausführenden, mit einem großen Spektrum an Nuancen seine Sensibilität darzustellen. Mein *Oktett* ist kein gefühlsbetontes Werk, sondern eine musikalische Komposition, deren Komponenten in sich geschlossene objektive Elemente sind [. . .].

In meiner Musik besteht die Form aus Kontrapunkt. Nur in der Auseinandersetzung mit dem Kontrapunkt vermag der Komponist sich mit reinen musikalischen Problemen zu beschäftigen« (White, 1979, S. 574 f., 576).

Die Reihe seiner Ballette setzte Strawinsky aber zunächst mit dem Streicher-Ballett *Apollon musagète* (1928) fort und pries in seinen *Erinnerungen* nunmehr die Möglichkeiten eines Streicherensembles:

»Welche Freude, sich wieder dem vielstimmigen Wohllaut der Saiten hinzugeben und aus ihm das polyphone Gewebe zu wirken, denn durch nichts wird man dem Geist des klassischen Tanzes besser gerecht, als wenn man die Flut der Melodien in den getragenen Gesang der Saiten ausströmen läßt« (E, S. 128).

Auf *Apollon musagète* (1928) folgten die Tschaikowsky-Huldigung *Le Baiser de la fée* (1928) und in den dreißiger Jahren dann für amerikanische Ballettgruppen *Jeu de cartes* (1936) und *Scènes de ballet* (1938).

Die Reihe seiner in Frankreich komponierten Kammermusikwerke und Ensemble-Musiken begann mit dem *Concertino für Streichquartett* (1920), das er im Krisenjahr 1952 für 12 Instrumente einrichten wird, und den *Bläsersinfonien* (1920), die er dem 1918 verstorbenen Freund Claude Debussy widmete. Zu beobachten ist auch das wiedererwachte Interesse am Klavier, seinem Hauptinstrument. So entstand 1921 zunächst ein Zyklus leichter Klavierstücke, *Les cinq doigts*, 1924 eine *Sonate*, die er der Prinzessin Edmond de Polignac widmete, und 1925 die *Sérénade en la* für seine Frau Jekaterina.

Stilistisch bemerkenswert heterogen geriet in den zwanziger und dreißiger Jahren Strawinskys Auseinandersetzung mit dem zeitgenössischen Musiktheater: Auf *Mavra* (1922), eine halbstündige Opera buffa im Geiste Glinkas und des 18. Jahrhunderts, folgte 1927 das wie in Marmor gemeißelte Opern-Oratorium *Oedipus Rex* nach Sophokles, das er Diaghilew zum zwanzigjährigen Bestehen der ›Ballets russes‹ widmete und das der Maestro als makabres Geschenk empfand. Zwei Jahre später erlag Diaghilew seiner Zuckerkrankheit, und Strawinsky widmete der schwierigen Freundschaft in seinen *Erinnerungen* Worte der Dankbarkeit:

»Er war der erste, der zu mir kam, er ermutigte mich bei meinen Anfängen und unterstützte mich in seiner wirksamen fördernden

Weise. Er liebte meine Musik, er hatte Vertrauen in meine Entwicklung, und darüber hinaus wandte er alle seine Energie daran, meine Gaben der Öffentlichkeit zugänglich zu machen. [...] Diese freundschaftliche Gesinnung und der Feuereifer, der ihn beseelte, erweckten ganz natürlich auch in mir Gefühle der Dankbarkeit, tiefer Zuneigung und der Bewunderung für seine verstehende Empfindsamkeit, seine glühende Begeisterung und die ungestüme Kraft, mit der er alle Pläne verwirklichte« (E, S. 143).

Im Jahre 1934 erlebte das Tanzmelodram *Perséphone* auf einen Text von André Gide, das Strawinsky für Ida Rubinstein geschrieben hatte und das durch sie selbst und ihre Kompagnie präsentiert worden war, eine zurückhaltend aufgenommene Premiere. Strawinskys Musik zu *Perséphone* huldigte einem bemerkenswerten Rückschritt, einem Hellenismus, der die tonalen Lizenzen des Balletts *Apollon musagète* in harmonisches und melodisches Gold zu verwandeln trachtete.

Strawinskys erneuerte Annäherung an die kunstinteressierte, immer noch glamouröse Pariser Nachkriegsgesellschaft hatte diesmal auch unübersehbare Folgen für sein Privatleben. Um 1920 häufen sich seine Liaisons. Er beginnt eine Beziehung zu Coco Chanel, flirtet mit der Tänzerin und Sängerin Katinka aus dem Etablissement »Chauve-Souris« (Fledermaus), die ihn um eine Komposition bittet, und begegnet am 19. Februar 1921 in einem italienischen Restaurant auf dem Montmartre Vera de Bosset, die mit dem Maler Sergej Sudeikin verheiratet ist. Sergej Diaghilew, der die kleine Gesellschaft zum Abendessen eingeladen hat, erbittet Vera Sudeikinas Nachsicht, weil Strawinsky heute abend launisch sei. Sie indes gewinnt im Verlaufe des Abends den Eindruck, daß Strawinsky der witzigste und amüsanteste Mann sei, der ihr je begegnete. Im November 1921 wurde Vera seine Geliebte und im Jahre 1940 in Amerika seine zweite Frau.

Irina Graham schildert den Verlauf manchen Gespräches an diesem Abend, wie der russische Komponist und Essayist Arthur Vincent Lourié, der selbst kein Augenzeuge war, es ihr überlieferte (Gojowy, 1993, S. 65 f.):

»Sudejkin: ›Igor, schau Vera an! Sieh, was für eine Schönheit sie ist.‹ Strawinsky: ›Ja, ja, sehr schön.‹ Sudejkin: ›Nein, schau doch, was sie für Hände hat. Vera! zeig ihm, was du für Hände hast. Und die Brust? Igor, beobachte doch einmal, was Vera für eine

Igor und Vera in Monte Carlo (1923)

Brust hat. Faß mal an! Faß an! Sei nicht schüchtern, faß an!‹ Strawinsky (nachdem er Veras Brust berührt hatte): ›Ja, hm, tatsächlich.‹«

Arthur Vincent Lourié (geb. 1892), der 1917 zum bolschewistischen Kommissar für Musik ernannt worden war, hatte sich nach seiner Emigration (1922) nach Paris mit Strawinsky befreundet.

»Strawinsky respektierte Louriés musikalische Ansichten, war an seinen philosophischen und [religiösen] Gedanken interessiert und mochte seine Gesellschaft. Lourié wurde bald Strawinskys Assistent, er vertraute ihm das Korrekturlesen an und übergab ihm Aufgaben wie das Klavier-Arrangement seiner *Bläsersinfonien*. Und aus Dankbarkeit für das Korrekturlesen von *Les Noces*, für das er einzigartig als Musiker qualifiziert war, auch weil er russisch und französisch sprach, übergab Strawinsky ihm die Originalpartitur seiner *Histoire du soldat*« (PD, S. 220).

Noch bevor Strawinsky *Oedipus Rex* zu Ende komponierte, schrieb Lourié 1927 eine Einführung, die seine Professionalität, aber auch seine durch Moralvorstellungen verengte ästhetische Sichtweise bezeugt:

»Die Werke Strawinskys aus den letzten Jahren und insbesondere der *Oedipus* gehören zu der wahrhaft reinen Kunst, [...] die sich wehrt, Unterschiebungen zu dienen, wie dies bei der Kunst des 19. und 20. Jahrhunderts der Fall war. Die Kunst jener Epoche war sozusagen ein Surrogat der Religion, und das war ihr fundamentaler Irrtum. Indem sie die ewige wahrheitsvolle Religion verneinte, hat sie doch wie ein Parasit Nahrung aus ihr gezogen [...]. In *Oedipus* findet sich keine Ironie, diese so gefährliche Krankheit unseres Jahrhunderts. Denn unter Ironie verbirgt sich heutzutage alles, womit der Künstler selbst nicht fertig werden kann. Ironie ist maskierte Freiheit« (s. Gojowy, 1993, S. 174).

Später, in einem Essay »Melodie« (1930) beklagt der ehemalige russische Futurist Lourié den Verlust der Melodie. Melodie und Lyrik würden durch Organisationsprinzipien ersetzt, aber es sei der Melodie eigen, »die Wahrheit zu enthüllen, die ursprüngliche – psychische und geistige – Realität dessen offenzulegen, der die Melodie geschaffen hat. Die Melodie offenbart die Natur des Subjekts, nicht des Objekts« (Gojowy, S. 179). Darum verachtete Lourié die Tendenz zur Groteske wie zum sich verbergenden Maskenspiel in der Neuen Musik, wie grundsätzlich die Neigung zur Stilisierung. Aber wie Strawinsky schätzte Lourié die Neubewertung Bachs und war von der polyphonen Arbeit in Busonis Werken fasziniert.

Lourié hatte geplant, über Strawinsky eine Monographie zu schreiben, und Craft meint, daß Louriés Essay über »Neogothic and Neoclassical« (in *Modern Music*, März/April 1928) lange vor Adornos *Philosophie der Neuen Musik* die Bereitschaft gefördert habe, in Schönberg und Strawinsky die wesentlichen Exponenten der Neuen Musik zu erkennen. Vor Strawinskys Abreise nach Amerika zerstritten sich die Freunde, und ihre Entfremdung dauerte – trotz der Bemühungen gemeinsamer Freunde – auch in den USA fort. Gelegentlich behauptete Strawinsky sogar wahrheitswidrig, daß er die kompositorische Arbeit Louriés nicht kenne.

Beide Männer waren in den zwanziger Jahren mit dem französischen Philosophen Jacques Maritain befreundet, der später in Harvard lehrte und Lourié bis zuletzt die Treue hielt. »Zu seiner künftigen geistigen Heimat wird [nach Louriés Emigration] unter dem Einfluß des Philosophen Jacques Maritain und seiner Frau Raissa jene Religion, zu der [Lourié] noch in Rußland als Einundzwanzigjähriger übergetreten war: das katholische Christentum – nun in seiner progressiven, neothomistischen Prägung« (Gojowy, S. 10 f.).

Strawinskys aufgeklärt-liberaler Lebensstil, dessen dandyhafte Züge er bis zum Jahre 1939, dem Todesjahr seiner Ehefrau Jekaterina, weiterpflegte, kontrastierte seltsam mit seinem erneuerten Bekenntnis zum russisch-orthodoxen Glauben. Mitte der zwanziger Jahre, in einem Brief vom 6. April 1926 an Sergej Diaghilew, vertraute er dem Freund mit der Bitte um Diskretion an, daß er in den nächsten Tagen zur Beichte und zur Kommunion gehen wolle. Darum bitte er ihn, wenn es möglich sei, um Vergebung.

Nun entstanden, zunächst vereinzelt, geistliche Kompositionen: ein *Pater noster* (1926), ein *Credo* (1932), ein *Ave Maria* (1934). Bereits im Jahre 1930 hatte Strawinsky als Auftragskomposition zum 50jährigen Bestehen des Boston Symphony Orchestra eine *Psalmensinfonie* komponiert. Zweifellos entwickelte sich der russisch-orthodoxe Komponist im Verlauf seiner amerikanischen Jahrzehnte und insbesondere nach seiner Hinwendung zur Reihenkomposition in den fünfziger und sechziger Jahren – neben Olivier Messiaen – zu einem der bedeutendsten Komponisten geistlicher Musik in diesem Jahrhundert: *Babel* (1944), *Mass* (Messe, 1947), *Cantata* (1952), *Canticum sacrum* (1955), *Threni: id est lamentationes Jeremiae Prophetae* (1958), *The Flood* (1962), *Abraham and Isaac* (1964), *Requiem Canticles* (1966).

Konzerte

In den zwanziger und dreißiger Jahren schrieb Strawinsky eine größere Zahl von Konzerten, beginnend mit einer sechsminütigen Streicher-Pièce, dem *Concertino pour quatuor à cordes* (für Streichquartett, 1920). Er selbst spielte die solistischen Partien seines *Concerto pour piano et orchestre d'harmonie* (für Klavier und Blasorchester, 1924) und des *Capriccio pour piano et orchestre* (1929) und dann zusammen mit seinem Sohn Soulima, der bei Nadia Boulanger ausgebildet worden war und die Klavierkonzerte seines Vaters bereits erfolgreich aufgeführt hatte, die Pariser Uraufführung des *Concerto per due pianoforti soli* (1935). Durch die Vermittlung seines Verlegers Willy Strecker hatte Strawinsky in dessen Wiesbadener Haus den russischen Geiger Samuel Dushkin kennengelernt. Strawinskys anfängliche Skepsis, daß auch Dushkin den extravertierten Typus des Pult-Virtuosen repräsentiere, wich sehr bald der Einsicht, daß der Geiger, der bei Leopold Auer seine Studien beendet hatte, eine kultivierte, vielfältig interessierte, kompetente Künstlerpersönlichkeit sei.

Paul Hindemith, den Strawinsky um Rat gebeten hatte, ermutigte ihn nachdrücklich zur Komposition des Violinkonzerts mit dem Hinweis, daß gerade Strawinskys Mangel an Routine im Umgang mit dem Streichinstrument ihn zu fruchtbaren Lösungen des Gattungsproblems Violinkonzert inspirieren könne.

Zunächst noch in Nizza und dann in Voreppe trafen sich Dushkin und Strawinsky nunmehr nahezu täglich. Und Strawinskys *Concerto*

Samuel Dushkin und Igor Strawinsky während einer Konzertpause am 23. Oktober 1931 in Berlin

en ré pour violon et orchestre (Violinkonzert in D, 1931) wurde die erste Frucht einer jahrelangen intensiven künstlerischen Zusammenarbeit, die auch nach der Berliner Uraufführung des Konzerts im Oktober 1931 – unter der Leitung des Komponisten und mit Dushkin als Solist –, fortgesetzt wurde.

Wenig später schrieb Strawinsky für ihre gemeinsamen Konzertauftritte ein *Duo concertant* für Violine und Klavier (1932) und in Zusammenarbeit mit Dushkin eine Reihe von Bearbeitungen für die Violine-/Klavier-Besetzung: Einzelnummern, vornehmlich aus seinen Balletten.

Obwohl sich in all diesen Konzerten Elemente der Konzert-Tradition des 18. und 19. Jahrhunderts nachweisen lassen, folgte keines ausschließlich traditionellen Form-Modellen, etwa der Solo-Konzertform Vivaldis oder der klassischen Konzertform. Strawinsky bestand auf individuellen Lösungen.

Concertino pour quatuor à cordes
(Concertino für Streichquartett), 1920
Uraufführung: New York, 3. November 1920, Flonzaley Quartett.

Kokettierend gesteht Strawinsky einmal, daß ihm im neoklassizisti-
schen Stil, der gegenwärtig so verpönt sei, die Komposition einiger
nicht ungefälliger Sachen gelungen sei. Zu diesen Kompositionen gehörten die *Drei Stücke für Streichquartett* (1914), vom Flonzaley
Quartett (das zu jener Zeit in seiner Nähe im Schweizer Kanton
Waadtland lebte) in New York unter dem Titel »Grotesques« uraufgeführt, ferner die Reihe seiner *Pièces faciles* (1915 und 1917) für Klavier vierhändig – und wohl auch das Auftragswerk des Flonzaley
Quartetts, das durch den Primarius Alfred Pochon angeregt worden
war und das Strawinsky in den Monaten Juli bis September 1920 zunächst in Carantec und dann in Garches komponierte: das *Concertino
pour quatuor à cordes*.

»Ich schrieb für ihn ein ›Concertino‹, ein Stück, das nur aus einem Satz besteht, der in freier Form dem Allegro einer Sonate
nachgebildet ist. Die erste Violine ist dabei rein konzertant behandelt, und deshalb, wie mit Rücksicht auf den geringen Umfang, habe ich für den Titel die Diminutivform ›Concertino‹
(Piccolo Concerto) gewählt« (E, S. 88).

Die Hinweise des Komponisten auf die formalen Zusammenhänge seines Concertinos – der Satz sei ein frei gebildetes Sonaten-Allegro, die
1. Violine rein konzertant behandelt – sind indes eher flüchtige Notizen.
Denn die dreiteilige Form, die aus bitonal (C-Dur, Violine und Violoncello; cis-Moll, Viola) aufsteigenden Skalen und sich anschließenden
asymmetrischen Fortissimo-Akzentuierungen entfaltet wird und zunächst
zu solchen Bildungen, die metamorphosenartig verwandelt werden, mehrfach zurückfindet, ähnelt eher einem aus eigenständigen Gliedern mosaikartig zusammengesetzten Form-Prozeß, als der Sonatenhauptsatz-Form.
So findet sich in der Form-Mitte, als B-Teil, eine weit ausgesponnene
Cadenza der Solo-Violine, aber der sich anschließende A'-Teil exponiert
auch neue Charaktere: um [20] treten Tonrepetitionen charakteristisch
hervor und um [22] wird ein viertaktiger volkstümlicher Charakter hörbar. Beide Charaktere werden variativ wieder aufgenommen – neben ska-
lenartigen Formulierungen und asymmetrischen Akzentuierungen, die
dem Beginn des Concertinos gleichen. Das »Piccolo Concerto« wird danach mit einer aufsteigenden Skalenformel geschlossen.

Die Beschränkung im Umgang mit musikalischem Material, die intensive motivische Arbeit, die plastische, knappe Formulierung der kompositorischen Strukturen sind charakteristisch für das neoklassische Formungsideal. Strawinsky folgt offenbar der von Cocteau als Warnung formulierten ästhetischen Maxime, die dieser mit großen Lettern in seiner Aphorismensammlung *Le Coq et l'arlequin* (1918) notierte: »Un poète a toujours trop des mots dans son vocabulaire, un peintre trop des couleurs sur la palette, un musicien trop des notes sur son clavier.«

Es gibt aber noch einen Aspekt, der dieses *Concertino* in die Nähe neoklassischer Formung geraten läßt: Strawinskys Neigung zum Divertissement wie zur Einbeziehung volkstümlicher musiksprachlicher Elemente. Dieser musiksprachliche Aspekt äußert sich hier in asymmetrischen Akzentuierungen, in weit gesponnenen Orgelpunkten bordunartigen Charakters, in einer Tendenz zu nachdrücklich akzentuierten ostinaten Bildungen und in volkstümlicher Melodik. Solche Tendenz, Formen und Charaktere der Popularmusik mit den Ansprüchen differenzierender künstlerischer Arbeit zu versöhnen – wie das ja zu Haydns und Mozarts Zeiten üblich war –, gehörte wesentlich zum neoklassischen Komponieren. Nicht allein der verfremdende Umgang mit Form-Modellen, Formprinzipien oder Material des 18. Jahrhunderts.

Noch 1920 richtete der Komponist das *Concertino* für Klavier zu 4 Händen ein. – Im Jahre 1952 arrangierte er es für 12 Instrumente: Flöte, Oboe, Englischhorn, A-Klarinette, 2 Fagotte, 2 B-Trompeten, Tenor- und Baß-Posaune, obligate Violine und obligates Violoncello.

Concerto pour piano et orchestre d'harmonie
(Konzert für Klavier und Blasorchester), 1924
Uraufführung: Paris, Théâtre de l'Opéra, 22. Mai 1924 (Dirigent: Sergej Kussewitzky; Solist: Igor Strawinsky).

Strawinskys »Klavierkonzert«, das die vorübergehende Obsession des Komponisten für Bläserensembles widerspiegelt und dem hier Kontrabässe und Pauken beigefügt werden, ist in einer dreisätzigen Formanlage komponiert, die an die Tradition der Bach-Zeit erinnert.

»Am Anfang des Schaffensprozesses sah ich noch nicht, daß das Stück die Form eines Konzertes für Klavier und Orchester annehmen würde. Erst allmählich, während ich das Stück schrieb, merkte ich, daß das musikalische Material sich besonders gut für das Klavier eignete, dessen sauberer, klarer Klang und dessen polyphone Möglichkeiten zu der trockenen Klarheit paßten, die mir in der Musik vorschwebte, die ich geschrieben hatte. [...] Der knappe trockene Tanzcharakter der Tokkata, der durch den Perkussionsklang des Klaviers entstand, brachte mich auf die Idee, daß ein Bläserensemble besser dazu passen würde als irgendeine denkbare Kombination von Instrumenten« (Strawinsky, im Begleitheft zur Sony-CD 45797).

Der 1. Satz beginnt mit einer Introduktion in der Manier der Französischen Ouvertüre, die das Orchester in eine Tutti-Gruppe und ein Concertino untergliedert. Daran schließt sich ein abrupt einsetzendes Allegro an, das fünf Strukturen aufreiht: zunächst eine Dreitakt-Gruppe, die modifiziert wiederholt und in eine achttaktige Evolution überführt wird:

Bsp. 34 (Fortsetzung S. 140)

Bsp. 34

Es folgt ein dreitaktiger Bläservorsatz, der zu einer tokkatenartig zerrissenen größeren thematischen Entwicklung überleitet, die auf figurativem, zunächst im Quintambitus auf- und absteigendem Skalen-Material basiert, das später auch zu Akkordbrechungen gespreizt wird. Als dritte Struktur folgt eine siebzehntaktige inventionsartige Entwicklung des Solo-Klaviers. Ab [13] wird ein mit Ragtime-Akzentuierungen arbeitender Gedanke des Klaviers von einer kantablen Geste der Flöte und später anderer Holzbläser überlagert und zu einem größeren Gedanken ausgesponnen:

Bsp. 35 (Fortsetzung S. 141)

Bsp. 35 *Konzert für Klavier und Blasorchester.* Partitur, S. 10 f.
(Boosey & Hawkes)

Es folgt eine fünfte Struktur tokkatenartiger Schläge. Bei [19], dem Beginn der Durchführung, ist die Rückkehr des Klaviers zur »Invention« auffällig, die von Einwürfen anderer Instrumente begleitet wird. Und wieder schließt sich daran die Kantilene der Holzbläser, die vom Klavier nur noch figurativ begleitet wird. Die mehr oder weniger getreue Reprise des Allegrosatzes beginnt bei [27]. Da der Komponist den kantilenenartigen Gedanken bereits mehrfach wieder aufnahm, begleitet er den »Ragtime« des Klaviers nur mehr mit einfachen, die Sekund-Fortschreitungen umspielenden Figuren. Ein neuer Gedanke setzt bei [40] die Struktur tokkatenartiger Schläge fort und mündet schließlich in den modifizierten Largo-Beginn ein.

Zu Strawinskys Formdisposition des ersten Konzertsatzes gehört also essentiell der Schnitt durch den gesetzten Largo-Rahmen, in dessen Mitte sich das fünfgliedrige Allegro entfaltet. Von den fünf Strukturen werden vornehmlich der inventionsartige Gedanke und die Kombination Ragtime/Kantilene ab [19] durchgeführt. Es schließen sich die modifizierte Reprise, ein Nebengedanke und der modifizierte Largo-Teil an.

Differenzierter ist Strawinskys Schnitt-Technik im 2. Satz: Largo. Hier folgt auf einen ersten Largo-Formteil (Dialog zwischen dem Klavier und Tutti- und Concertino-Gruppen, s. Bsp. 36) eine Cadenza. Sie wird geöffnet und reiht ab [54] zwei neue Gedanken aneinander (s. Bsp. 37).

Bsp. 36 *Konzert für Klavier und Blasorchester*, Largo. Partitur, S. 34 f. (Boosey & Hawkes)

Bsp. 37 (Fortsetzung S. 143)

Bsp. 37 *Konzert für Klavier und Blasorchester*, Largo. Partitur, S. 39 f.
(Boosey & Hawkes)

Danach werden zunächst die Cadenza und schließlich [56] auch das
Largo wieder geschlossen.

Heterogenes thematisches Material und heterogene Verfahrensweisen
charakterisieren den letzten Satz, ein Allegro, das einmal auch zu einem
Fugato konzentriert wird.

Als Igor Strawinsky am Schluß seines Konzertes arbeitete, besuchte ihn der Freund Sergej Kussewitzky, der die Uraufführung dirigieren sollte, und schlug ihm vor, den Solo-Part seines Konzertes
selbst zu spielen. Strawinsky zögerte zunächst, weil er fürchtete, er
werde nicht genügend Zeit finden, seine pianistische Technik auf das

erforderliche Niveau zu bringen. Aber schließlich reizte ihn doch der Gedanke, durch eigene interpretatorische Arbeit seine kompositorischen Absichten gleichsam modellhaft fixieren zu können.

Zunächst mußte der Komponist seine Finger gelenkig machen und übte darum täglich Czerny-Etüden. Dieses Training verbesserte indes nicht allein seine pianistische Technik, sondern bereitete ihm auch musikalischen Genuß. Denn anders als viele Generationen von Klavierdebütanten schätzte Strawinsky den »blutvollen Musiker« Czerny höher als den erfolgreichen, berühmt-berüchtigten Klavier-Pädagogen.

Kurz vor der öffentlichen Aufführung war eine Probeaufführung im Freundeskreis bei der Prinzessin de Polignac (der als Mäzenin geschätzten millionenschweren Singer-Erbin), Winaretta Singer, arrangiert worden; Jean Wiener hatte den Komponisten am zweiten Klavier begleitet. Mit der ihn auszeichnenden Gründlichkeit hatte Strawinsky auch über die Ursachen seines ausgeprägten Lampenfiebers nachgedacht und herausgefunden, daß ihn vornehmlich die Angst vor einem plötzlichen Versagen seines Gedächtnisses oder vor einer momentanen Geistesabwesenheit und den voraussehbaren fatalen Folgen für das Zusammenspiel mit dem Orchester quälten. Trotz seines intensiven pianistischen und psychischen Trainings kam es am Abend der Uraufführung tatsächlich zu einem kleinen Zwischenfall:

>»Der erste Satz meines Concerto war zu Ende, da bemerkte ich plötzlich, daß ich den Anfang des zweiten Satzes völlig vergessen hatte. Ich flüsterte meine Not Kussewitzky zu, und er gab mit leiser Stimme die ersten Noten an. Das genügte, um mich wieder ins Bild zu setzen, und nun konnte ich mit dem Largo beginnen« (E, S. 110).

Noch im gleichen Jahr, 1924, erschien eine von Strawinsky eingerichtete Fassung dieses »Klavierkonzerts« für 2 Klaviere. Die exklusiven Aufführungsrechte des Konzerts hatte der Komponist sich für einen Zeitraum von fünf Jahren selbst gesichert.

Capriccio pour piano et orchestre, 1929

Uraufführung: Paris, Salle Pleyel, 6. Dezember 1929 (Dirigent: Ernest Ansermet; Solist: Igor Strawinsky).

Presto – Andante rapsodico – Allegro capricioso ma tempo giusto

Nachdem Igor Strawinsky sein Klavierkonzert in Europa und in den USA bereits vierzigmal gespielt hatte, entschloß er sich um die Weihnachtszeit des Jahres 1928, ein zweites Werk für Klavier und Orchester zu schreiben, das er zunächst »Allegro capriccioso« nannte. Es sollte eine Komposition aus dem Geiste Tschaikowskys werden, ähnlich melodiös, voller Charme und divertierender Charaktere. Sein neues dreisätziges Konzert nannte er schließlich *Capriccio*, weil dieser Titel das Werk am besten zu charakterisieren schien.

»Ich dachte dabei an die Erklärung, die Praetorius, der berühmte Musiktheoretiker des 17. Jahrhunderts dem Wort Capriccio gibt. Er setzt es einer Fantasia gleich, die eine freie Zusammenstellung fugierter Instrumentalstücke war. Diese Form ermöglichte es mir, meine Musik so zu entwickeln, daß ich ganz verschiedenartige Episoden in bewußtem Gegensatz aufeinander folgen lasse, wodurch das Stück den capricciösen Charakter erhält, der seinem Namen entspricht. Ein Komponist, der diese Form auf bewunderungswürdige Weise beherrschte, war Carl Maria von Weber. Es ist daher nicht weiter verwunderlich, daß ich während meiner Arbeit häufig an diesen Fürsten der Musik gedacht habe« (E, S. 147 f.).

Das Werk ist für eine klassische Orchesterbesetzung geschrieben, fügt den beiden Klarinetten allerdings eine Baß-Klarinette bei und erweitert die Blechblasinstrumente um drei Posaunen und eine Tuba. Auffällig ist, daß die Streicher – jeweils ohne die 2. Violinen, aber mit die Tiefe verstärkenden Kontrabässen – in zwei Gruppen, eine Concertino- und eine Ripieno-Gruppe, unterteilt sind. Die durch die Gliederung der Streicher signalisierte barocke Praxis spielt musiksprachlich indes, mit Ausnahme des 2. Satzes, im *Capriccio* keine wesentliche Rolle.

In allen drei Sätzen tritt vielmehr Strawinskys Neigung zum mosaikartigen Zusammensetzen unterschiedlicher Strukturen leichtfüßig verspielten, divertierenden Charakters und eine Tendenz zu perkussiven Wirkungen hervor, die sich im 1. Satz (Presto) nach den gewalttätigen Anrufungen der Introduktion bereits in den ersten Artikulationen des Klaviers bemerkbar machen:

ben marcato ma non *f*

Bsp. 38

Auf das dreimalige Zitat eines Martellato-Einfalls, der unregelmäßig in Sechzehnteln 3 + 5 + 2 + 2 und 3 + 3 + 3 + 2 + 2 + 2 gegliedert ist, folgt bei [8] einer jener charmanten, an Weber gemahnenden Einfälle, an denen dieser die Charaktere assoziativ reihende Satz so reich ist.

Der 2. Satz (Andante rapsodico), der im Klavier mit barocken Figurationen eröffnet wird, auf die ein barockisierender Bläsersatz antwortet, schichtet danach die Partie des Klaviers mit einzelnen Bläsern und Bläser-Gruppen zu vielfältigen Dialogen zusammen (s. Bsp. 39, S. 147).
Später, bei [39], wird ein im Tempo angehobener, im Klavier sich virtuos steigernder B-Teil ausgearbeitet, der bei [48] in den A'-Formteil einmündet. Teile des Klavierparts seines *Capriccio* sind im Hackbrett-Stil geschrieben, vor allem die Kadenz im zweiten Satz, eine Art rumänischer Restaurant-Musik.

Auch der 3. Satz (Allegro capriccioso ma tempo giusto), der dialogisierend zwischen dem Klavier und Instrumenten eröffnet wird, bleibt dem im ersten Satz angeschlagenen Ton virtuos wirbelnder Buntscheckigkeit und der akzentuierten Gestik trocken geschlagener Martellato-Charaktere treu. Fraglich scheint indes, ob der Komponist den Formgedanken des Praetorius, der ja den Capriccio-Begriff mit einer freien Zusammenstellung fugierter Instrumentalstücke zusammendachte, hier wirklich einlöste.

Die exklusiven Aufführungsrechte seines *Capriccios* reservierte der Komponist-Interpret wiederum für einen Zeitraum von fünf Jahren sich selbst.

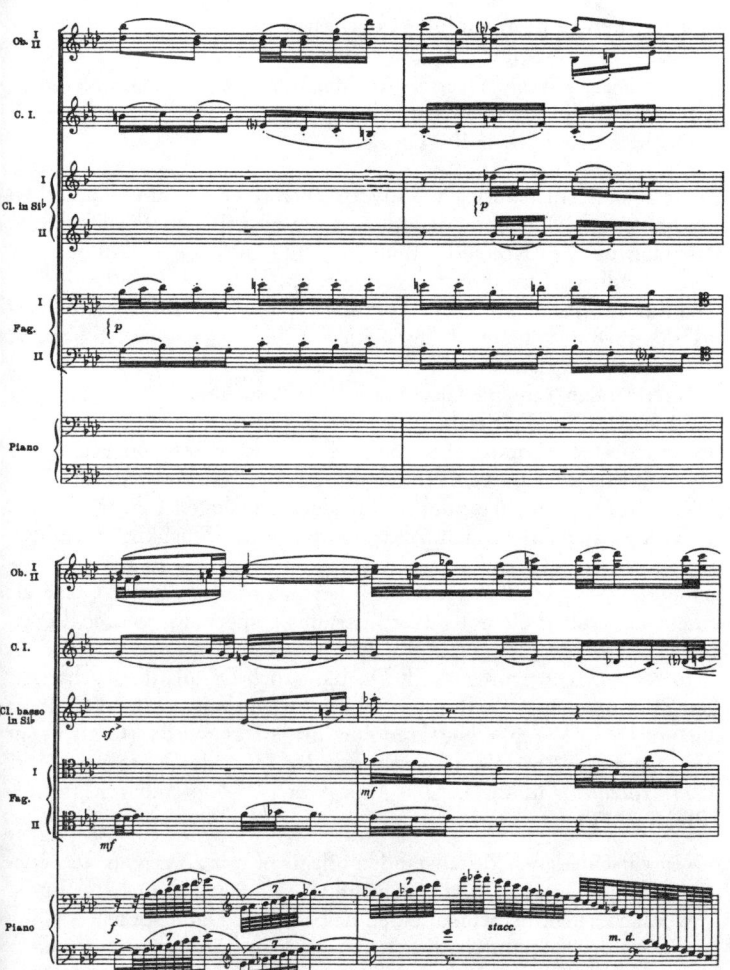

Bsp. 39 *Capriccio pour piano et orchestre.* Partitur, S. 34 (Boosey & Hawkes)

Concerto en ré pour violon et orchestre

(Konzert für Violine und Orchester in D), 1931
Uraufführung: Berlin, Haus des Rundfunks, 28.10.1931 (Dirigent: Igor Strawinsky; Solist: Samuel Dushkin).

Toccata – Aria I – Aria II – Capriccio

Ohne seinen Musikverleger Willy Strecker, ohne den amerikanischen Geiger Samuel Dushkin und dessen amerikanischen Förderer, den Auftraggeber des Konzerts, Blair Fairchild, sowie Paul Hindemiths nachdrückliche Ermunterung des Komponisten wäre Strawinskys »Violinkonzert« wohl kaum komponiert worden. Zwar hatte Strawinsky auch in früheren Kompositionen die Geige solistisch genutzt – in seinen *Drei Stücken für Streichquartett*, in der *Geschichte vom Soldaten* oder seinem *Concertino für Streichquartett* –, aber er glaubte, daß ihm die Erfahrung fehlte, das Instrument in den großen, differenzierten Proportionen eines Konzerts effektiv einsetzen zu können. Erst der Hinweis Hindemiths, daß gerade Strawinskys Mangel an Routine ihn womöglich zu neuen Lösungen führen könnte, überzeugte den Zögernden. Zudem erklärte sich Dushkin bereit, den Komponisten während seiner Arbeit kontinuierlich zu beraten, wie seine kompositorischen Gedanken den Erfordernissen der Geige als einem anspruchsvollen Konzertinstrument angepaßt werden könnten.

In seinen Erinnerungen teilt Dushkin auch Details ihrer schwierigen Zusammenarbeit mit, die in Nizza begann und 1931 im Château Vironnière in Voreppe bei Grenoble fortgesetzt wurde. (Craft nennt die Daten zur Entstehungsgeschichte der Sätze des Konzerts: März 1931: *Toccata* – Mai: *Aria I* – Juni: *Aria II* – September: *Capriccio* [PD, S. 307].)

> »In verschiedenen Zeitabständen pflegte er mir zu zeigen, was er gerade geschrieben hatte, manchmal eine Seite, manchmal nur wenige Zeilen, manchmal einen halben Satz. Dann sprachen wir alle Anregungen durch, die ich geben konnte. Sooft er einen meiner Vorschläge annahm, auch wenn es sich nur um eine einfache Veränderung wie die Erweiterung des Klangbereichs der Violine durch Ausdehnung der Phrase in die untere oder obere Oktave handelte, dann bestand Strawinsky in der Regel darauf, die gesamten Grundlagen entsprechend zu ändern« (Dushkin, 1958, S. 83).

Dushkin war erstaunt, zu erleben, auf welche Weise, eher langsam am Klavier arbeitend, Strawinsky die große Partitur ausarbeitete:

»grunzend und sich abmühend, die Töne zu finden, die er zu hören scheint.«

Und er erlebte auch depressiv-uninspirierte Tage des Komponisten:

»Als ich jünger war und die Einfälle ausblieben, fühlte ich mich verzweifelt und dachte, alles wäre zu Ende. Aber jetzt habe ich den Glauben und weiß, daß die Ideen kommen werden. Das angstvolle Warten ist ein Preis, den man bezahlen muß.«

Einmal, im Garten verweilend, sagte Strawinsky:

»Die ersten Gedanken kommen von Gott. Und wenn ich nach Arbeit, Arbeit und nochmals Arbeit zu diesen Gedanken zurückkehre, dann weiß ich, sie sind gut.«

Die viersätzige Anlage des Violinkonzerts, nicht ihre Satzfolge, erinnert an die barocke Tradition der ›Sonata da chiesa‹, die langsame und schnelle Sätze reiht. Aber Strawinsky erklärte, daß ihn bei der Ausarbeitung des Konzerts keine Modelle leiteten. Zudem: Er glaube nicht, daß die Standard-Violinkonzerte von Mozart, Beethoven oder von Brahms zu den besten Arbeiten der Komponisten gehörten. Eine Ausnahme sei Schönbergs Konzert; das aber repräsentiere ja wohl kaum den Standard.

»Die Satzüberschriften meines Konzertes – Toccata, Aria, Capriccio – mögen die Nähe zu Bach suggerieren und auf eine oberflächliche Weise betrachtet auch die kompositorische Substanz. Ich mag Bachs Konzert für 2 Violinen sehr, wie das Duett des Solisten mit der Violine des Orchesters im letzten Satz meines eigenen Konzerts zeigen mag. Aber mein Konzert verwendet auch andere Duett-Kombinationen, und das kompositorische Gewebe ist nahezu stets mehr charakteristisch für Kammer- als für Orchestermusik« (D, S. 47).

Weil sein eigentliches Interesse der Kombination der Violine mit anderen Instrumenten galt, habe er auch auf virtuose Kadenzen verzichtet. Virtuosität um ihrer selbst willen spiele in seinem Konzert keine dominierende Rolle, und die technischen Anforderungen des Werkes seien relativ bescheiden. Seinem Verleger soll Strawinsky indes bekannt haben, daß er ein wirkliches Virtuosen-Konzert schreiben wolle; der Geist der Violine sollte in jedem Takt der Komposition spürbar sein.

Virtuos und geistreich unterhaltend sind vor allem die beiden Ecksätze des Konzerts, während die instrumentalen Arien eher die meditative Gelassenheit Bachscher langsamer Sätze atmen.

Die Formdisposition des 1. Satzes, der *Toccata*, zeigt eine dreiteilige Anlage: Der erste Teil, Formteil A (von [1] bis [21]) wird nach einem durchführungsartigen Teil als modifizierte Reprise ab [36] wieder aufgenommen. Dennoch scheint es problematisch, den Konzert-Satz als einen mit der Sonatenhauptsatz-Form verschränkten zu interpretieren. Denn die ›Toccata‹ lebt wesentlich von der Reihung divertierender thematischer Strukturen, und der mittlere Teil exponiert neues Material, verweigert die Durchführung des zuvor Gesetzten. Andererseits ist nicht zu leugnen, daß der Charakter des Mittelteils wesentlich von metamorphoseartigen Ableitungen eines beständig modifizierten, chromatisch in Sekunden aufsteigenden Skalenausschnitts lebt:

Bsp. 40

Und ist die Exponierung neuen thematischen Materials nicht bereits in Durchführungen von Mozart-Sonaten zu beobachten?

Jeder der vier Sätze beginnt mit einem sogenannten »Paß«, einer eindringlich akzentuierten Solo-Violinformel, die Strawinsky während eines gemeinsamen Essens mit Dushkin auf einer Serviette notiert hatte und deren ungewöhnliche Spreizung über die Oktaven hinweg – d' – e" – a''' – dem Geiger zunächst unrealisierbar schien, bei der häuslichen Probe sich indes als gut ausführbar und überaus effektvoll erwies (s. Bsp. 41, S. 151).

Vergleichbar einfach, wie diese gleichsam in Holz geschnitzte erste Formel, ist nahezu das gesamte figurativ-thematische Material der ›Toccata‹ strukturiert, das lediglich aus Wechselnoten, aus Dreiklangsbrechungen oder Skalenausschnitten zu bestehen scheint. So wird zunächst eine Wechselnoten-Formel um D hörbar, die vom Bläserensemble mit Achtel-Akzentuierungen begleitet wird. Die augenscheinlich simpel aus figurativen Setzungen komponierten Strukturen sind intern freilich mit Raffinement aufgeladen. So erweitert Strawinsky den auftaktigen, eintaktigen Beginn zum abtaktig akzentuierten Zweitakter, den er diminuiert und mit einer Evolution terzenselig absteigender Skalen in den Oboen beendet.

Bsp. 41 *Concerto en ré pour violon et orchestre.* Partitur, S. 3 (Schott)

Zu hören ist dann die Solo-Violine mit einem variativ gebildeten Komprimat der Trompetenformulierung. Eine Wechselnote, die zunächst innerhalb des C-Dur-Dreiklangs aufsteigt [7], wird als zweiter Gedanke ex-

poniert – in den Flöten vom ersten Gedanken kontrapunktiert. Nach C gerückt, erscheint der erste Gedanke [11] nunmehr im Hauptinstrument – in den Trompeten vom modifizierten zweiten Gedanken begleitet. Eine von anderen Instrumenten akzentuierte zweistimmige Kadenz der Solo-Violine schließt sich an. Danach meldet sich wieder der nach D gerückte Hauptgedanke, der bei [18] in einen der Solo-Violine vorbehaltenen neuen thematischen Charakter mündet. Er wird von einer punktierten Posaunen-Melodie abgelöst, die Einfluß auf diesen letzten Abschnitt des Formteils A nimmt.

Der mittlere Formteil [22] reiht neues Material, das durch Variantenbildung immer wieder modifiziert wird: Er beginnt mit einem einflußreichen aufsteigenden Sekund-Motiv der Solo-Violine, das nach 4 Takten mit einer absteigenden Sechzehntel-Formel geschlossen und bei [25] durch eine Variante abgelöst wird.

Diese Variante wird später von den 1. Violinen und der Solo-Violine vor ihrer letzten Kadenz variativ umgebildet. Zuvor hat sich noch ein repetitiver Martellato-Charakter [27] bemerkbar gemacht, der später ebenfalls wieder aufgenommen wird.

Grundsätzlich ist das Formprinzip der Reihung wie der Variantenbildung thematischer Charaktere auch in der ›Toccata‹ dominierend. Trotz des heiteren Charakters des Satzes verzichtet Strawinsky indes keineswegs auf die Verdichtung seiner kompositorischen Strukturen. Sie bildet sich entweder durch seine Technik der metamorphosenartigen Ableitungen aus einem thematischen Modell, durch motivisch-thematische Arbeit oder die kontrapunktische Überlagerung mehrerer thematischer Charaktere.

Überraschungen bereitet der gelegentliche Wechsel der musiksprachlichen Diktion. Während die metrisch starre Akzentuierung der Achtel-Folgen – meist als Bläser-»Gebelf« hörbar – dominiert, bildet sich in den Regionen um die Kadenzen eine staunenswerte Geschmeidigkeit der Musiksprache.

Beide Aria-Sätze sind dreiteilig gegliedert, exponieren einen im Tempo angehobenen Mittelteil, der in der *Aria I* besonders extensiv ausgearbeitet ist. Die erste Aria überrascht zunächst mit schwebenden kontrapunktischen Linien gleichsam absoluter kontrapunktischer Linearität, die strophenförmig gegliedert sind und nach dem munter auftrumpfenden Mittelteil als Geflecht wieder aufgenommen werden.

Aria II wird von jenen behutsamen Achtelbewegungen der Baßregion grundiert, die an die stufig absteigenden Baßlinien in langsamen Bach-Sätzen erinnern. Darüber spinnen sich die ariosen Linien der Solo-Violine meditierend in dichte figurative Konstellationen ein, deren irrationale Unterteilungen in Triolen, Quintolen, Septolen, Nontolen die sichere metrische Basis der in Achteln schreitenden Bässe luftig zu verleugnen scheinen.

Bsp. 42 *Concerto en ré pour violon et orchestre*, Aria II. Partitur, S. 3 (Schott)

Auch hier folgen auf einen kurzen, allerdings nur wenig kontrastieren-
den Mittelteil die erneuerten, durch die zweimalige Anrufung des »Pas-
ses« eingeleiteten, nunmehr verkürzten ariosen Entfaltungen der Solo-
Violine.

Als letzter Satz folgt ein turbulent sich verausgabendes *Capriccio* mit
koketten, trillerverzierten oder asymmetrisch akzentuierten Tanzcharak-
teren, die von virtuosem Passagenspiel unterbrochen und mit einem Martellato-Charakter starrer Tonrepetitionen konfrontiert werden, der sich
im Verlauf des Satzes immer wieder einmal durchsetzt.

Concerto per due pianoforti soli, 1931/35

Uraufführung: Paris, Salle Gaveau, 21. November 1935 (Solisten: Igor
und Soulima Strawinsky).

Con moto – Notturno (Adagietto) – Quattro variazioni – Preludio e
Fuga

Igor Strawinsky schrieb sein Concerto für sich und seinen Sohn Soulima, um es in Städten aufzuführen, in denen es kein ständiges Orchester gab. Der Komponist charakterisierte das Concerto als sinfonisch
und meinte – insbesondere im Hinblick auf die Variationssätze –, er
hätte das Concerto auch für ein Orchester komponieren können.

Das etwa 20minütige viersätzige Werk begann Strawinsky noch in
Voreppe, nach der Vollendung seines Violinkonzerts. Für längere Zeit
unterbrach er danach die Arbeit, weil er sich den zweiten Klavier-Part
nicht intensiv genug vergegenwärtigen konnte: »I could not hear the
second piano« (D, S. 42) – vermutlich weil er zeit seines Lebens an *einem* Klavier gearbeitet hatte. Nachdem er sich aber in seinem Pariser
Pleyel-Studio die Möglichkeit geschaffen hatte, mit seinem Sohn am
zweiten Flügel die Strukturen der beiden Klavier-Parts Takt für Takt
durchzugehen, zu kontrollieren, konnte auch die kompositorische
Arbeit wieder fortgesetzt werden. Bevor Strawinsky die drei letzten
Sätze schrieb, hatte er sich mit den Variationszyklen von Beethoven
und Brahms und der Fugen-Technik Beethovens beschäftigt.

Vor der Premiere seines Concertos hielt Strawinsky in der Salle
Gaveau einen 15minütigen Einführungs-Vortrag, in dem er auch sein
bevorzugtes Konzept der Konzertform vorstellte. Nach einer Erläu-

terung der etymologischen Bedeutung des Wortes Konzert, das von lat. *concertare* ›konkurrieren, an einem Wettstreit teilhaben‹ komme, bedauerte Strawinsky, daß die Rolle des Orchesters in Konzerten heute meist reduziert sei, das Orchester lediglich eine begleitende Funktion habe. Seine vier Konzerte hielten indes an dem barocken Modell fest: dem konzertierenden Hauptinstrument würden mehrere Instrumente oder Gruppen von Instrumenten entgegengestellt, die ebenfalls miteinander konzertierten. Auf solche Weise habe er das Prinzip des konzertierenden Wettstreits beachtet. Ebenso wie die harmonische Ordnung die natürlichste Form der orchestralen Begleitung für ein Solo-Konzert ergebe, erfordere der Konzert-Typus des konzertierenden Wettstreits eine kontrapunktische Ordnung. »Ich habe das letztgenannte Prinzip in meiner neuen Arbeit angewandt, wo zwei Klaviere von gleicher Wichtigkeit eines mit dem anderen konkurrieren und eine konzertierende Rolle übernehmen. Und genau das ist es, das mir erlaubt, meinem Werk die Bezeichnung Konzert zu geben« (s. White, 1979, S. 548).

(Der Hinweis auf die verschiedenen Ordnungen, die harmonischen und die kontrapunktischen, bezieht sich auf einen Text Strawinskys, der im Jahre 1924 in der polnischen Zeitschrift *Muzyka* erschienen war und in dem er erläuterte, daß die auf Modulationen oder auf harmonischen Fortschreitungen basierenden Formen einen unbestimmten und ungenauen Charakter haben. Es seien Pseudoformen der Musik ohne solides Gerüst, das wahre Konstruktionsmittel sei der Kontrapunkt.)

Der 1. Satz seines Concertos habe die Anlage eines Sonaten-Allegros, den 2. Satz habe er ›Notturno‹ genannt, aber nicht an *Nocturnes* von John Field oder Chopin gedacht, sondern an Stücke des 18. Jahrhunderts, die als ›Nachtmusik‹ oder ›Cassation‹ bezeichnet wurden. Ferner gebe es ein Präludium und eine Fuge und eine Reihe von Variationen. (Diese ursprüngliche Ordnung änderte Strawinsky später, weil er glaubte, daß Präludium und Fuge am Ende schlußkräftiger plaziert seien.)

Concerto in Es (Dumbarton Oaks) für Kammerorchester, 1937/38
Uraufführung: Washington, D. C., 8. Mai 1938 (Dirigentin: Nadia Boulanger).

Tempo giusto (♪ = 152) – Allegretto (♪ = 108) – Con moto (♪ = 160)

Nach der New Yorker Uraufführung von *Jeu de cartes* (27. 4. 1937),
die der Komponist in der Metropolitan Opera dirigiert hatte, fragten
ihn die amerikanischen Kunstmäzene Robert und Mildred Woods
Bliss, ob er bereit wäre, zu ihrem dreißigjährigen Hochzeitstag ein
Werk zu komponieren. Sie luden ihn ein, ihren Besitz in Dumbarton
Oaks bei Washington (D. C.) zu besuchen, und der Komponist zeigte
sich von der schönen Gartenanlage des Landsitzes beeindruckt. So
entstand in den Monaten des Sommers 1937, die Strawinsky auf dem
Château de Montoux in Annemasse verbrachte, und dem Pariser
Frühjahr 1938, wo er das »kleine Konzert im Stile der Brandenburgi-
schen Konzerte« beendete, ein dreisätziges Kammerkonzert in Es,
das er *Dumbarton Oaks* nannte.

Nadia Boulanger leitete die erste, private Aufführung des Konzerts
auf Dumbarton Oaks am 8. Mai 1938, auf ausdrücklichen Wunsch
Strawinskys, der sich zu jener Zeit einer Tuberkulosebehandlung un-
terzog. Am 4. Juni dirigierte der Komponist die Pariser Premiere des
Konzerts, die – wie seit der Uraufführung seines Tanz-Melodrams
Perséphone (30. 4. 1934) üblich – vom Pariser Publikum kühl aufgenommen wurde.

Strawinsky komponierte das Concerto für 3 Holzbläser, 2 Hörner,
3 Violinen, 3 Violen, 2 Violoncelli und 2 Kontrabässe, für ein Ensemble von Solisten, das sich zu Tutti-Gruppen zusammenschließt, aber
auch in concertino-artigen Bildungen solistisch hervortritt, wie das in
der Gattung des Concerto grosso traditionell üblich war.

In unserem Beispiel (s. S. 157) treten die Stimmen der Violinen und
Violen solistisch hervor. Und solche Strukturen sind in allen drei Sätzen zu beobachten.

Während die beiden Ecksätze mit Fugati geschlossen werden – wobei der 1. Satz in einer verhalten ausgearbeiteten Kadenz ausklingt –,
ist im Mittelsatz, Allegretto, jene klassische Technik der durchbroche-
nen Arbeit zu beobachten, die Verteilung einer in Motive gegliederten
Melodie auf mehrere Stimmen: Viola, Violine, Klarinette, beispielsweise um [30]. Der Satz erhält durch solche filigrane motivische Arbeit seinen besonderen, anmutigen Allegretto-Charakter. Der 3. Satz

Bsp. 43 *Concerto in Es (Dumbarton Oaks).* Partitur, S. 6 (Schott)

wird vornehmlich durch den Gegensatz von starken Tutti-Akzentuie-
rungen und plötzlich hervortretenden solistischen Passagen charakterisiert.

In einem Brief an seinen Verleger Strecker (20. 1. 1938) teilte Strawinsky mit, daß er bereits ein Arrangement für zwei Klaviere von
diesem Konzert fertiggestellt habe.

Klaviermusik, Kammermusik und Ensemble-Musik

Am Beginn der zwanziger Jahre hatte Strawinsky endlich jene Instru-
mentationslösung für *Les Noces* gefunden, die ihm den rituellen Gestus der Kantate am adäquatesten zu treffen schien: das vokale Element des Werkes, das auf dem Atem beruhte, sollte am besten durch
ein Orchester unterstützt werden, dessen Töne durch Schlag entstün-
den. So stellte Strawinsky ein Ensemble von 4 Klavieren, Pauken,
Glocken und Xylophon u. a. zusammen. Da die Arbeit an *Les Noces*
(1923) wie später an seinem *Klavierkonzert* (1924) seinen »vive appe-
tit« auf Klavierkompositionen angeregt hatte, schrieb er nun eine *Sonate pour piano* (1924) und die *Sérénade en la* (1925). Die »acht sehr
leichten Klavierstücke«, *Les cinq doigts* aus dem Jahre 1921, sind – anders als die (vierhändigen) *Cinq pièces faciles* (1917) – nicht seinen
Kindern Théodore und Mika zugeeignet, sondern für alle Klavier-
Debütanten gedacht. Alfred Pochon vom Flonzaley Quartett hatte
aus Amerika einen Auftrag für 10 Kinderstücke mitgebracht (5 für
Klavier und 5 für Singstimme und Klavier); der Embryo des dritten
Stückes findet sich bereits in Strawinskys Skizzenbuch aus dem Jahre
1917.

Les cinq doigts (Die fünf Finger), acht sehr leichte Stücke für Klavier, 1921

In seinen *Erinnerungen* charakterisiert Strawinsky den Zyklus zweihändiger Klavierstücke in folgender Weise:

>»Es sind sehr einfache Melodien, die so gesetzt sind, daß die Finger der rechten Hand, wenn sie erst richtig auf den Tasten liegen, während einer Periode oder auch während des ganzen Stückes ihre Lage nicht mehr zu verändern brauchen, während die linke Hand, die die Melodie begleitet, ganz leichte harmonische und kontrapunktische Figuren auszuführen hat. Diese kleine Arbeit machte mir viel Spaß. Sie sollte mit ganz einfachen Mitteln im Kinde das Vergnügen wecken an einer Melodie und an der Art, wie sie auf eine rudimentäre Begleitung bezogen ist« (E., S. 90).

Und in seinen Gesprächen mit Craft erinnert sich Strawinsky nicht allein präzis an die Januar-/Februar-Tage, in denen der Zyklus entstand, sondern auch an die Grundidee der Stücke:

>»Meine Grundidee war, jedem Finger der rechten Hand einen Ton zuzuordnen – ich beschränkte mich auf eine Fünfton-Reihe –, in der gleichen Weise, wie ich in der Gigue meines *Septetts* (1953) jedes Instrument an eine Reihe von Tönen band« (vgl. *Themes and Conclusions*, S. 40).

Indes, interessant sind an diesen Klavierstücken vielleicht weniger, als der Komponist glaubte, die ihnen zugrunde liegenden Melodien: Man weiß, daß die Erfindung originärer melodischer Verläufe von einiger Prägnanz dem Komponisten eher Schwierigkeiten bereitete. Faszinierend sind wohl mehr die formbildenden Prozeduren, die der Komponist zur Ausarbeitung seiner Miniaturen nutzte: wie die Stücke aus einfachen figurativen Zellen herauswachsen, die metrisch umakzentuiert, verkürzt oder erweitert werden und wechselnde motivische Beziehungen eingehen, wie sie also Verfahren unterworfen werden, die V. Cholopova (1974) als rhythmische Verfahren der ›Akzentvariation‹, der ›zeitlichen Variation‹ oder der ›Polymetrik‹ charakterisierte: Strawinsky wende die ›zeitliche Variation‹ beispielsweise auf melodisch ähnliche Phrasen und Motive an, und das führe zu Erweiterungen oder Kürzungen der melodischen Verläufe. So würden die Melodiephrasen des Allegretto aus *Les cinq doigts* durch Verkürzung in abnehmender Progression variiert, im Verhältnis $\frac{6}{4}$, $\frac{5}{4}$, $\frac{4}{4}$:

Bsp. 44

Bedenkt man jedoch die eigentliche motivische Substanz des Allegretto-Beginns, dann kommt man zu folgendem Resultat: Der rhythmisch durch die ♩ ♩ ♩-Figur belebte Terzraum d"– f" und der sich anschließende Sekundgang mit fallender Terz ist der motivische Kern, der in den sich anschließenden 11 Takten geistreich fortgesponnen wird. Das Modell (T. 1–3) wird in T. 4–6 durch eine auftaktige Geste und durch die Terz e"– g" erweitert, dann in T. 7 und 8 verkürzt repetiert. Erweiterung und Verkürzung sind also die Verfahren der Variantenbildung, die Strawinsky hier anwendet.

Im Jahre 1961 bearbeitete der Komponist diese Klavierstücke als *Eight instrumental Miniatures for fifteen Players*: 2 Flöten, 2 Oboen, 2 Klarinetten, 2 Fagotte, 1 Horn, je 2 Violinen, Bratschen, Violoncelli.

Sonate pour piano, 1924
Uraufführung: Donaueschingen, Juli 1925 (Solist: Igor Strawinsky).

Strawinskys dreisätzige *Sonate* wurde in Biarritz (1. Satz) begonnen und in den Monaten August bis Oktober 1924 in Nizza beendet. Die Uraufführung des Werkes spielte Strawinsky während der »Donaueschinger Kammermusik-Aufführungen zur Förderung zeitgenössischer Tonkunst« im Juli 1925 selbst. Die Sonate, deren Mittelsatz die Bezeichnung ›Adagietto‹ trägt, während die Ecksätze durch die Metronomangaben ♩ = 112 im Tempo charakterisiert sind, erklang im gleichen Jahr ein zweites Mal: am 8. September in Venedig, im Teatro La Fenice zur Jahrestagung der »Internationalen Gesellschaft für Neue Musik«. Da sich der Komponist wegen eines Abszesses in der rechten Hand indisponiert fühlte, hatte er zuvor in einer kleinen Kirche in der Umgebung Nizzas ein Gebet gesprochen und erwartet, das Konzert absagen zu müssen. Als er aber im Teatro La Fenice das Auditorium um Entschuldigung für eine womöglich unzureichende Interpretation gebeten und danach eine kleine Bandage gelöst hatte, empfand er keine Schmerzen mehr und fühlte sich wunderbarerweise geheilt.

Bsp. 45 *Sonate pour piano*, S. 2 (Boosey & Hawkes)

Der 1. Satz der Sonate ist zwar deutlich dreigeteilt, ab T. 126 wird eine modifizierte Reprise bemerkbar, die sich auf die Exposition, die ersten 56 Takte zu beziehen scheint. Aber Strawinsky veränderte die Reihenfolge der Formglieder und beendet den Satz mit dem tokkatenhaft einstimmigen Formglied der Introduktion. Die Exposition besteht ihrerseits aus zweistrophigen 9- und 10taktigen Formgliedern (vgl. T. 13–21, 22–31 im Notenbsp. 45, S. 161) und einem zweiten Gedanken: T. 32–50. Da es dem großen Mittelteil zwischen den Takten 51 und 125 offenbar an deutlichen Rückbezügen zum ersten Formteil mangelt, scheint es problematisch, ihn als Durchführung zu charakterisieren. Zudem: In diesem Formteil werden offenbar drei neue thematische Charaktere exponiert, ab T. 51 und in T. 89 und 104. Der genauere Blick auf die thematischen Charaktere offenbart indes, daß Strawinsky auch hier allusorischen Umgang mit den zuvor exponierten Gedanken pflegte oder sie metamorphosenartig weiterdachte.

Konstant durchgehalten wird in der Durchführung lediglich die triolische Bewegung der linken Hand. Der augenscheinlich neue Charakter ab T. 51 jedoch geht allusorisch mit dem ersten thematischen Gedanken um (ab T. 13, Oktavsprung), und die modulatorische Bewegung des zweiten Expositions-Gedankens (T. 32) färbt offenkundig auch den Charakter ab T. 89. Unschwer ist auch der mit Terzen spielende Gedanke ab T. 104 aus dem zuvor Exponierten ableitbar.

In seinen *Erinnerungen* entwarf Strawinsky folgenden Erklärungszusammenhang für seine *Sonate*:

> »Als ich sie so nannte, hatte ich nicht die Absicht, ihr die klassische Form zu geben, die, wie bekannt, immer vom ›Allegro‹ ausgeht. Ich habe das Wort ›Sonate‹ in seiner ursprünglichen Bedeutung gebraucht. Es kommt von ›sonare‹ – klingen, ebenso wie ›Kantate‹ von ›cantare‹ – singen stammt. Die Wahl des Wortes verpflichtete mich daher nicht, auch die Form zu verwenden, an die die Sonate seit dem Ende des 18. Jahrhunderts gebunden ist« (E, S. 110).

Obgleich Strawinsky entschlossen war, sich bei der Komposition jede Freiheit zu wahren, studierte er die Sonaten der klassischen Meister, insbesondere Beethovens genauer, vornehmlich um zu ergründen, wie sie formale Probleme gelöst hatten. Dabei fand er auch heraus, daß Beethoven zu jenen Komponisten gehöre, die nicht eine Musik *für* das Klavier schrieben, sondern die bei der kompositorischen Arbeit vom Klavier ausgingen, sich durch die Möglichkeiten des Instruments inspirieren ließen – was seine tiefe Bewunderung und Zuneigung erregte.

II

Bsp. 46 *Sonate pour piano*, S. 9 (Boosey & Hawkes)

Das dreiteilige ›Adagietto‹ partizipiert offenbar an Beethovens Adagio-Rhetorik. Aber die allusorisch berührten Beethoven-Charaktere werden durch Strawinskys Neigung, das Klavier eher perkussiv zu nutzen als mit ihm zu singen, durch seine Jahrzehnte alte Übung, ohne jedes Pedal gleichsam ›secco‹ Klavier zu spielen, intensiv verfremdet. Und solcher trocken schlagende Umgang mit dem Klavier zeichnet auch den kurzen, von inventionsartigen Linien lebenden letzten Satz aus.

Sérénade en la (Serenade in A) für Klavier, 1925
Uraufführung: New York, 1925 (Solist: Igor Strawinsky).
Hymne – Romanza – Rondoletto – Cadenza Finala

Seine *Serenade* schrieb Strawinsky zwischen dem April und den Herbstmonaten des Jahres 1925, nachdem er von seiner ersten Amerika-Reise zurückgekehrt war. Dort hatte er mit der Grammophon-Firma Columbia einen Vertrag über Aufnahmen seiner Werke abgeschlossen. Und das brachte ihn auf den Gedanken, für die Möglichkeiten der damaligen Schallplatten, deren Abspielzeit pro Seite jeweils 6 Minuten betrug, eine viersätzige Klavier-Suite zu schreiben.

›Serenade‹ habe er seinen Klavier-Zyklus genannt, weil er sich an die ›Nachtmusiken‹ des 18. Jahrhunderts erinnerte, an jene Werke, die von Fürsten für festliche Gelegenheiten bestellt wurden. Solche Nachtmusiken waren Ensemble-Musik, wurden für mehrere Instrumente komponiert, aber Strawinsky wollte sich auf ein einzelnes polyphones Instrument beschränken.

»In den einzelnen Stücken halte ich Momente fest, die für diese Art Musik besonders bezeichnend sind. Ich beginne mit einer feierlichen Einleitung, einer Art Hymne; dann folgt ein Solospiel als zeremonielle Huldigung des Künstlers an die Gäste; der dritte Satz, in getragenem, rhythmisch betontem Zeitmaß, nimmt die Stelle des Tanzes ein, der traditionsgemäß in die Serenaden und Suiten der Zeit eingeflochten wurde; ich schließe mit einer Art Epilog, gleichsam einer Unterschrift mit zahlreichen, sorgfältig kalligraphierten Schnörkeln. Ich habe diese Komposition mit besonderer Absicht *Serenade in A* genannt, nicht um eine Tonart zu bezeichnen, sondern weil ich meine Musik nach einem klingenden Pol gravitieren lasse, und der ist in diesem Fall das A« (vgl. E, S. 118).

Strawinsky öffnet sich im ersten Formteil seiner *Hymne* (1. Satz) einem neuen, wie in Marmor geschlagenen monumentalen Ausdrucksraum, den er in seinem Opern-Oratorium *Oedipus Rex* (1926) und in der *Psalmensymphonie* (1930) dann wieder aufsuchen wird. Der Hymnus beginnt mit einer zweitaktigen Formel um den Ton A, die wiederholt und zu einer Viertakt-Gruppe mit einer Kadenz auf A erweitert wird. Daran schließt sich ein ausgedünnter dreistimmiger Satz im Piano, der das gleiche motivische Material nunmehr dreimal wiederholt, aber durch interne Phrasierungen, durch ›Akzentvariation‹ den Charakter feingliedriger gestaltet. Die andere tonale Grundlage dieser Hymnus-Gruppe, die Rückung nach D, wird kadenzierend wieder nach A zurückgeführt. – Die dritte hymnische Anrufung, auf 5 Takte komprimiert, wird mit einer 10taktigen Entwicklung fortgesetzt, die hartnäckig auf ihren Synkopierungen über einer stufig absteigenden Baßlinie besteht und auf dem Quartsextakkord von C endet (s. Bsp. 47, S. 165).

Der zweite Formteil, in gedämpftes *piano*-Licht getaucht, arbeitet auf drei Systemen einen kantablen Gedanken aus, der für Augenblicke drei melodische Linien übereinanderschichtet und dessen plötzliche Kadenzierung, die bereits den ersten Formteil abschloß, zum dritten Formteil überleitet. Er exponiert einen zunächst viertaktigen Gedanken, der variativ

HYMNE

Bsp. 47 *Sérénade en la* (in A), S. 3 (Boosey & Hawkes)

verändert auf anderen Tonstufen mehrfach wiederholt und von einer auf- und absteigenden Baßlinie in Sechzehnteln unaufhörlich begleitet wird. Die Monumentalität des Beginns, die nicht zuletzt durch die blockartig gesetzten harmonischen Strukturen in weiter Lage und die Konfrontation von *forte-* und *piano*-Formgliedern befördert wurde, weicht in den sich anschließenden Formteilen einer zunehmenden rhetorischen Verflüssigung der Klavier-Strukturen.

Die *Romanza*, die zeremonielle Huldigung des Künstlers an sein Publikum, gibt nach tokkatenartigem Beginn einem länger ausgesponnenen,

25taktigen kantablen Gedanken Raum, der erweitert wiederholt wird. Mit gleichfalls tokkatenartiger Gestik wird der Satz geschlossen. Das *Rondoletto* lebt von der mehrfachen Wiederaufnahme der initialen dreitaktigen thematischen Setzung. Die *Cadenza Finala*, die das Werk beschließt, ist wohl weniger ein Epilog, dessen Charakter einer »Unterschrift mit sorgfältig kalligraphierten Schnörkeln« gleicht, sondern eher ein anmutiges, zärtlich-nachdenkliches Final-Stück.

Duo concertant, für Violine und Klavier, 1932

Uraufführung: Berlin, Haus des Rundfunks, 28. Oktober 1932 (Solisten: Samuel Dushkin, Violine; Igor Strawinsky, Klavier)

Das Werk war als Zentrum kammermusikalischer Strawinsky-Abende gedacht, die der Komponist mit dem Interpreten seines Violinkonzerts, Samuel Dushkin, in Europa und Amerika veranstalten wollte: im Zusammenhang mit Arrangements eigener Werke für Violine und Klavier, meist einzelner Sätze aus seinen Balletten. Es reizte ihn aber auch, nachdem er die Möglichkeiten der Geige in seinem Konzert intensiver studiert hatte, ein Werk zu schreiben, das die schwierige klangliche Balance zwischen dem Saiten- und dem Tasteninstrument befriedigend lösen würde. Als Charaktere wählte Strawinsky Typen, die von seiner Klaviermusik der zwanziger Jahre her bereits vertraut sind: motorische, tokkatenartig hastende und hymnisch verweilende Sätze.

Die Satzfolge – Cantilène, Éclogue I, Éclogue II, Gigue, Dithyrambe – spiegelt aber auch Strawinskys Interesse für die antike Dichtung wider und für eine lyrische Sprache, die strengen Regeln gehorcht; denn nach Cingrias Wort ist Lyrik ohne Regeln nur ein Gefühl, und das gäbe es überall.

>»Meine Vorliebe für die bukolischen Dichter des Altertums und für die weise Kunst ihrer Technik hat den Geist und die Form meines ›Konzertanten Duos‹ bestimmt. Das Thema, das ich mir so gestellt hatte, zieht sich durch die fünf Sätze meines Stücks hindurch, die ein zusammenhängendes Ganzes bilden, gewissermaßen eine musikalische Parallele zu der antiken Pastoraldichtung« (E, S. 157).

Symphonies d'instruments à vent (Bläsersinfonien) für 23 Bläser, 1920

Uraufführung: London, 10. Juni 1921 (Dirigent: Sergej Kussewitzky).

Der originale französische Titel sollte keineswegs mit »Symphonische Stücke für Blasinstrumente« übersetzt werden; die »Bläsersinfonien« verweisen offenbar auf das im 17. Jahrhundert gebräuchliche Genre der ›Sinfonia‹, auf eine mannigfaltig gegliederte instrumentale Ensemble-Musik, wie sie etwa in Opern Monteverdis integriert sind. Und die besondere Gliederungsform, die Strawinsky wählte – die Reihung einer bestimmten Anzahl satztechnisch und klangfarblich charakterisierter kompositorischer Strukturen, die auch modifiziert wieder aufgenommen werden –, legt es nahe, das Verfahren der Montage als dominierendes formbildendes Verfahren an den Bläsersinfonien hervorzuheben. Der Komponist hatte sich in seinen *Erinnerungen* über den Anlaß des Werkes und seine Charakterisierung in folgender Weise geäußert:

> »Die ›Revue musicale‹ wollte eines ihrer Hefte dem Andenken Debussys widmen. Bei dieser Gelegenheit sollte auch eine Sammlung von kleineren Musikstücken veröffentlicht werden, die eigens zu diesem Zweck von Zeitgenossen und Verehrern des großen Toten geschrieben waren. Dieser Auftrag und der feierliche Anlaß, auf Grund dessen ich ihn erhielt, weckten in mir bestimmte musikalische Gedanken, und während der Arbeit fühlte ich das Bedürfnis, sie weiter auszuspinnen. Ich begann mit dem Schluß. Ich schrieb eine Choralmusik, die jetzt den Abschluß jener ›Symphonischen Stücke für Blasinstrumente‹ [!] bildet, die ich dem Andenken von Claude Achille Debussy gewidmet habe. Die Klavierfassung dieses Fragments schickte ich der ›Revue Musicale‹. Dort erschien sie als ›Fragment des symphonies pour instruments à vent à la mémoire de Claude Achille Debussy‹ als siebente von insgesamt zehn Kompositionen« (E, S. 88).

Strawinskys Notizen zu den *Bläsersinfonien* reichen bis in das Jahr 1919 zurück und zeigen, daß der Komponist zunächst ein Stück für das Harmonium plante – ein Instrument, das ihn zu jener Zeit der *Les Noces*-Instrumentationsversuche besonders faszinierte –, daß er sein Manuskript dann für Streichinstrumente umschrieb, sich danach für eine Kombination von Streichern und Bläsern und schließlich für ein Ensemble von 23 Bläsern entschied (12 Holzbläser und 11 Blechbläser).

Zur mißlungenen Londoner Uraufführung des Werkes unter der Leitung seines Freundes Sergej Kussewitzky, der sich öffentlich von den *Bläsersinfonien* distanziert hatte, notierte Strawinsky:

»Ich wußte, daß ich nicht mit einem sofortigen Erfolg dieses Werkes rechnen konnte. [...] Man würde in diesem Werk vergeblich nach leidenschaftlichem Feuer oder dynamischen Ausbrüchen suchen. [Aber in einem Interview des Jahres 1925 charakterisierte er die *Bläsersinfonien* als ›großen Gesang, als einen objektiven Schrei der Blasinstrumente, statt des warmen, menschlichen Tons der Violinen‹.] (Das Werk) hat die Form einer strengen Zeremonie, bei der die verschiedenen Gruppen homogener Instrumente sich in kurzen, litaneiartigen Zwiegesängen begegnen.
Ich hatte sehr wohl damit gerechnet, daß die Kantilenen der Klarinetten und Flöten, die immer wieder ihren liturgischen Dialog aufnehmen und sanft psalmodieren, dem Publikum nicht sehr behagen würden, dem gleichen Publikum übrigens, das noch kurz vorher der ›revolutionären‹ Kunst des *Sacre du printemps* begeistert zugejubelt hatte. Aber ich hoffte doch, das Werk werde einige bewegen, die aus rein musikalischen Gründen zuhören und nicht den Wunsch haben, ein sentimentales Bedürfnis zu befriedigen« (E, S. 93).

Trotz seiner vielfältigen Instrumentationsfassungen war Strawinsky mit der Bläserversion nicht zufrieden und verhinderte die Publikation der bereits vom Russischen Musikverlag gestochenen Komposition. Im Jahre 1925 publizierte der gleiche Verlag eine Klavierfassung, die der St. Petersburger Freund, der Komponist Arthur Lourié, angefertigt hatte und die der Disposition der *Bläsersinfonien* vollständig entsprach.

Die Gliederung des Werkes ist mit der einer Rondo-Form verglichen worden, aber es fällt schwer, aus dem Kontext gereihter und wiederaufgenommener typischer Strukturen *eine* definitiv als ›Refrain‹ zu benennen. Andererseits ist nicht zu leugnen, daß die Struktur I und ihre Modifikationen quantitativ dominieren. Sinnvoller scheint es, darauf hinzuweisen, daß den Strukturen jeweils eines der insgesamt drei Tempi zugrunde liegt, daß die Sinfonien einer Tempo-Ordnung unterworfen sind ($\downarrow$ = 72, $\downarrow$ = 108, $\downarrow$ = 144).

»Zweitens sind die kurzen Formabschnitte zu mehreren instrumentatorisch, klangfarblich, harmonisch, rhythmisch und teil-

weise auch motivisch in sich zusammenhängenden Verlaufs-
schichten zusammengefaßt, die jeweils von Bruchstücken anderer Schichten unterbrochen werden; dadurch kommt eine gleichsam kontrapunktische Verzahnung verschiedener musikalischer

Bsp. 48 (Fortsetzung S. 170)

Bsp. 48 *Bläsersinfonien.* Partitur, S. 1 f. (Boosey & Hawkes)

Ebenen zustande, die in den Phasen ihres ›Verstummens‹, indem sie die Erwartung auf ihre jeweiligen Fortsetzungen richten, unterschwellig fortwirken« (Baltensperger/Meyer, 1991, S. 11).

Die Gliederung des 12minütigen Werkes in 17 Formglieder wäre grob in folgender Weise zusammenzufassen:

Formglied 1: Die Sinfonien beginnen mit einer siebentaktigen »Anrufung« der Klarinetten, die ab [1] von einem dichten, »orgelnden« Bläser-Satz beantwortet und mit jener Formel g"– as"– es" geschlossen wird, die sich bereits in *Swjesdóliki / Le Roi des étoiles* (1911/12) als Motto findet, in der *Psalmensymphonie* (1930) wiederbegegnet und darum in der Literatur als »Archetypus« der Gottesanrufung Strawinskys bezeichnet wurde (s. Notenbsp. 48, S. 169 f.);

Formglied 2: bei [2] folgt die figurativ erweiterte Struktur I und bei [3] die erweiterte archetypische Formel;

Formglied 3: bei [6], im Tempo angehoben, neues Material, den Linien dreier Flöten und des Fagotts vorbehalten;

Formglied 4: bei [9], die auf 8 Takte verkürzte Struktur I schichtet »Anrufung« und Schlußformel ineinander;

Formglied 5: ab [11], neue musikalische Substanz, die *pesante*-Akzente erinnern an die Struktur I, die Posaunen-Kontrapunkte intonieren die erwähnte *Swjesdóliki*-Formel;

Formglied 6: bei [15] wird das vorige von einer dialogisierenden Holzbläser-Invention mit einer dominierenden Figur ♩ ♫ ♪ abgelöst (s. Notenbsp. 49, S. 172);

Formglied 7: ab [26], modifizierte Wiederaufnahme der »Anrufung«, Struktur I;

Formglied 8: ab [29], Wiederaufnahme der Invention [Formglied 6] mit der charakteristischen Figur: ♩ ♫ ♪

Formglied 9: ab [37] zweimalige, modifizierte Wiederaufnahme der Struktur I;

Formglied 10: bei [40], neue Invention der Flöten mit hinzutretendem Ensemble;

Formglied 11: ab [42], Vorausnahme der Wechselnoten-Figur des Schluß-›Chorals‹ und charakteristischer Klangfarbe der tiefen Blechbläser;

Formglied 12: nach zwei kurzen eingeschobenen Einwürfen, bei [46], intensiv ausgearbeitete, im Tempo angehobene neue Struktur;

Bsp. 49 *Bläsersinfonien*. Partitur, S. 9 (Boosey & Hawkes)

Formglied 13: ab [56], viertaktige Vorausnahme der Wechselnoten-
Figur des ›Chorals‹ in originaler Blechbläser-Version;

Formglied 14: bei [57], neue Struktur der Quart-Anrufungen;

Formglied 15: ab [58], neue Struktur mit dominierenden parallelen
Quartführungen;

Formglied 16: bei [64] Quartanrufungen wieder aufgenommen;

Formglied 17: ab [65] ›Choral‹, der das Werk abschließt.

Der ›Choral‹ beginnt mit einer Wechselnoten-Figur auf e, die nach einem länger ausgesponnenen Formglied bei [69] wieder aufgenommen wird und so eine Zweiteiligkeit suggeriert. Der Choral verklingt, nachdem er die Mischregion der Holzbläser und Hörner aufsuchte, in einem sehr dichten, gelassen atmenden Bläsersatz, dessen oberste Stimme von h über c nach d aufsteigt, grundiert von einem clusterartigen Mischklang über C, G, A und h.

Octuor pour instruments à vent (Oktett für Bläser), 1922/23

für Flöte, Klarinette, 2 Fagotte, 2 Trompeten, 2 Posaunen

Uraufführung: Paris, Théâtre de l'Opéra, 18. Oktober 1923 (Dirigent: Igor Strawinsky).

Strawinskys Bläser-Oktett wurde im Sommer 1922 in Biarritz begonnen und im Mai 1923 in Paris abgeschlossen. Das Oktett ist viergliedrig: auf eine zweigliedrige *Sinfonia* (Lento, Allegro moderato) folgen ein *Tema con variazioni* und ein *Finale*. Die Bläsermusik ist formal also der späten Mischform der ›Sonata da chiesa‹ verwandt, in deren grundsätzliche Viersätzigkeit oft Suitensätze integriert waren.

Der die *Sinfonia* einleitende *lento*-Satz, sonst oft bei Strawinsky den Ouvertüren im französischen Stil nachgebildet – etwa im ersten Satz seines *Klavierkonzerts* oder im Ballett *Apollon musagète* –, nimmt hier den Charakter einer Divertimento-Introduktion an. (In der Literatur findet sich der Hinweis, Strawinsky habe sich um 1922 intensiv mit den Bläser-Divertimenti von Haydn und Mozart beschäftigt.) Der sich anschließende *allegro*-Satz übernimmt zwar das Modell der Sonatenhauptsatz-Form, ist gegliedert in Exposition, weitgesponnene Durchführung und Reprise; die thematische Substanz und ihre polyphone Verarbeitung aber deuten eher auf barocke Vorbilder.

Formal und stilistisch gleichermaßen differenziert ist auch der 2. Satz: *Tema con variazioni*. Das 14taktige Thema, eine asymmetrisch gegliederte Periode, besteht aus 33 Tönen, die in Sektionen gegliedert werden, und jeder dieser Abschnitte spielt als Ausgangsmaterial der nachfolgenden Variationen eine gewisse Rolle (s. Bsp. 50):

Bsp. 50

Anders als manche Variationen des frühen 18. Jahrhunderts, etwa Händels, in denen bestimmte, festgehaltene harmonische Konstellationen figurativ ausgearbeitet werden, basieren Strawinskys Variationssätze auf dem sektionierten Tonvorrat seines Themas, der entweder mottoartig festgehalten oder variabel ausgesponnen wird. Darum finden sich in der Literatur auch Hinweise, daß diese frühen Variationen sein späteres reihentechnisches Denken vorwegnähmen, in dem er zunächst nur Grundformen des Reihenpotentials nutzte, etwa im »Ricercar II« seiner *Cantata.*

Strawinskys erste Variation (A) ist über dem Themakopf in den Posaunen aus auf- und abgleitenden Skalen fein gesponnen; sie wird als dritte und sechste Variation wiederholt. Die zweite (B) gleicht einem Geschwindmarsch, spielt motivisch zunächst mit dem Intervall der großen Terz, später mit der oktavversetzten kleinen Terz und der Chromatik des Thema-Taktes 3; die vierte (C) Variation, thematisch den zweitaktigen Themabeginn nutzend, dreht sich in jenem volkstümlichen, die erste und fünfte Stufe harmonisch ausstanzenden Walzertyp, der Strawinsky bereits in *L'Histoire du soldat* interessierte (s. Bsp. 51, S. 175).

Die fünfte Variation (D) ist ein unterkühlter Galopp, der auf den Tönen der ersten 4 Thema-Takte basiert. Die siebente (E) arbeitet den Themakopf zu einer gelassen ausgespielten Bläser-Invention aus.

Da in dieser Variationen-Folge – A, B, A, C, D, A, E – die Variation A dominiert, hat der Variationssatz eine Tendenz zur Gliederung des Rondos. – Das polyphon ausgearbeitete *Finale* spielt heiter mit mehreren thematischen Subjekten.

Bsp. 51 *Oktett.* Partitur, S. 20 (Boosey & Hawkes)

Geistliche Musik

Igor Strawinsky war in einem traditionellen christlichen Milieu aufge-
wachsen; seine Eltern hatten ihn dazu angehalten, regelmäßig die Bibel zu lesen und die nahe gelegene russisch-orthodoxe Kirche zu besuchen. Der Komponist nutzt in seinen Gesprächen mit Craft (in:
ED) die Schilderung seiner ersten Taufe in Oranienbaum und die seiner späteren feierlicheren Eingliederung in die russisch-orthodoxe
Kirche, in der St. Petersburger Nikolski-Kathedrale (1882, 29. Juni
alter Zählung), zu interessanten persönlichen Kommentaren. Seine
zarte Konstitution, die seit seiner ersten Lebensstunde sichtbar gewesen sei, habe das Denken der Familie über ihn zeitlebens bestimmt,
und selbst heute, als gesunder Achtzigjähriger, der ein aktives, tat-
kräftiges Leben führe, erinnere er sich gelegentlich daran, daß er eigentlich viel zu zart fürs Leben sei und besser aufhören sollte. Die sa-
kramentale Absolution in der Nikolski-Kathedrale – der Priester
hatte ihm mit einer Hand Mund und Nase zugehalten und ihn dann
untergetaucht – habe ihn sehr eingeschüchtert und eine Reaktion seiner Eingeweide, seines Inneren bewirkt, die ihn lebenslang verfolgen
sollte.

Der zur religiösen Ehrerbietung erzogene junge Mann – ohne tiefer
greifende geistliche Erlebnisse –, begann mit vierzehn oder fünfzehn
Jahren sich allmählich der Institution Kirche zu entfremden und löste
sich als Abiturient gänzlich von ihr. Zurück blieb ein Riß, der nahezu
20 Jahre lang irreparabel schien. Daß Strawinsky in den zwanziger
Jahren zu religiösen Übungen, zum russisch-orthodoxen Glauben, zu
Kommunion und Beichte zurückfand, hatte mannigfaltige Gründe.
So hatte er wieder begonnen, die Bibel, aber auch andere religiöse Literatur zu lesen. Als er 1924 von Biarritz nach Nizza gezogen war,
befreundete er sich mit dem russisch-orthodoxen Priester Nicolas Pa-
dasseroff, der sein Beichtvater wurde und fünf Jahre lang ein Mitglied
seines Hauses war; später mit dem Philosophen Jacques Maritain,
dessen Bücher er schätzte und mit dem er 1929, zur Entstehungszeit
seines *Capriccios*, zusammentraf.

Strawinsky empfahl, Diaghilews letzten Brief an ihn in Zusammenhang mit seiner Bekehrung zu lesen. Bevor er zur Kommunion
und zur Beichte gegangen sei, habe er Diaghilew um Vergebung gebeten, und der Maestro habe in einem Brief vom 7. April 1926 unge-

wöhnlich offen und herzlich auf Strawinskys Konfessionen reagiert. Vergeben zu können, liege nur in der Kraft Gottes. »Aber wir verschwendungssüchtigen kleinen Kinder sollten in Augenblicken des Haders oder der Reue wenigstens die Kraft haben, einander wie Brüder zu umarmen und vergessen können. [...] Ich faste nicht, gehe nicht zur Beichte oder zur Kommunion ... Dennoch bitte ich Dich, mir meine Sünden zu vergeben, aus freiem Entschluß oder unabsichtlich getane, und in Deinem Herzen nur dieses Gefühl brüderlicher Liebe zu bewahren, die ich für Dich empfinde. Seriosha.« (Vgl. *Selected Correspondence*, Bd. 2, S. 40 und 41.)

Robert Craft deutet an (PD, S. 211 f.), daß vornehmlich Strawinskys Schuldgefühle – seiner Frau, aber kaum weniger heftig auch seiner Mutter gegenüber, die Angst vor der öffentlichen Entdeckung seines Doppellebens – Strawinskys Hinwendung zum Glauben beeinflußt habe.

So fänden sich Mitte der zwanziger Jahre religiöse Notate in Skizzenbüchern und in gedruckten Materialien, auf dem Cover seines Aufführungs-Exemplars der *Serenade* z. B. »Nizza, 9. April 1926, nach Beichte und Kommunion«, und die erste Skizze zu *Oedipus Rex* enthielte bei [198] bis [200] den Eintrag: »13. März, nach Beichte und Kommunion, Vater Nicolas bei uns zu Hause.«

Zwar bewunderte Igor Strawinsky zu jener Zeit das systematische gegliederte Denken der Theologen; aber habe solche gedankliche Arbeit für die Religion mehr Bedeutung als kontrapunktische Übungen für die Musik? »Ich glaube nicht an Vernunft-Brücken oder an irgendeine Form von Extrapolation in religiösen Dingen; die Unmöglichkeit, das ›Absolute‹ aus der ›Erfahrung‹ herzuleiten, ist eine Problematik, die, denke ich, Kant bereits vor längerer Zeit geklärt hat« (ED, S. 75).

In einem Interview, das er im Mai 1932 der Brüsseler Zeitschrift *Le Vingtième Siècle* gab, verknüpfte Strawinsky den Schaffensprozeß des Künstlers ohne weiteres mit dem Regelwesen der christlichen Kirche: »Je mehr sich jemand von den Regeln und Maßstäben der Kirche trennt, um so mehr entfernt er sich von der Wahrheit. Solche Maßstäbe sind so wahr für die musikalische Komposition wie für das Leben eines Individuums. Inspiration ist geheim, ist geheimnisvoll, magisch« (PD, S. 296).

Pater noster, für gemischten Chor a cappella (kirchenslawischer Text), 1926; (lateinischer Text) 1949

Credo, für gemischten Chor a cappella (kirchenslawischer Text), 1932; (lateinischer Text) 1949

Ave Maria, für gemischten Chor a cappella (kirchenslawischer Text), 1934; (lateinischer Text) 1949

Strawinskys homophone Kurz-Motetten auf liturgische Texte entstanden ohne Auftrag im Umkreis der *Psalmensinfonie*.

»Ich war 1926 zur orthodoxen Kirche zurückgekehrt (ich ging damals zum ersten Mal seit 1910 wieder zur Kommunion und komponierte mein erstes religiöses Werk, ein a cappella *Pater Noster* ... und später ein *Ave Maria* und ein *Credo* für den Gebrauch in der orthodoxen Kirche. Entsprechend der liturgischen Überlieferung, die in der Ostkirche die Verwendung von Musikinstrumenten (selbst von Stimmflöten) untersagt, beschränkt sich die Musik auf eine einfache harmonische Intonation der Worte. Ich hörte das *Pater Noster* zum erstenmal und zu meiner Überraschung in der Russischen Kirche in der Rue Daru, Paris, beim Begräbnis eines Beliankin-Vetters« (G, S. 143).

Er selbst dirigierte alle drei Motetten während eines Gedächtniskonzertes für den 1933 verstorbenen amerikanischen Komponisten Blair Fairchild in der Salle Gaveau in Paris. – Während einer Totenfeier für Igor Strawinsky in New York (wo er am 6. April 1971 gestorben war) wurde das *Pater noster* in seinem Appartement gesungen und ebenso am 24. April 1971 während seiner Beisetzung auf dem russisch-orthodoxen Teil des Insel-Friedhofs San Michele vor Venedig.

»Wie er es von Gottesdiensten in St. Petersburg, Kiew und Poltawa, der ukrainischen Heimat seiner Mutter, aber auch von Andachtsübungen im Elternhause in Erinnerung trug, hielt Strawinsky für seine drei liturgiebezogenen Motetten am kirchenslawonischen Idiom fest. Der klangfarblich gedecktere, rhythmisch variablere Grundton und Duktus des Slawonischen [Kirchenslawischen] schien ihm der mystischen Textkomponente entsprechender, jedenfalls für die Urfassungen, wenn er auch 1949 latinisierte Versionen nachlieferte. Für das *Pater Noster* bedingte das metrische Raffungen auf $\frac{2}{4}$ und $\frac{3}{4}$ bzw. $\frac{2}{8}$ und $\frac{3}{8}$ gegenüber der sprachrhythmischen weicheren slawonischen Version mit ¼, ¾, ⅝, ⁶⁄₈ und ⅞« (Lindlar, 1982, S. 119).

Eine neu hinzugefügte »Amen«-Clausula erweiterte die römische Fassung auf 45 Takte gegenüber der russischen Version von 37 Takten. Die lateinische Version des *Ave Maria* erweiterte die ursprünglichen 20 auf 35 Takte. Sie wurde zudem um einen Ganzton ins Phrygische e angehoben.

Symphonie des psaumes (Psalmensymphonie)

für Chor (mit Knabenstimmen) und Orchester, in lateinischer Sprache, 1930

Uraufführung: Brüssel, Palais des Beaux Art, 13. Dezember 1930 (Dirigent: Ernest Ansermet).

Sergej Kussewitzky, der Chefdirigent des Boston Symphony Orchestra geworden war, hatte Strawinsky im Jahre 1929 um eine Symphonie zum fünfzigjährigen Bestehen des Bostoner Orchesters gebeten. Und da der Komponist Pläne, eine Symphonie zu schreiben, bereits seit mehreren Jahren verdrängt hatte, gefiel ihm der Gedanke, nun an eine größere symphonische Arbeit gehen zu können. Daß Strawinsky dann aber kein Orchesterwerk, sondern eine Komposition für Chor und Orchester schrieb, hatte mannigfaltige Gründe. Sein Verleger hatte ihm nahegelegt, ein »populäres« Werk zu schreiben. Aber der Komponist nahm diesen Wink eher listig auf und wandte sich den Psalmen zu, die schließlich weltweit bewundert würden. Darum wählte Strawinsky neben den Psalmen 38, 39 und 40 auch den bekannten Psalm 150 »Lobet den Herrn in seinem Heiligtum«; die würdigen, gebieterischen Verse hatten schon viele Komponisten bearbeitet, sie aber eher als Gelegenheit genutzt, ihre eigenen lyrischen Gefühle kundzutun. Strawinsky faßte den 150. Psalm zwar als einen Reigen auf, wie ihn David einst vor der Bundeslade getanzt hatte, aber er war sich bewußt, daß er den Psalm auf eine dem Text gemäße, würdige Weise komponieren würde.

In seinen *Erinnerungen* gibt der Komponist aber auch zu erkennen, daß sein Verhältnis zur symphonischen Tradition des 18. und insbesondere des 19. Jahrhunderts in jenen Jahren sehr gebrochen war. Und daß er sich auch aus solchen Gründen für eine eigenwillige Lösung des Problems Symphonie entschieden hatte.

»Die übliche Form der Symphonie ist im 19. Jahrhundert ausgebildet worden, in einer Epoche also, deren Sprache und deren Gedanken uns heute um so weniger liegen, als wir selbst aus dieser Zeit hervorgegangen sind. Daher fand auch ich in dieser Form der Symphonie nicht viel, was mich hätte reizen können. Wie bei meiner ›Sonate‹ wollte ich ein organisches Werk schaffen, ohne mich an die gebräuchlichen Muster zu halten. Zugleich sollte mein Werk aber die Ordnung des Satzbaues bewahren, durch den sich die Symphonie von der Suite unterscheidet, die ihrerseits nichts weiter ist als eine Folge von Stücken verschiedenen Charakters. Ich überlegte mir, aus welchem Klangmaterial ich mein symphonisches Gebäude aufführen sollte. Mir schwebte eine Symphonie mit großer kontrapunktischer Entwicklung vor, und so mußte ich auch die Mittel vergrößern, um in diesen Formen arbeiten zu können. Ich entschloß mich daher, ein Ensemble zu wählen, das aus Chor und Orchester zusammengesetzt und bei dem keines der Elemente dem anderen übergeordnet ist, beide also völlig gleichwertig sind. Meine Ansicht über die Beziehungen zwischen den vokalen und instrumentalen Gruppen glich also genau dem Verfahren, das die alten Meister kontrapunktischer Musik anwandten. Auch sie behandelten Chor und Orchester gleich und beschränkten weder die Rolle des Chors auf homophonen Gesang noch die Funktion des Orchesters auf Begleitung« (E, S. 149).

Strawinsky begann seine kompositorische Arbeit in Nizza mit dem 3. Satz, dem Psalm 150. Nachdem er die schnelle instrumentale Sektion – nach [3] – komponiert hatte, arbeitete er den 1. und 2. Satz aus. Das »Alleluia« und die langsame Musik am Beginn des 150. Psalms – eine Antwort auf die Frage in Psalm 40 (der Text des 2. Satzes bezieht sich auf Psalm 39 und 40) – wurden zuletzt komponiert. Craft gibt die genauen Daten der Ausarbeitung der Komposition: Der dritte Satz (der Beginn?) ist datiert »27. April 1930, Nizza, Sonntag, eine Woche nach der Auferstehung«, der zweite »17. Juli« und der Anfang der *Psalmensymphonie* »15. August, Mariä Himmelfahrt in der römisch-katholischen Kirche, Echarvines-les-Bains« (PD, S. 296).

Strawinsky bekennt, daß er den 1. Satz, »Höre mein Gebet, Herr, und mein Flehen«, im Zustand religiösen und musikalischen Überschwangs komponiert habe. Das Werk wird eröffnet mit rollenden Akkordbrechungen, die durch Akzente des Orchesters gegliedert werden. Die dominierende Bläser-Gruppe, der der Komponist Violoncelli, Kontrabässe, 2 Klaviere und Schlagzeug beifügte, erinnert an Strawinskys Kompositionen der frühen zwanziger Jahre: an *Octuor pour instruments à vent* (Oktett für Bläser, 1923), an seine *Symphonies d'instruments à vent* (Bläsersinfonien, 1920) oder an die Besetzung seines *Concerto pour piano et orchestre d'harmonie* (Konzert für Klavier und Blasorchester, 1924). Nach dieser instrumentalen Eröffnung erlebt der Hörer ein Gebet, das in gemessen ritueller Haltung gesungen wird. Die ersten Einsätze des Alts – »Exaudi orationem meam, Domine« und »Auribus percipe lacrimas meas« –, deren bittende Gebärde um die Töne e und f bereits in den Violoncelli vorweggenommen wurde, werden wie im Responsorium nun chorisch durch die Gemeinde beantwortet. Aber bereits die zweite Anrufung wird mit einem *secco*-Charakter begleitet, der im Wechsel mit den rollenden Sechzehnteln nunmehr häufiger hervortritt. Erst allmählich weitet sich der kollektive Gemeindegesang melodisch und harmonisch zum vierstimmigen Chorsatz – besonders auffällig sind die farbigen Septsprünge bei »peregrinus, sicut omnes patres« (ein Pilger wie alle meine Väter). Der Gesang verdichtet sich zuletzt in einer flehentlichen Bitte, die sich bis zum dreifachen *forte* steigert.

Der 2. Satz, »Ich harrete, harrete des Herrn«, ist als Doppelfuge konzipiert. Er beginnt atmosphärisch nüchtern mit einem fünftaktigen Fugenthema, das der Komponist aus jener Folge kleiner Terzen entwickelte, die er im 1. Satz in den Violoncelli und Kontrabässen als Ostinato genutzt hatte. Der Kopf des Themas besteht aus 4 Tonschritten – c'', es'', h'', d'', die sich als zwei Terzen interpretieren lassen; eine Art Urzelle des gesamten Werkes.

Die nachfolgenden Takte des Themas sind zwar streng aus diesem Kopf entwickelt, sie bilden in unruhig auf- und absteigender Bewegung aber zugleich einen chromatisch absteigenden Sekundgang – es'', d'', des'', c'', h' –, der später für die kontrapunktische Arbeit genutzt wird.

Bsp. 52

Auf den »heilignüchternen« Ton der vierstimmigen instrumentalen Fuge der Flöten und Oboen folgt das Bekenntnis des Gemeindegesangs: »Ich harrete, harrete des Herrn; und er neigte sich zu mir und hörte meine Bitten.« Die vierstimmige Chor-Fuge wird zunächst mit einem fallenden Quartsprung eröffnet, im vierten Takt bei »DOMINUM« dann durch einen melodisch farbigen Sextsprung charakterisiert und schließlich in einer Engführung verdichtet.

Bsp. 53

Darauf folgt die instrumentale Engführung des ersten Fugenthemas und ein neuer Gedanke, ein Forte-Einsatz von Chor und Orchester in barockisierender punktierter Gestik: »Und er hat mir ein neues Lied in meinen Mund gegeben, einen Lobgesang auf unseren Gott.« Das ist ein strophisch gegliederter Gesang der Gemeinde, dessen Spitzentöne chromatisch absteigen: vom g" über fis", f", fes" zum es": »sperabunt in DOMINO«.

Ungewöhnlich breit angelegt in seinen Proportionen ist der 3. Satz, die Komposition des 150. Psalms. Der Text lobt Gott in seinem Heiligtum – in der Feste seiner Macht; in seinen großen Taten; mit Posaunenschall; mit Pauken und Reigen; mit wohlklingenden Zimbeln; und er schließt mit der Aufforderung: »Alles, was Odem hat, lobe den Herrn! Alleluja.«

Strawinsky eröffnet den 150. Psalm mit einer Gebetsformel im *piano*: »Alleluia. Laudate DOMINUM in sanctis Eius.« Und der Komponist gesteht, daß er Zeit benötigte, um für sich selbst zu klären, daß Gott nicht durch eilende Musik im *forte* gepriesen werden sollte.

Dennoch schließt sich an die diskret zurückgenommene Gebets-Eröffnung jene Formel an, die an Jokastes Formulierung »Oracula, oracula« ♫♩ ♫♫♩ ° in *Oedipus Rex* erinnert. Sie wird hier zum bestimmenden Material für einen teils ostinat akzentuierten, teils wild ausbrechenden Orchestersatz.

Auf das Lob seiner großen Taten, seiner Hoheit und das Lob mit Posaunenschall läßt Strawinsky dann einen Formteil folgen, der von den rhythmisch akzentuierten Formeln »laudate DOMINUM« und »laudate Eum« lebt und auf den ersten Orchestersatz des Teils III zurückgreift. Das nun folgende, in Dreiklangsbrechungen aufsteigende, imitatorisch gegliederte Lob von Sopran und Baß »Laudate Eum in timpano et choro« bei [20] breitet sich allmählich vierstimmig aus und mündet in einen Formteil, der Gott auf geheimnisvoll irisierende Weise nunmehr chorisch »mit wohlklingenden Zimbeln« lobt. Die Soprane intonieren eine zarte, suggestive Phrase, die aus den Tönen es", d", c", d" gebildet, wiederholt, chromatisch eingefärbt und nach 6 Takten geschlossen wird. Und die Drei-Halbe-Bewegung des Chorsatzes wird durch eine ostinate Bewegung der Klaviere und Harfen in vier Schritten kontrapunktiert – es, b, f, b –, so daß ab [22] eine reizvoll schwebende polymetrische Struktur entsteht. Der Satz schließt mit jener Gebetsformel »Alleluia. Laudate DOMINUM« im *piano*, mit der dieser 3. Satz auch eröffnet wurde.

Die Uraufführung des Werkes in Brüssel unter der Leitung von Ernest Ansermet – Strawinsky war an diesem denkwürdigen Abend des 13. 12. 1930 der Solist in seinem *Capriccio* – wurde sehr freundlich aufgenommen. Vergleichbar ergriffen reagierte auch das Publikum der Bostoner Premiere des Werkes (19. 12. 1930) unter Kussewitzkys Leitung. Enthusiasmiert äußerte sich indes der französische Komponist Francis Poulenc zur Brüsseler Aufführung (in *Le Mois*, Februar/ März 1931):

»Strawinsky hat uns niemals enttäuscht, aber ebenso selten hat er uns eine solche ungewöhnlich schöne Überraschung bereitet ... Die gänzliche Abwesenheit von Großsprecherei ist in diesem Meisterwerk meinem Geschmack insbesondere nahe. Es ist ein Werk des Friedens. Man kann über Strawinskys Fähigkeit zur Erneuerung nur staunen. Ich grüße Sie, Jean-Sébastien Strawinsky« (zit. nach PD, S. 297).

Musiktheater

Mavra

Opera buffa in einem Akt auf ein Libretto von Boris Kochno nach einer Erzählung in Versen von Alexander Puschkin für 4 Sänger (S, S, A, T) und Orchester

Uraufführung: Paris, Théâtre de l'Opéra, 3. Juni 1922 (Dirigent: G. Fitelberg; Regie: Bronislawa Nijinska; Ausstattung: L. Surrage).

Mit seiner Opera buffa wollte sich der Komponist vor der verehrten Vätergeneration mit Grazie nachhaltig verbeugen. Darum widmete er dieses Werk drei russischen Künstlern, an erster Stelle Alexander Puschkin, dessen Texte er mehrfach vertont hatte und den er für den Repräsentanten einer künstlerischen Haltung hielt, die westlichen Geist mit spezifisch russischen Elementen zu verschmelzen suchte. Gehörten doch die Erfahrungen mit Puschkins Texten, wie sie ihm in seiner Jugendzeit (in Glinkas *Ruslan und Ludmilla*, in Mussorgskys *Boris Godunow*, Rimski-Korsakows *Märchen vom Zar Saltan* oder im *Goldenen Hahn*, oder in Opern Tschaikowskys) begegnet waren, zu den künstlerischen Erlebnissen, die seine geistige Entwicklung wesentlich beeinflußt hatten. Zudem war Puschkins Haltung um 1920 aktuell, denn es gab nunmehr keinen Grund, dem einstigen Italianismus der Russischen Musik länger zu opponieren. Widmungsträger von *Mavra* waren aber auch Michail Glinka und Peter Tschaikowsky, jene beiden Komponisten, die in der jahrzehntelangen Diskussion russischer Musiker über die eigene ästhetische Position zwei verschiedenen Lagern zugerechnet worden waren. Glinka schien die echten russischen Traditionen zu repräsentieren, die von den »Russischen Fünf« (Balakirew, Borodin, Cui, Mussorgsky und Rimski-Korsakow) fortentwickelt worden waren, während Tschaikowsky zum Bedauern Strawinskys als der Musiker galt, der am intensivsten von der westlichen Musik und ihrer Tradition beeinflußt war. Diesen dogmatisch verengten Ansichten setzte er seine eigene Überzeugung entgegen, daß Glinka, Tschaikowsky, Dargomyschski und andere sich zwar des volkstümlichen ›Melos‹ bedienten, was sie aber keineswegs gehindert habe, ihre Melodien in ein französisches oder italienisches Gewand zu kleiden. »Gewiß, auch Tschaikowsky unterlag deutschen Einflüssen. Aber wenn Schumann auf ihn in gleichem Maße wirkte wie, um ein Beispiel zu erwähnen, auf Gounod, so blieb er doch

Russe, genau so wie Gounod Franzose blieb« (E, S. 95 f.). Waren Tschaikowskys Melodien etwa essentiell weniger russisch als die der Walzer aus Rimski-Korsakows *Sadko* oder der *Scheherazade?*

Mit *Mavra* versuchte Strawinsky jenen (fiktiven) ästhetischen Riß der russischen Musik des 19. Jahrhunderts elegant zu überformen, indem er an die gemeinsame Basis jener St. Petersburger und Moskauer Komponisten erinnerte, die sich vom italienisch-deutschen Einfluß allmählich emanzipiert hatten: an die Musik von Glinka und Dargomyschski.

In einer längeren Passage seiner dritten Poetik-Vorlesung, »Über die Musikalische Komposition«, in der Strawinsky auch seinen Traditionsbegriff erläuterte, hat er seine Hinwendung zu dieser Traditionsschicht der russischen Musik, die von Wagner nicht beeinflußt war, ausführlich zu begründen versucht:

»Meine Oper *Mavra* ist entstanden aus einer natürlichen Sympathie für die Gesamtheit der melodischen Tendenzen, für den Vokalstil und für die konventionelle Sprache, die ich in steigendem Maße an der alten russisch-italienischen Oper bewunderte.
Diese Sympathie führte mich ganz spontan auf den Weg einer Tradition, die man in dem Augenblick verloren glaubte, als die Aufmerksamkeit der gesamten Musikwelt vollständig dem Musikdrama (drame lyrique) zugewandt war, diesem Musikdrama, das, historisch gesehen, keinerlei Tradition aufweisen konnte und musikalisch gesehen nicht der geringsten Notwendigkeit entsprach. [...]
Die Musik von *Mavra* hält sich an die Tradition von Glinka und Dargomyschski. Ich dachte um nichts in der Welt daran, sie zu erneuern. Ich wollte mich nur auf meine Weise in der lebendigen Form der Opera buffa üben, die so gut zu der Novelle von Puschkin paßte, welche mir den Anlaß dazu gab. [...] Ich wollte den Stil dieser musikalischen Dialoge erneuern, deren Stimmen durch den Lärm des Musikdramas übertönt und mißachtet worden waren. Es mußten also hundert Jahre vergehen, damit man die Frische dieser Tradition wieder feststellen konnte, die am Rande der Gegenwart weiterlebte und in der eine heilsame Luft wehte, wohl geeignet, um uns von den Dünsten des Musikdramas zu befreien, dessen hochmütige Emphase seine Hohlheit nicht zu verdecken vermochte« (*Musikalische Poetik*, S. 37 f.).

Szene aus *Mavra*. Piccola Scala, Mailand, 1960

Für *Mavra* hatte Strawinsky zusammen mit Diaghilew die Pusch-
kin-Novelle in Versen, »Das kleine Haus in Kolomna«, ausgewählt,
und der junge russische Dichter Boris Kochno hatte dazu ein Libretto
in Versform verfaßt, das Strawinsky sehr schätzte. Dennoch wurde
die Uraufführung von *Mavra* – sorgfältig vorbereitet von der
Choreographin Bronislawa Nijinska –, die zusammen mit *Renard* am
3. Juni 1922 an der Pariser Oper herauskam, ein Flop, wie ihn Strawinsky selten erlebt hatte. Und der spröde Umgang der Kritik mit
Mavra schmerzte ihn um so mehr, weil er selbst mit dem Resultat seiner Arbeit sehr zufrieden war: Es war ihm gelungen, seine musikalischen Gedanken klar auszudrücken. Während der Komponist mit
dem Arrangement des Abends haderte, seine intimen Einakter seien
zwischen prunkvolle Ausstattungsstücke der ›Ballets russes‹ einge-
schachtelt gewesen, reagierten das Publikum und die Kritik gelang-
weilt auf dieses Kleinstadt-Ereignis ohne hintergründige, wirklich
nachdenkenswerte Pointe.

Mavra erzählt die Geschichte von Parascha (Sopran) und einem Zigeu-
ner-Husaren (Lyrischer Tenor) in einem kleinbürgerlichen Milieu mit
plappernder Mutter (Alt) und geschwätziger Nachbarin (Mezzosopran).

Die erhitzten Liebenden wollen schnell zueinander kommen und denken sich eine List aus. Der verliebte Husar übernimmt, als Frau verkleidet, die Position der eben verstorbenen Köchin im kleinen Haus in Kolomna. Als die Herrschaft das Haus verläßt, beschließt er, sich zunächst zu rasieren. Da Mutter und Tochter zeitig heimkommen, überraschen sie die skandalös verwandelte Köchin bei unerwarteter Arbeit. Während der angebliche Dieb aus dem Hause stürzt, rennt Parascha zum Fenster und schreit vergeblich nach ihrem Wassili.

Strawinsky schrieb zu dieser 30minütigen Nummernoper Musik für ein großes Orchester, das die Bläserbesetzung bevorzugt. Ihr gewinnt er volkstümliche, an Militär- oder Freiluft-Musik erinnernde Charaktere ab, aber auch jene barockisierenden Wendungen, jene schmerzlichen Passionstöne, die ihn bis zu seiner abendfüllenden Oper *The Rake's Progress* (1951) heimsuchen werden. Zwar suggeriert das Notenbild der Vokalpartien durch typische Melismen oder in den plappernden Ensembles die Tradition des kleingliedrigen russischen Melos mit seinen Asymmetrien, aber die Taktordnung erlaubt einen nahezu ungestörten Fluß der Musik – im Gegensatz etwa zu *L'Histoire du soldat* oder den *Bläsersinfonien*. Das stärkt die hier traditionell gefestigten Vokal-Partien, die Strawinsky in den sich emphatisch verausgabenden Soli und Duetten zu großbögigen Belcanto-Steigerungen von ungewöhnlichem Glanz nutzt.

Die groß gedachte, scheinbare Gegensätze einschmelzende ästhetische Konzeption, die *Mavra* zugrunde lag, kontrastierte glanzlos mit dem Eindruck des Werkes, das einer Laune des Komponisten entsprungen zu sein schien. Auch spätere Produktionen, wie die im Rahmen eines Strawinsky-Abends der Berliner Krolloper des Jahres 1928 regten die Kritik lediglich zu zwiespältigen Notizen an:

»*Mavra*, Opera buffa in einem Akt, mit harmlosem Possentext nach Puschkin, wurde geschickt und mit merklicher Absicht in die Mitte des Programms gestellt. Sie bildet in Strawinskys Entwicklung den direkten Übergang aus der warmen, impulsiven Atmosphäre der Frühzeit in die gefrorene, bewußt objektivistische Klassik der letzten Werke. Gleichzeitig wird das Nationale, im Rahmen des Klassizismus naturgemäß verpönt, zu höchster und letzter Steigerung gebracht. *Mavra* lehnt sich an die russischen Meister des neunzehnten Jahrhunderts an; nicht unabsichtlich ist das Stück Glinka und Tschaikowsky gewidmet. Der Stil ist flüssig, leicht, gesanglich, alle Ensembles sind höchst opern-

haft gemacht und somit von bestem Effekt. Die Größe und hin-
reißende Verve des frühen Strawinsky fehlt, wird aber durch
mannigfaltige Qualitäten der Komposition ersetzt« (Stuckenschmidt, 1964, S. 52).

Paraschas Eingangs-Arie wurde als *Chanson russe* 1922 für Sopran
und Klavier, 1923 für Sopran und Kammerorchester arrangiert sowie
1937 mit Samuel Dushkin für Violine und Klavier und 1938 mit Igor
Markewitsch für Violoncello und Klavier umgeschrieben.

Oedipus Rex

Opéra-Oratorio in zwei Akten nach Sophokles für Sprecher, Soli, Männerchor und Orchester, 1926/1927

Libretto: Jean Cocteau (lateinische Fassung: J. Daniélou).

Uraufführung: Paris, Théâtre Sarah Bernhardt, 30. Mai 1927 (Dirigent:
Igor Strawinsky).

Personen: Oedipus (Tenor); Jokaste (Mezzosopran); Kreon (Baß-Bariton); Tiresias (Baß); der Hirte (Tenor); der Bote (Baß-Bariton).

Im Jahre 1925, auf der Rückreise von Venedig nach Nizza, nachdem
er im Teatro la Fenice seine Sonate gespielt hatte, verweilte Strawinsky noch ein wenig in Genua, der Stadt, in der er 1911 seinen
fünften Hochzeitstag gefeiert hatte. Nach der Komposition seiner *Sonate* (1924) und der *Sérénade en la* (1925), beschäftigte ihn nunmehr
der Gedanke an ein größeres Werk, an eine Oper oder ein Oratorium.
In Genua stöberte er in einem Antiquariat J. Joergensens Studie über
den heiligen Franz von Assisi auf und stieß beim Lesen »auf eine
Stelle, durch die ich eine alte Absicht von mir aufs neue bekräftigt
fand. Man weiß, daß Italienisch die Muttersprache des Heiligen war,
aber bei feierlichen Gelegenheiten, beim Gebet etwa, bediente er sich
des Französischen (des Provenzalischen? – seine Mutter war aus der
Provence). Ich war von jeher der Meinung gewesen, daß zu allem,
was ans Erhabene rührt, eine besondere Sprache gehört, die nichts
mit dem Alltag gemein hat. Daher suchte ich jetzt nach einer Sprache
für mein geplantes Werk, und schließlich wählte ich das Lateinische«
(E, S. 119).

Das Lateinische sei ein Material, das nicht tot, aber versteinert, monumental und allen Trivialitäten entzogen sei. Zudem kann es als phonetisches Material behandelt, nach Belieben zerstückelt, in seine einfachsten Elemente, die Silben, untergliedert werden. Und sind die alten Meister nicht auf vergleichbare Weise mit ihren Texten umgegangen? Die zufällige Genueser Lektüre wurde so zum auslösenden Faktor seines Opern-Oratoriums *Oedipus Rex* (1926/27). Schon der Gattungs-Titel (der die Gattungen der szenischen und der nichtszenischen Gestaltung weltlicher oder geistlicher Texte vereinigte) gab zu erkennen, daß *Oedipus Rex* eine fruchtbare Balance zwischen den Gattungen der Oper und des Oratoriums erstrebte und zu einer statischen Gestaltung tendierte.

Als Strawinsky nach Nizza zurückgekehrt war, wandte er sich an Jean Cocteau, um mit ihm über ein Sophokles-Projekt zu sprechen. Der Komponist benötigte einen universalen Stoff, der bekannt genug war, um ihm eine umständliche Exposition zu ersparen, und er erbat von Cocteau kein Handlungsdrama, sondern ein konventionelles Libretto mit Rezitativen und Arien, eine Art »Stilleben«. An Cocteaus Mitarbeit aber war ihm gelegen, weil er dessen *Antigone* (1922) sehr schätzte, eine komprimierte Fassung des Dramas, ein Versuch, »Griechenland aus dem Flugzeug zu fotografieren«. Jean Cocteau erinnerte sich:

»Wiedergefunden habe ich mich mit Strawinsky in umgekehrter Richtung: als er sich latinisierte und ich mich entlatinisierte (um irgend ins Freie zu gelangen). Aus dieser Begegnung erwuchs *Oedipus Rex*! Ich wohnte damals in Villefranche, Strawinsky und seine Familie in Montboron bei Nizza. Igor hatte sich latinisiert bis zu dem Wunsch, dem griechischen Drama eine lateinische Version zu geben. Der Abbé Daniélou kam mir dabei zu Hilfe; ich war nämlich immer ein schlechter Lateiner. Strawinsky nahm sich vor, eine Musik zu schreiben, ›gelockt wie der Bart des Zeus‹. Sie kennen dieses Werk, dessen musikalische Locken pures Gold sind. Abends fand ich Strawinsky in Montboron, zu Fuß pilgerte ich dann bis Villefranche zurück. Im Februar darauf unternahmen wir eine Reise in die Berge. Unser Fahrer sprach in Orakeln. Wir nannten ihn Tiresias. Sie sehen, diese Zusammenarbeit stellt sich mir als eine Freundschaft dar, die ganz aus dem Werk entstand, ähnlich der Freundschaft zwischen Strawinsky und Ramuz« (Cocteau, 1952, S. 7).

Jean Cocteau war staunenswert geduldig mit seinem Auftraggeber und schrieb sein Libretto zweimal um, nachdem Strawinsky den ersten Entwurf, »ein Musikdrama in hochtrabender Prosa«, abgelehnt hatte. Schließlich komprimierte Cocteau das Sophokleische Drama in 2 Akte und fügte die Rolle des Sprechers ein, der wie ein Conferencier im Frack den Fortgang der Handlung erläutert, in der jeweiligen Landessprache (im Original also französisch). Als Strawinsky mit der kompositorischen Arbeit begann, hatte er folgende Text-Disposition in Händen:

Prolog

Sprecher: »Man wird euch eine lateinische Version des ›König Oedipus‹ vorführen. Eure Aufmerksamkeit und euer Gedächtnis sollen jedoch nicht unnötig angestrengt werden. Auch gibt das Opern-Oratorium gewissermaßen nur ein lebendes Monumentalbild der Geschehnisse. Deshalb will ich euch das Drama des Sophokles in die Erinnerung zurückrufen:
Ohne sich dessen bewußt zu sein, kämpft Oedipus gegen die Mächte, die uns aus dem Jenseits bedrohen. Seit seiner Geburt haben sie ihn mit Schlingen umgarnt, die sich jetzt – vor euren Augen – vollends zusammenziehen werden. – Nun beginnt das Drama. – Theben liegt darnieder. Auf die Sphinx folgte die Pest. Von Oedipus erfleht der Chor die Errettung der Stadt. Oedipus, der die Sphinx besiegte, gelobt zu helfen.«

Erster Akt

1. *Chor der Männer von Theben*, der über die Pest klagt, die in der Stadt wütet.
2. *Arie des Oedipus.* Er verspricht Hilfe.

Sprecher: »Sehet dort Kreon, des Oedipus Schwager! Er war ausgesandt worden, den Orakelspruch zu erkunden. Das Orakel fordert Rache für die Ermordung des Laius. Der Mörder hält sich in Theben verborgen. Er muß um jeden Preis gefunden werden. Oedipus rühmt sich seiner Kunst im Rätsellösen – er wird den Mörder finden und vertreiben.«

3. *Arie des Kreon.* Der Mörder des Laius lebt in der Stadt, muß entdeckt und bestraft werden.
4. *Arie des Oedipus.* Er selbst will den Verbrecher aufspüren.

Sprecher: »Oedipus befragt den Quell der Wahrheit: Tiresias, den

Seher. Tiresias verweigert die Antwort. Er hat erkannt, daß die grausamen Götter Oedipus überlistet haben. Sein Schweigen empört Oedipus. Er beschuldigt Kreon, die Herrschaft mit Hilfe des Tiresias an sich reißen zu wollen. Ergrimmt über diese Verleumdung, beschließt Tiresias, nicht länger zu schweigen. Der Quell spricht, und die Prophezeiung lautet: ›Dem König gab ein König den Tod.‹«

5. *Chor.* Anrufung der Minerva (Athene), der Diana (Artemis) und des Phoebus (Apoll).

6. *Arie des Tiresias.* Er verkündet, daß der Mörder des Königs ein König sei.

7. *Arie des Oedipus.* Er ist über diesen Spruch empört.

8. *Chor.* Die Männer von Theben grüßen Jokaste bei ihrem Auftritt mit einem »Gloria! Laudibus regina Jocasta . . .«

In diesem ersten Akt bemüht sich der Komponist, die beiden Ebenen des Werkes, die liturgischen Chöre mit ihrer Tendenz zu rituellen Repetitionen und die liberamente sich entfaltenden Arien dialogisch aufeinander zu beziehen, er verschränkt die Anrufungen des Chores »Serva nos adhuc, serva urbem, Oedipus« (Noch einmal rette uns, rette die Stadt) mit dem selbstbewußten Diktum des Oedipus: »Liberi, vos liberabo« (Meine Kinder, erlösen werde ich euch).

Kompositorisch werden so gleichsam auch charakterisierende Standes- und Rang-Unterschiede gesetzt. Der »Freie«, König Oedipus, gibt sich auch als innerlich Freier durch eine Melodik quasi-improvisatorischer melismatischer Freizügigkeit zu erkennen. Und das »Oedipus«-Orchester, in dem die Bläser dominieren, umspielt seine Kantilenen mit jener punktierten oder synkopierenden Gestik, die Strawinsky als musiksprachliches Signum der Klassik des 18. Jahrhunderts setzt. Die Furcht und Ehrfurcht beweisenden, wie keuchend hervorgestoßenen, syllabischen Artikulationen des Chors der Männer aus Theben werden bei ihren ersten Anrufungen vom Orchester mit formelhaften Fortissimo-Setzungen (b', c''', a'', b'', a') unterstützt, später meist von Pauken, von der Harfe und vom Klavier metrisch akzentuiert. Gelegentlich wird der grundsätzlich zweistimmige Chor (Bässe und Tenöre) der Männer zu chorischen Unisoni gebündelt, zur Vierstimmigkeit erweitert oder, sich aus der Erstarrung lösend, in sich verselbständigenden melismatischen Linien à la Verdi geführt. Der Chor, das ist einerseits die bittend-besorgte Stimme des Volkes; andererseits hat er die Funktion, die Auftritte der Großen mit rezitativischen Wendungen vorzubereiten, etwa den Auftritt des Kreon: »Vale, Creo, audimus« (Heil, Kreon, wir hören dich).

Noch empören die Auftritte seines Schwagers Kreon und des Tiresias den König und bestärken ihn in seinem Selbstbewußtsein. Und es ist interessant, daß Strawinsky die Gegenspieler des Oedipus musikalisch als selbstbewußte, aufrechte Männer charakterisiert, Kreon beispielsweise in seiner berühmten Arie, die zunächst in purem C-Dur erstrahlt, um sich dann nach f-Moll, c-Moll und in die Doppel-Dominant-Region für Augenblicke einzutrüben.

Bsp. 54 *Oedipus Rex*, Arie des Kreon. Klavierauszug, S. 15
(Boosey & Hawkes)

Auch Kreons Mitteilung über den Spruch Apollos wird vom Orchester mit akzentuierten Figuren, später mit punktierter Gestik, triolischen Formeln oder der Unisono-Unterstützung des Baß-Baritons durch Blechbläser kompositorisch reich begleitet. Ähnliches ist beim Auftritt des Tiresias zu beobachten, der zunächst mit einer unruhigen Achtel-Figuration des Fagotts begleitet wird [69].

Im zweiten Akt, der ähnlich gegliedert ist wie der erste und der die ungeheuerliche Wahrheit enthüllt, gerät Oedipus in das enervierende Bewußtsein seiner schicksalhaften Verstrickung. Die große Verteidigungsrede der Jokaste, man solle sich vor den Orakeln hüten, die doch immer lügen würden, endet mit dem Hinweis auf den früheren Orakelspruch, daß ihr Sohn den Laius töten werde; Laius sei aber an einem Kreuzweg von einem Unbekannten getötet worden.

Jetzt reagiert Oedipus beunruhigt: »Sprachst du von einem Kreuzweg? Getötet habe ich einen alten Mann, als ich herkam aus Korinth, an einem Kreuzweg tötete ich ihn, ich tötete einen alten Mann, Jokaste.« Ein Bote tritt auf und berichtet, daß Oedipus nur der Adoptivsohn des verstorbenen Königs Polybos sei, und ein Hirte bestätigt, daß Oedipus als Kind, mit gefesselten Füßen von seiner Mutter ausgesetzt, auf dem Kithairongebirge gefunden und zu König Polybos gebracht worden sei. Die schreckliche Wahrheit hörend – »Er ist der Sohn des Laius und der Jokaste« –, zieht sich Jokaste zurück und erhängt sich. Oedipus geht ab mit den Worten »Lux facta est« (Alles ist ans Licht gekommen). Ein letztes Mal tritt der Sprecher auf und erläutert, mehrmals von Posaunen-Fanfaren unterbrochen, daß nun die Nachricht des Boten (»Die göttliche Jokaste ist tot«) folge und ein Epilog, in dem Oedipus als inzestuöses Monster, Mörder des Vaters und Wahnsinniger offenbar werde. »Lebe wohl, Oedipus, wir haben dich geliebt.«

In seinen Gesprächen mit Craft klagte Strawinsky später über die mannigfachen Auftritte des Conferenciers, die den Fluß des Opern-Oratoriums allzu oft unterbrächen, und über Cocteaus Texte, die unscharf und ungenau seien. Er mag an Cocteaus Unterdrückung des ausführlichen Streitgespräches zwischen Kreon und Oedipus gedacht haben oder an die späte Enthüllung der Schuld des Oedipus, die bei Sophokles sehr bald nach dem Auftritt des Tiresias am Beginn des Dramas erfolgt: »Den Mörder des Mannes nenn ich dich, nach dem du forschst.« Als er mit der Komposition des Opern-Oratoriums begann, habe er eine stufenweise Gliederung der musikdramatischen

Entwicklung vor Augen gehabt, einen Ablauf von Rezitativen und Arien, in dem jede Arie einen Brennpunkt in der Entwicklung des Dramas markieren würde. Während der Arbeit hätten ihn auch präzise Vorstellungen über die Ausgestaltung der Bühne, die optische Umsetzung des Werkes begleitet.

Zunächst hatte er die Akteure in einer Reihe sitzend vor sich gesehen – aufgereiht von einer Bühnenseite zur anderen. Dann sollten die Akteure, ihrer gesellschaftlichen Stellung gemäß, auf unterschiedlichen Ebenen hinter dem Chor auf Kothurnen stehen.

»Aber Akteure ist das falsche Wort. Denn niemand agiert, und das einzige Individuum, das sich überhaupt bewegt, ist der Erzähler, und das nur, um seine Andersartigkeit gegenüber den anderen Bühnenfiguren zu zeigen. *Oedipus Rex* mag wegen seines musikalischen Inhalts erfolgreich sein oder nicht, aber es ist keine opernhafte Oper im Sinne üblicher Bewegungsvorstellungen. Die Personen des Stückes beziehen sich nicht durch Gesten aufeinander, sondern durch Worte. Sie wenden sich nicht einander zu, um ihren Äußerungen zu lauschen, sondern wenden sich direkt an das Auditorium« (D, S. 23).

In der Partitur wird auf den Bühnenbild-Entwurf des Strawinsky-Sohnes Théodore – eine statische Konzeption – hingewiesen, die nur die Köpfe des Chors freigibt und den anderen Personen ein Minimum an Auftrittsmöglichkeiten zubilligt: »Der Vorzug dieses Bühnenbildes besteht darin, daß jede Tiefe fehlt und die Stimmen nicht verhallen können. Die ganze Handlung spielt sich im Vordergrund ab« (Vorwort der Partitur).

Wie der Komtur in Mozarts *Don Giovanni*, sollten die Sänger während ihrer Arien angeleuchtet werden und so gleichsam den Charakter von Statuen annehmen. Opernverismus verabscheue er, meinte Strawinsky, aber er ist überzeugt, daß die von ihm favorisierte statische Präsentation des Stoffes dem Drama adäquat sei. Denn so werde die Tragödie nicht auf Oedipus und die anderen Personen allein konzentriert, sondern auf die schicksalhafte Entwicklung, und darin liege für ihn die Bedeutung des Stoffes. Es gehe um die Porträtierung der Individuen als Opfer der Umstände.

»Kreuzwege sind überpersönlich, sind geometrisch, und die Geometrie der Tragödie, die unentrinnbare Überschneidung der Wege, das war es, was mich interessierte« (D, S. 24).

Dessin de THÉODORE STRAWINSKY

Bühnenbildentwurf zu *Oedipus Rex* von Théodore Strawinsky

Nachdem das »Gloria«, das den ersten Akt beendete, zur Eröffnung des zweiten Aktes ein zweites Mal erklungen ist, beginnt Jokaste ihre Arie, in der sie die Äußerungen des Tiresias zurückweist, die Wahrhaftigkeit von Orakeln bezweifelt und erläutert, daß ihr früherer Gatte an einem Kreuzweg getötet worden sei.

In diesem zweiten Teil des Opern-Oratoriums ist nun zu beobachten, wie der Komponist den Wechsel von Chorpartien und Arien, den hier gesetzten Wechsel zwischen der liturgischen Funktion des Chores (die ja der in der griechischen Tragödie entspricht) und dem Liberamente-Stil der – großen Akzente setzenden – Arien zunehmend verdichtet. Die intendierte Konzeption des Wechsels von Rezitativen und Arien hat Strawinsky ohnehin nicht komponiert. Es sei denn, man billige den Chor-Partien eine rezitativische Funktion zu.

Im zweiten Akt findet sich das einzige Duett (zwischen Jokaste und Oedipus), und die Orchesterbegleitung, die sich im ersten Akt meist auf figurative Formeln beschränkte, öffnet sich hier größerer Differenziertheit und Farbigkeit der musiksprachlichen Mittel. Sie reichen vom akzentuierten Signal zum gestisch aufgelösten Satz, zur rituellen Repetition, aber weiten sich auch zur integrativen großen Arie und zur großen Szene.

Das mag an der ersten Arie der Jokaste näher erläutert werden. Sie ist dreiteilig, als A – B – A'-Anlage gegliedert und wird mit einem neobarokken Rezitativ eingeleitet, dessen Begleitung von der dominierenden Harfe zum dichten Streichersatz wechselt.

Darauf folgt der eigentliche A-Teil der Arie, der sich in zwei Viertakt-gruppen in engen Intervallen zunächst um g' dreht, sich allmählich von g' zu g" mit großem dramatischen Potential und mit verdischer Gestik ent-faltet – den gesamten Registerraum des Mezzosoprans von a bis zum zweigestrichenen g nutzend. Daran schließt sich ein in sich differenziert gegliederter, ab [100] im Tempo angehobener B-Teil (Vivo). Er beginnt mit der wiederholten Versicherung, daß Orakel-Sprüche nichts bewiesen, und steigert sich in jene »Oracula, oracula«-Beschwörung hinein, die sich allmählich zum Arioso weitet und schließlich in den dritten Formteil A' einmündet [110]; der den Arienbeginn wieder aufnimmt und zuletzt die Stimme der Jokaste mit den Stimmen der Tenöre und Bässe bei dem Schlüsselwort »Trivium« vereinigt [114] und von dort zur Frage des Oedipus [118] geführt wird: »Jocasta audi: locuta es de trivio? Ego senem kekidi, cum Corintho exkederem« (Jokaste, höre mich: Sprachst du von einem Kreuzweg? Getötet habe ich einen alten Mann, als ich herkam von Korinth).

Am Ende kehrt das Opern-Oratorium zu jenen schicksalsmächtigen dumpfen Dreier-Akzentuierungen zurück, mit denen das Drama begon-nen hatte.

In einer Kollektiv-Kritik, in der sich Mersmann, Schultze-Ritter, Strobel und Windsperger zur Berliner Premiere des *Oedipus Rex* (Kroll-Oper 1928) äußerten, wurde auch das Problem der Heterogeni-tät der hier genutzten stilistischen Mittel diskutiert. Ein Problem, zu dem Strawinsky sich nur zögernd äußerte, sich lediglich erinnernd, daß ihm in jenen Tagen der kompositorischen Arbeit Verdi vielleicht besonders nahe war. Die Partitur sei wie ein *Merz*-Bild, zusammen-gesetzt aus dem strukturiert, was zuhanden war. Ist *Oedipus* eine künstliche Perle? Aber sind wir heutzutage nicht allesamt hochgradig konditionierte, vielfältig vorgeprägte Austern?

In der Berliner Kritik einigten sich die Experten auf folgende Cha-rakterisierung des Opern-Oratoriums:

»Im Gegensatz zu der kantabilen Sprache der Singstimmen ist der Chorsatz überwiegend von psalmodierender Monotonie. Er ist der Träger der rhythmischen Kräfte. Die Beschränkung auf die Männerstimmen gibt ihm einen stumpfen, unsinnlichen Klang. Kurze rhythmische Zwischenrufe stellen sich gegen die Einzelgesänge und begrenzen die Formkomplexe.

Der Orchesterklang gehört zu den überraschendsten Zügen des Werkes. Das Partiturbild ist klar und durchsichtig, fast nüchtern. Wie das Orchester auf jede klangmalerische Wirkung verzichtet, so hält es sich in der Melodik frei von aller thematischen Entwicklung. Die Motive tragen in stilisierter Unbeweglichkeit die einzelnen Teile des Formablaufs. Zu den Merkmalen des Orchesterstils gehört vor allem das Übergewicht sämtlicher Blasinstrumente über die Streicher.

Trotz der absoluten Geschlossenheit des gesamten Werkes kann man nicht von einer stilistischen Einheit reden. Der schöpferische Stilwille Strawinskys bindet Stilwerte aus den entgegengesetztesten Zonen (Gregorianik, russische Volksmusik, auch italienische Oper). Klassizistische Einfachheit bewirkt das Vorherrschen einer neuen, gereinigten Tonalität. Sie überwindet die Spannungen der harmonischen Funktionen und gelangt zu absoluten Kadenzierungen: Chromatik wird als Spannung ausgeschaltet und tritt nur ornamental oder als reine bewegende Kraft in Erscheinung: Das Zusammenwirken der hier gekennzeichneten stilistischen Merkmale ergibt ein Kunstwerk, das über alles Experiment hinaus von der Antike aus zu der denkbar gegenwärtigsten Lösung des Opernproblems gelangt und Endgültigkeit in sich trägt« (in: *Melos* 7, 1928, H. 4, S. 182 f.).

Perséphone

Tanz-Melodram in drei Szenen auf einen Text von André Gide nach Homer, für Tänzer, Sprecherin, Tenor, zweistimmigen Knabenchor, vierstimmigen gemischten Chor und Orchester

Uraufführung: Paris, Théâtre de l'Opéra, 30. April 1934 (Dirigent: Igor Strawinsky; Choreographie: Kurt Jooss; Ausstattung: André Barsacq).

I *Perséphone ravie* (Die Entführung der Persephone) – II *Perséphone aux enfers* (Persephone in der Unterwelt) – III *Perséphone renaissante* (Wiedergeburt der Persephone)

Strawinskys *Perséphone* wurde von Ida Rubinstein in Auftrag gegeben und von ihrer Truppe an der Pariser Oper uraufgeführt. Es ist ein Melodram in drei Teilen für eine Rezitatorin (die Göttin Persephone)

und Tenor (den eulisinischen Priester Eumolpos). Das Melodram, das traditionell von der musikalischen Begleitung einer Sprechstimme lebt, wird hier um die Nuancen einer Erzählerpartie des Tenors und den kontinuierlichen Einsatz des Chors erweitert.

Der von André Gide überarbeitete Text eines alten Stoffes bezieht sich auf die Homerische Hymne an Demeter. Nach dieser Quelle wird »Persephone, die Tochter der Erdmutter Demeter [und des Zeus], von Hades entführt ... Befangen im Spiel mit den vollbusigen Töchtern des Okeanos [auf der Insel Sizilien], pflückte sie Blumen-Rosen und Krokus, der Veilchen gar schöne in der samtweichen Wiese, Lilien und Hyazinthen und auch die Narzissen, die der Erde entsprossen zur Verlockung des lieblichen Mädchens ... Märchenhaft blühten die Blumen, ein Wunder des Anblicks für jeden, ob unsterblicher Gott oder todesbeladener Mensch ... Die Maid war berückt, und sie streckte die Hände, die beiden, nach dem reizvollen Spielzeug; aber auf klaffte die Erde, und es entsprang ihr der Prinz ... Ihrem Willen entgegen packte er sie und entführte die Weinende in seinem goldenen Wagen; sie aber rief gellend um Beistand, anrufend den Kronos, den Vater, der Götter höchsten und besten« (Craft, Begleitheft ›Oratorio – Melodrama‹ zur Igor Strawinsky Edition [Sony], S. 19).

Bei Gide akzeptiert Perséphone ihr Schicksal, Liebe und Erbarmen in die Unterwelt bringen zu können. Sie wird von Pluto, dem Herrscher der Unterwelt, nicht entführt, sondern der Duft der nachtschwarzen Narzisse, die sie gebrochen hatte, ruft ihr die Welt des Leidens ins Bewußtsein, und sie entschließt sich, dem Ruf der Schatten zu folgen und Plutos Gattin zu werden. In der 2. Szene nimmt sie den Rat der Schatten an, auf die mitgebrachte Narzisse zu schauen, um so mit ihrer Mutter und der oberen Welt in Kontakt bleiben zu können. Fortan teilt sie ihr Leben zwischen der Unterwelt und der lichten Welt des Frühlings, feiert mit ihrer Mutter und den Nymphen im Tempel der Demeter.

Am Tag vor der Uraufführung des Werkes, die Gide nicht besuchte, weil er mit Strawinskys Textbehandlung nicht einverstanden war, hatte sich der Komponist in folgender Weise über seine kompositorische Position zu Beginn der dreißiger Jahre geäußert (im *Excelsior*, Paris, 29. April 1934):

»Ich muß das Publikum darauf aufmerksam machen, daß ich Orchestereffekte als Mittel zur Verschönerung hasse. Man soll nicht darauf warten, von verführerischen Klängen berückt zu werden.

Die Brio-Eitelkeit habe ich längst abgelegt ... Diese Partitur, so wie sie geschrieben ist und wie sie in den Musikarchiven unserer Zeit bleiben muß, bildet ein unlösliches Ganzes mit den Bestrebungen, die ich in meinen früheren Arbeiten verfolgte. Sie ist die logische Fortsetzung von *Oedipus Rex*, der *Psalmensinfonie*, des *Capriccio*, des *Violinkonzerts* und des *Duo concertant*, deren musikalische Eigengesetzlichkeit durch das Fehlen einer Bühnenhandlung in keiner Weise beeinflußt wird. *Perséphone* ist die gegenwärtige Manifestation dieser Bestrebungen ... All dies ist keineswegs eine Laune von meiner Seite. Ich bin auf einem vollkommen sicheren Weg. Daran ist nichts zu kritisieren. Man kritisiert nicht jemanden, der seine Funktion erfüllt. Eine Nase ist nicht gemacht, sie ist einfach da. So auch meine Kunst.«

André Gide und Igor Strawinsky in Wiesbaden (1933)

Paul Valéry, den der Komponist um freundschaftliche Beihilfe in seinem Streit mit Gide gebeten hatte, bestätigte ihn in seiner Ansicht, daß der Musiker das Recht habe, »lockere und ungebundene Prosodien (wie die von Gide) den eigenen musikalischen Vorstellungen entsprechend zu behandeln, auch wenn diese Vorstellungen zur Verzeichnung der Phrasierung oder zur Aufteilung der Worte in Silben führt« (G, S. 114). Und nach der Aufführung der *Perséphone* bestätigte Valéry in einem Brief (2. Mai 1934) an Strawinsky den großen Eindruck des Melodrams: »Es erscheint mir, als ob das, was ich bisweilen auf den Wegen der Dichtkunst suchte, von Ihnen in Ihrer Kunst verfolgt und erreicht wird. Das Entscheidende besteht darin, Reinheit durch den Willen zu erreichen. Sie haben es bewundernswert gut in Ihrem Artikel von gestern ausgedrückt, der mir das größte Vergnügen bereitete. *Lang lebe Ihre Nase!*«

In Strawinskys *Gesprächen* findet sich auch eine interessante Klarstellung des Komponisten über seinen kompositorischen Umgang mit Texten, zum Thema »Musik und Wort«, das ihn während seiner problematischen Zusammenarbeit mit Gide beschäftigt hatte:

>»Nicht daß diese Ansichten schwierig oder dunkel oder nur originell gewesen wären; im wesentlichen hatte ihnen schon Beethoven Ausdruck gegeben, als er seinem Verleger schrieb: ›Musik und Wort sind ein und dasselbe.‹ Worte verlieren durch die Verbindung mit Musik etwas von den rhythmischen und klanglichen Beziehungen, die sich beim ausschließlichen Gebrauch als Worte einstellen; oder vielmehr: an Stelle dieser Beziehungen treten andere – eben eine neue ›Musik‹. Ihr Sinn bleibt zweifellos der gleiche, aber neben ihrem Sinn haben sie auch eine magische Bedeutung, und diese Magie verwandelt sich durch die Verbindung mit der Musik. Ich will damit keineswegs sagen, daß ein Komponist nicht auch Wirkungen rein wortgemäßer Beziehungen in der Musik beibehalten oder nachahmen könnte; ich habe das selbst gemacht, wo die Versform dies durch ihre Genauigkeit fordert oder wo das Versmaß auch die musikalische Form nahelegt (wie im [Shakespeare-]Sonett *Music to Heare*). Aber diese Auffassung bringt etwas von dem mit sich, was in der Redensart ›Worte in Musik setzen‹ zum Ausdruck kommt, nämlich eine begrenzte, verschlechternde Umschreibung, die sich sicherlich so weit von Beethovens Ansicht wie von meiner eigenen entfernt. [...] (Gide) hatte erwartet, daß der *Perséphone*-Text mit genau

Bsp. 55 *Perséphone*. Partitur, S. 14 (Boosey & Hawkes)

den gleichen Betonungen gesungen werden sollte, wie er sie sich bei einer Rezitation vorstellte. Er glaubte, meine musikalische Aufgabe bestünde darin, die Wortprägungen nachzuahmen oder zu unterstreichen: Ich sollte lediglich die Tonhöhe für die Silben finden, da er der Meinung war, er selbst habe ja den Rhythmus bereits komponiert. Die Tradition von *poesia per musica* sagte ihm nichts. Und da er nicht verstand, daß Dichter und Komponist zusammenarbeiten, um die *eine* Musik zu schaffen, war er nur entsetzt über die Widersprüche zwischen seiner und meiner Musik« (G, S. 113).

Für Aufführungen des Melodrams machte Strawinsky in einem Gespräch mit Craft folgende Vorschläge:

»Die Sprecherin der Perséphone sollte auf einem festen, dem des Eumolpus entgegengesetzten Platz stehen, und es sollte sich zwischen ihnen die Illusion von Bewegung bilden. Der Chor sollte von ihnen entfernt stehen und sich aus den Aktionen heraushalten. Die daraus resultierende Trennung von Text und Bewegung würde bedeuten, daß die Bühneneinrichtung nach choreographischen Maßstäben erfolgen sollte« (D, S. 37). Pluto und Merkur sowie Demeter und Tryptolemus sollten auf der Bühne erscheinen, obwohl sie bei der Premiere nicht präsent waren.

Es ist von der Musik der *Perséphone* behauptet worden, daß sie einem feingliedrigen musikalischen Hellenismus huldige, der Strawinskys Neigung zu tonalen musiksprachlichen Wendungen, wie sie in *Apollon musagète* und in *Le Baiser de la fée* zu beobachten waren, fortsetze. Die hier komponierte Süße, vom ohnehin problematischen Genre des Melodrams abgesehen, und der Sprung danach in die Härte seines *Konzerts für zwei Klaviere* (1935) deutet indes eher auf eine ästhetische Sackgasse als auf neue kompositorische Horizonte. Strawinsky selbst erläuterte, daß er ein altes Manuskript aus dem Jahre 1917 für *Perséphone* genutzt habe, und antwortete auf die Frage Crafts, was er denn heute von der Verwendung von Musik als Begleitung einer Rezitation halte: »Fragen Sie nicht. Sünden können nicht ungeschehen gemacht, sondern nur vergeben werden« (vgl. *Conversations*, 1959, S. 24).

Ballette

Apollon musagète

Ballett in zwei Bildern, für Streichorchester, nach einem Libretto von Igor Strawinsky

Uraufführung: Washington (D. C.), 27. April 1928 (Dirigent: H. Kindler; Choreographie: Adolph Bolm; Ausstattung: H. Remissow).

Europäische Erstaufführung: Paris, Théâtre Sarah Bernhardt, 12. Juni 1928 (Dirigent: Igor Strawinsky; Choreographie: George Balanchine; Ausstattung: André Bauchant).

Personen: Apollon; Kalliope; Polyhymnia; Terpsichore; Leto; Nymphen.

Im Jahre 1927 bekam Strawinsky von der amerikanischen Mäzenin Elisabeth Sprague Coolidge den Auftrag, für das Washington Festival of Contemporary Music ein halbstündiges Ballett zu schreiben. Ein Auftrag, den er mit der Präzision, die von Filmkomponisten gefordert wird, erfüllte.

»*Apollon musagète* ist ein Stück ohne Intrigen. Es ist ein Ballett, dessen choreographische Handlung sich aus dem Thema entwikkelt. ›Apollon musagète‹ bedeutet Apollon, Anführer der Musen, der in jeder von ihnen ihre Kunst entwickelt. Das Ballett beginnt mit einem kurzen Prolog, der die Geburt des Apollon darstellt. Die Geburtswehen überkommen Leto. Sie wirft ihre Arme um einen Baum, sie drückt ihre Knie auf einen weichen Rasen nieder, und das Kind springt ans Licht. Zwei Nymphen eilen herbei, um Apollon zu begrüßen, geben ihm einen weißen Schleier als Windeln und einen goldenen Gürtel. Sie reichen ihm Nektar und Ambrosia und nehmen ihn mit zum Olymp. Ende des Prologs.

Apollon bleibt allein, er tanzt (Variation). Am Ende seines Tanzes erscheinen Kalliope, Polyhymnia und Terpsichore: Apollon verleiht jeder eine Gabe (Pas d'action). So wird Kalliope die Muse der Dichtkunst, Polyhymnia die Muse der Gebärde und Terpsichore zur Muse des Tanzes. Sie bieten ihm nacheinander ihre Kunst dar (Variation). Apollon empfängt sie mit einem Tanz zu Ehren dieser neu geborenen Künste (Variation).

Terpsichore, die die Dichtkunst und die Gebärdenkunst in sich vereint, findet den Ehrenplatz an der Seite des Musagète (Pas de deux). Die anderen Musen verbinden sich mit Apollon und Terpsichore in einem Tanz, indem sich alle drei um ihren Anführer scharen (Coda).
Diese allegorischen Szenen enden mit einer Apotheose, in der Apollon die Musen, Terpsichore an der Spitze, zum Parnaß führt, der von nun an ihr Zuhause sein wird« (Strawinsky, Programmeinführung 1928).

In einem längeren Abschnitt seiner *Erinnerungen* erläuterte Strawinsky auch ausführlich seine Absichten bei der Komposition des Balletts. Als Thema habe er Apollon musagète, den Gott, der die Musen unterwies, gewählt und die Zahl der neun Musen auf drei beschränkt, weil diese drei die Kunst der Choreographie am trefflichsten darzustellen vermögen: Kalliope, die Muse der Dichtkunst, wache auch über die rhythmischen Gesetze, Polyhymnia sei die Muse der Gebärde, der beredten Gesten, und Terpsichore vereine den Rhythmus der Dichtkunst mit der Beredsamkeit der Geste und offenbare der Welt den Tanz.

»Aus Bewunderung für die lineare Schönheit des klassischen Tanzes hatte ich mich für die strenge Form des Balletts entschieden, und dabei dachte ich vor allem an das ›weiße Ballett‹ (Ballet blanc), bei dem sich meiner Ansicht nach das Wesen dieser Kunst am klarsten offenbart. Ich glaubte in ihm eine Frische zu finden, die daher rührt, daß die bunten Farben und der überladene Prunk aus ihm verbannt sind. Das reizte mich, meiner Musik den gleichen Charakter zu geben, und am meisten schien mir dazu die diatonische Schreibweise zu passen. Die Klarheit dieses Stils bestimmte auch die Wahl der Instrumente« (E, S. 127).

Strawinsky entschied sich für ein Streicher-Ensemble, weil er die Möglichkeiten eines reinen Bläser-Ensembles in Kompositionen der letzten Jahre ausführlich genutzt hatte, und er verzichtete auf das große Orchester, weil dessen Zusammensetzung aus unterschiedlichen instrumentalen Gruppen für seine Absichten zu kontrastreich schien. Bedenkt man, was der Komponist über die besonderen Möglichkeiten von Bläser-Ensembles geschrieben hatte, daß sie kontrapunktische Verläufe verdeutlichen und ein plastisches Bild der kompositorischen Strukturen zu vermitteln vermögen, dann mag erstaunen, daß Strawinsky nun die Möglichkeiten eines Streicher-Ensembles favorisierte:

»Es lockte mich, eine Musik zu komponieren, bei der das melodische Prinzip im Mittelpunkt steht. Welche Freude, sich wieder dem vielstimmigen Wohllaut der Saiten hinzugeben und aus ihm das polyphone Gewebe zu wirken, denn durch nichts wird man dem Geist des klassischen Tanzes besser gerecht, als wenn man die Flut der Melodie in den getragenen Gesang der Saiten ausströmen läßt« (E, S. 128).

Wie bedeutsam die von Strawinsky gewählte Balance zwischen den sechs Gruppen der insgesamt 34 Streicher (je 8 erste und zweite Violinen – 6 Bratschen –, je 4 erste und 4 zweite Violoncelli – 4 Kontrabässe) für das Klangbild ist, erlebte der Komponist anläßlich einer *Apollon*-Interpretation in Berlin 1930 unter Otto Klemperers Leitung. Während der Probe verwirrte den Komponisten ein brausender Lärm als Resultat einer zu starken Streicher-Besetzung.

Jahre später, in einem Brief an Balanchine (22. November 1935), empfiehlt Strawinsky ein 37köpfiges Streicherensemble folgender Zusammensetzung: 8, 8 – 6 – 5, 5, – 5. Nunmehr plädierte der Komponist also für eine leichte Verstärkung der Baß-Region.

Als Diaghilew Strawinsky während der Arbeit an *Apollon* im September 1927 in Montboron besuchte, war er von der neuen Arbeit zunächst begeistert:

»Es ist, wie zu erwarten war, ein erstaunliches Werk von ungewöhnlicher Ruhe und Klarheit, wie er sie bis jetzt noch nicht erreicht hat«, schrieb er am 30. September 1927 an Sergej Lifar, den ersten Apollo in der Choreographie Balanchines.

»Durchsichtige, deutlich profilierte Themen sind von einem kontrapunktischen Filigran umgeben; alles in Dur. Die Musik ist nicht von dieser Welt, sondern von irgendwoher oben. Seltsam, obwohl dieser erste Teil ein langsames Tempo hat, entspricht er doch vollkommen den Erfordernissen des Tanzes. In Ihrer ersten Variation gibt es einen kurzen schnellen Satz – Sie werden 2 Variationen bekommen –, und der Anfang wird zu einem unbegleiteten Violin-Solo getanzt. Sehr bemerkenswert. Man spürt ein wenig Glinka und zum anderen italienische Musik des 16. Jahrhunderts heraus, allerdings ohne beabsichtigte Russianismen« (zit. nach: White, 1949, S. 152).

Apollon Musagète: Sergej Lifar als Apollon in der Uraufführung, 1928

Während einer Tournee des Ballets ließ Diaghilew dann aber die ›Variation der Terpsichore‹, sehr zum Ärger Strawinskys, eliminieren – die Musik habe Diaghilew mißfallen, urteilte der Komponist später gegenüber Craft. In einem Brief an Miaskowsky (9. Juli 1928) hatte sich auch Prokofieff bereits kritisch geäußert:

»Ich bin von *Apollo* enttäuscht. Das musikalische Material ist armselig und ist den Taschen von Gounod, Delibes, Wagner und sogar Minkus entnommen worden. Alles ist rechtens und meisterlich präsentiert, aber Strawinsky versäumte das Wichtigste, und das Werk ist ein schrecklicher Langweiler. Dennoch, auf der letzten Seite vermag er zu glänzen und gestaltet sein scheußliches Thema so, daß es für sich einnimmt. Im Klavierauszug kommt es nicht heraus, man benötigt (zu dieser Einsicht) die Partitur« (PD, S. 277).

In seinen Gesprächen mit Craft (D, S. 33 f.) erläuterte Strawinsky, daß der Versbau der eigentliche Gegenstand des Balletts sei, etwas, was für die meisten als eher willkürlich und künstlich gilt. Aber für ihn sei Kunst generell nun einmal willkürlich und künstlich. Die grundlegenden rhythmischen Muster von *Apollon* seien jambisch und die individuellen Tänze als Variationen des umkehrbaren jambischen punktierten Rhythmus-Gedankens zu denken. *Apollon* sei zudem eine Huldigung an die französische Musik des 17. Jahrhunderts.

Andernorts erläuterte Strawinsky, daß die Verwendung von punktierten Rhythmen in den Werken, die sich der griechischen Mythologie zuwenden – *Apollon, Oedipus, Orpheus, Perséphone*; aber auch in seinem *Klavierkonzert* –, als bewußter stilistischer Hinweis auf die Musik des 18. Jahrhunderts zu verstehen sei.

»Meine Absicht war, eine neue Musik nach dem Vorbild der Klassik im 18. Jahrhundert zu schaffen. Dabei bediente ich mich der konstruktiven Prinzipien jener Klassik (die ich hier nicht näher erläutern kann), die ich auch mit stilistischen Mitteln, beispielsweise durch Verwendung punktierter Rhythmen, erzielen wollte« (G, S. 173).

Es ist interessant, daß Strawinsky, bevor er mit der Komposition begann, seinen Berliner Verleger um vierhändige Arrangements von Mozart- und Beethoven-Quartetten bat, um Klavierauszüge der Bachschen *Johannes-* und *Matthäus-Passion*, vierhändige Klavier-Versionen der ersten drei Sinfonien sowie zweier Suiten von Tschaikowsky, um den Klavierauszug von Rimski-Korsakows Oper *Schnee-flöckchen* (1881) und einen damals gerade in der UdSSR erschienenen Band mit Briefen Tschaikowskys.

Am sinnfälligsten ist jene jambische Orientierung der Partitur in der ersten Nummer, *Naissance d'Apollon*, und in der letzten Nummer, in der *Apothéose*, zu beobachten.

NAISSANCE D'APOLLON

Bsp. 56 *Apollon musagète*. Partitur, S. 1 (Boosey & Hawkes)

Das erste Bild ist dreiteilig gegliedert und der erste Formteil vollständig aus auftaktigen, auf- oder absteigenden motivischen Gesten zusammengesetzt, die gelegentlich mit einem Triller abgeschlossen werden.

Vor [4] ergibt sich dann ein Wechselspiel zwischen einer anapästischen Tonrepetition und den jambischen Motiven. – Beim Auftritt der beiden Nymphen, die die ersten Schritte des jungen Apollo stützend begleiten, wird der zweite, im Tempo angehobene Formteil mit einer neuen dreitaktigen Melodie eröffnet (s. Bsp. 57). Bei [15] kehrt der Komponist zum modifizierten Beginn, A', zurück.

Bsp. 57

Die *Apothéose* am Schluß des Balletts ist zwar ebenfalls dreigliedrig, entbehrt aber der Symmetrie. Sie beginnt mit auftaktigen Akkord-Akzenten, wird mit einer gelassen absteigenden Melodie fortgesetzt und mündet vor [99] in jene inzwischen recht verbraucht scheinende jambische Kurz-Motivik ein, die von den tremolierenden Stimmverläufen der 2. Violinen und der Violen mit dämonisierendem Glanz ausgestattet werden.

Die Pariser Erstaufführung des Balletts leitete Strawinsky selbst, und er war über den großen Erfolg und insbesondere mit der Arbeit Balanchines – mit ihm wird Strawinsky in Amerika noch mehrfach zusammenarbeiten –, aber auch mit der Gestaltung des Apollon-Solisten Sergej Lifar sehr zufrieden.

Le Baiser de la fée (Der Kuß der Fee)

Allegorisches Ballett in vier Bildern auf ein Libretto von Strawinsky nach Hans Christian Andersen und Peter Tschaikowsky, für Orchester, 1928

Uraufführung: Paris, Théâtre de l'Opéra, 27. November 1928 (Dirigent: Igor Strawinsky; Choreographie: Bronislawa Nijinska; Ausstattung: Alexandre Benois).

Personen: Die Fee; die Geister der Fee; ein junger Mann; seine Braut; seine Mutter und das Kind; Bauern und Bäuerinnen; Freundinnen der Braut; Musikanten beim Fest.

Der Gedanke, eine »Tschaikowskyana« zu schreiben, wurde dem Komponisten von Alexandre Benois und Ida Rubinstein nahegebracht. Die Ballettchefin und Mäzenin wünschte sich ein Ballett zum Gedenken des 35. Todestages von Tschaikowsky. In einem Brief an Strawinsky (12. Dezember 1927) verwirft der Bühnenbildner Alexandre Benois den Gedanken, Tschaikowsky durch die Bearbeitung sinfonischen Materials zu ehren. »Etwas ganz anderes wäre es, wenn man Klavierstücke nähme, die man einem bekannten Sujet unterordnen könnte oder – noch besser – zu denen, nachdem sie durch rein musikalische ›affinités‹ verbunden worden sind, ein Sujet auszusuchen wäre« (zit. nach Smirnov, 1994, S. 28). Strawinsky, der am Beginn der zwanziger Jahre für Diaghilew zwei Nummern des Balletts *Dornröschen* orchestriert und die kompositorischen Qualitäten Tschaikowskys mehrfach polemisch gegen die der Gruppe der »Fünf« (vgl. S. 184) verteidigt hatte, reagierte begeistert auf den Vorschlag seines alten Freundes, der Mitte der zwanziger Jahre die Sowjetunion verlassen hatte und nach Paris gekommen war. Strawinsky befreundete sich auch mit der von Benois vorgeschlagenen Liste von Klavierstücken (s. Smirnov, S. 28) und erweiterte sie um Liedkompositionen Tschaikowskys. Einziges Kriterium seiner Auswahl der Tschaikowsky-Kompositionen, die er in das Ballett integrierte: sie sollten von Tschaikowsky noch nicht orchestriert worden sein. Die ausgewählten Kompositionen waren (s. Anhang C in ED, S. 158):

> »Scherzo à la russe«, op. 1, Nr. 1, für Klavier. – Aus Opus 6: »Painfully and Sweetly« (Nr. 3) und »None but the Lonely Heart« (Nr. 6), für Singstimme und Klavier – »Humoresque«, op. 10, Nr. 2, für Klavier. – Aus Opus 19: »Evening Reverie« (Nr. 1), »Scherzo humoristique« (Nr. 2), »Feuillet d'album« (Nr. 3), »Nocturne« (Nr. 4), für Klavier. – »The Mujik plays the

Harmonica«, op. 39, Nr. 12, für Klavier. – Aus Opus 40: »In the Village« (Nr. 7) und »Danse russe« (Nr. 10), für Klavier. – Aus Opus 51: »Salon Valse« (Nr. 1) und »Nata Valse« (Nr. 4), für Klavier. – Aus Opus 54: »Winter Evening« (Nr. 7) und »Lullaby in a Storm (Berceuse)« (Nr. 10), für Singstimme und Klavier. – »Serenade«, op. 63, Nr. 6, für Singstimme und Klavier.

Seinem Ballett gab Strawinsky zunächst den Titel des weitläufigen Andersen-Märchens »Die Eisjungfrau«. Aber nachdem er das erste Bild fertig komponiert hatte, änderte er den Namen des Balletts in *Le Baiser de la fée* und behauptete später, im Ballett sei nichts vom ursprünglichen Sujet des Andersen-Märchens erhalten geblieben. Tatsächlich reduzierte Strawinsky den Märchenstoff, der einer Bergnovelle glich, nahezu gänzlich auf die Begegnungen des Knaben und des jungen Mannes mit der Fee und schönte die Schluß-Katastrophe.

Der Komponist gliederte sein neues Ballett in 4 Bilder:

1. Bild (Prolog) »Wiegenlied im Sturm«: Ihr Kind in den Armen wiegend, eilt eine Frau durch den Sturm. Die Geister der Fee erscheinen und verfolgen sie. Sie trennen sie von ihrem Kind und nehmen es zu sich. Die Fee erscheint. Sie nähert sich dem Kind und umgibt es mit Zärtlichkeit. Ehe sie sich entfernt, küßt sie es auf die Stirne. Das Kind bleibt allein auf der Szene. Bauern kommen vorbei, finden das verlassene Kind und suchen vergeblich nach der Mutter. Verängstigt nehmen sie es mit sich.

2. Bild »Kirchweihfest«: Bauerntanz. Musikanten auf der Szene. Der junge Mann und seine Braut sind unter den Tanzenden. Die Menge entfernt sich, auch die Braut geht, und der junge Mann bleibt allein. Die Fee nähert sich ihm in Gestalt einer Zigeunerin. Sie nimmt seine Hand und verkündet ihm seine Zukunft. Sie tanzt. Mehr und mehr gewinnt sie Gewalt über ihn. Sie spricht von seiner Liebe und sagt ihm großes Glück voraus. Bestrickt von ihren Worten, bittet er sie, ihn zu seiner Braut zu führen.

3. Bild »Bei der Mühle«: Der junge Mann, geführt von der Fee, kommt zur Mühle, wo er seine Braut, umgeben von ihren Freundinnen, bei Spiel und Tanz findet. Die Fee verschwindet. Alle tanzen. Die Braut mit ihren Freundinnen entfernt sich, um ihren Brautschleier anzulegen. Der junge Mann bleibt allein. – *Szene:* Die Fee erscheint, in einen großen Brautschleier gehüllt. Der junge Mann hält sie für seine Braut und geht mit leidenschaftlichen Liebesworten auf sie zu. Jetzt wirft die Fee den Schleier ab. Bestürzt erkennt der junge Mann seine Täuschung; sosehr er sich bemüht, er kann ihr nicht entkommen; seine Kraft schwindet vor ihren

übernatürlichen Reizen. Sein Widerstand ist gebrochen, er verfällt der Macht der Fee, die ihn in die Gefilde der Seligen entführt. Dort wird sie seine Fußsohle küssen.

4. Bild »Die Gefilde der Seligen«: Die Geister der Fee versammeln sich gruppenweise in äußerst langsam gemessenen Bewegungen. Die weite Szene stellt die Unendlichkeit des Himmelsraumes dar. Die Fee und der junge Mann ruhen auf einer Erhöhung. Sie küßt ihn, während ihr Wiegenlied erklingt.

Sergej Diaghilew, der die Ballett-Produktion der neuen Ballett-Compagnie Ida Rubinsteins in eifersüchtiger Haltung beobachtet hatte, rechnete noch am Premierenabend in einem Brief an Sergej Lifar mit Strawinskys neuem Ballett ab (White, 1949, S. 162 f.):

»Eben komme ich aus dem Theater und habe böse Kopfschmerzen von dem schrecklichen Zeug, das ich gesehen habe. Das Ballett von Strawinsky war das einzige Neue ... Es ist schwer zu sagen, was es darstellen sollte, langweiligen, weinerlichen, schlecht gewählten Tschaikowsky, von Igor angeblich meisterhaft instrumentiert. Ich sage ›angeblich‹, denn es klang fad, und dem ganzen Arrangement fehlt die Vitalität. [...] Was auf der Bühne geschah, ist nicht zu beschreiben. Es mag genügen, wenn ich sage, daß die erste Szene Schweizer Berge zeigt, die zweite ein Schweizer Dorf an einem Festtage, dazu Schweizer Volkstänze, die dritte Szene eine Schweizer Mühle und die letzte endlich wieder Berge und Gletscher ... Bronia Nijinska zeigte keinen Funken von einem Einfall, keine einzige Bewegung war wirklich durchdacht ...«

Diaghilews herbe Kritik des Balletts zielte wohl vor allem auf die künstlerische Harmlosigkeit der Partitur. Zwar vermochte Strawinsky den Eindruck zu vermeiden, er habe ein Tschaikowsky-Potpourri komponiert, denn die von ihm hinzukomponierten Passagen fügen sich musiksprachlich nahtlos dem herrschenden Tschaikowsky-Ton ein. Aber es fehlt dem Ballett auf solche Weise auch jene aus großer Verehrung geborene Auseinandersetzung mit der tradierten Musiksprache, die noch sein »Pergolesi«-Ballett *Pulcinella* (1920) auszeichnete. Tschaikowskys Musik wird lediglich adaptiert, wird in keinem Augenblick verfremdet oder weitergedacht. So breitet sich über der Partitur das milde, ein wenig einschläfernde Licht einer Tschaikowsky-Kopie aus zweiter Hand aus.

Bearbeitungen:

Divertimento für Orchester, 1934

Divertimento für Violine und Klavier, 1932 (in Zusammenarbeit mit Samuel Dushkin)

Ballad, für Violine und Klavier, 1947 (in Zusammenarbeit mit Jeanne Gautier)

Jeu de cartes (Kartenspiel)

Ballett in drei Runden auf ein Libretto von Igor Strawinsky in Zusammenarbeit mit M. Malajeff, 1936

Uraufführung: New York, Metropolitan Opera House, 27. April 1937 (Dirigent: Igor Strawinsky; Choreographie: George Balanchine).

Personen: As, König, Dame, Bube und die übrigen Karten jeder Runde des Pokerspiels, 26 Karten (Tänzer) für das ganze Ballett. 15 Karten werden je Runde ausgeteilt, darunter jeweils ein Joker.

Während der Arbeit an *Jeu de cartes* entspannte sich Igor Strawinsky mit Poker-Runden, und als er *The Rake's Progress* komponierte, fand er Zerstreuung beim chinesischen Damespiel. Seit seiner Kindheit habe ihn das Kartenspielen interessiert. Viele Jahre bevor er dann tatsächlich an die Komposition des Balletts ging – er bekam den Auftrag von den Direktoren des ›American Ballet‹, Edward Warburg und Lincoln Kirstein erst, nachdem er mit der Arbeit bereits begonnen hatte –, habe er an ein Kartenspiel-Ballett gedacht, an eine Arbeit, der eine einfach zu durchschauende Story zugrunde liegen sollte. Und was wäre leichter zu verstehen als die verschiedenen Kombinationen, die die Karten eingehen, die Beobachtung ihres schwankenden Wertes, wenn sie im Spiel sind? Poker sei ein einfach zu beobachtendes Spiel, in dem die Bewegungen des Jokers besonders interessant seien, während er den Unsinn der amourösen Intrigen unter den Karten ignoriert habe. Da sein Freund Jean Cocteau die Mitarbeit am Szenario abgelehnt hatte, habe er schließlich selbst ein Szenario entworfen – unter Mitarbeit von M. Malajeff, einem Freund seines ältesten Sohnes Théodore: »Die Charaktere dieses Balletts sind Karten eines Pokerspiels, die am grünen Tisch des Spielsaals unter mehrere Spieler verteilt werden. Bei jedem Spiel wird der Ablauf durch die arglistigen Tricks des unzuverlässigen Jokers erschwert, der sich dank seiner Fähigkeit, jede beliebige Karte darstellen zu können, für unschlagbar hält« (White, 1979, S. 394). Schließlich aber siegt die Herz-Karte, wie später in seiner Oper *The Rake's Progress.*

Das Ballett hat folgende Gliederung:

Erste Runde: Introduktion, Pas d'action, Tanz des Jokers, Walzer, Coda.

Zweite Runde: Introduktion, Marsch, Vier Solo-Variationen für die Königinnen, Variation der vier Königinnen (Pas de quatre), Coda, Reprise des Marsches, Coda.

Dritte Runde: Introduktion, Walzer, Menuett, Presto, Finale, Coda.

Atmosphärisch spiegelt sich in *Jeu de cartes* ein Kindheitseindruck Strawinskys, der Besuch eines deutschen Kasinos zusammen mit seinen Eltern.

»Das Posaunen-Thema, mit dem jede der Runden beginnt, imitiert die Stimme des Zeremonienmeisters in diesem Kasino. ›Ein neues Spiel, ein neues Glück‹ – trompetete oder besser posaunte er –, und das Timbre, der Charakter und die Pomphaftigkeit und Schwülstigkeit dieser Ausrufe finden ein Echo oder werden kariert in meiner Musik.

Ort und Zeit von *Jeu de cartes*, wenn ich gezwungen wäre, sie zu bestimmen, sind ein Kasino in Baden-Baden im romantischen Zeitalter. Und es gehört zu diesem Bild, daß die Märsche und die Melodien von Rossini, Messager, Johann Strauß und aus meiner eigenen Sinfonie in Es-Dur (Ziffer 66 im ersten Satz) imaginiert werden können, wie sie aus dem städtischen Opernhaus oder dem Kursaal herüberklingen ins Kasino« (vgl. *Themes & Conclusions,* S. 43).

White (1979, S. 392) notierte einen Katalog der musikalischen Anspielungen, die sich in *Jeu de cartes* finden, und fügte den Hinweisen Strawinskys noch Beethovens ›Allegretto scherzando‹ aus der Symphonie Nr. 8 hinzu, eine Ouvertüre von Jacopo Forino (1825–58), Ravels »La Valse«, aber auch Anspielungen auf *Mavra, Der Kuß der Fee, Capriccio,* an das *Violinkonzert* und das *Konzert für zwei Klaviere.*

Um so mehr überrascht der Hinweis des Komponisten, daß sein

Ballett zwar auf den Tanz bezogen, die Form aber nicht etwa collage-
artig zusammengefügt, sondern strikt sinfonisch sei. Es gebe in *Jeu de
cartes* keine beschreibenden Elemente, die die szenischen Aktionen
kompositorisch erläuterten und so die sinfonische Entwicklung hin-
derten. Andererseits fehlt es in der Literatur nicht an Hinweisen, in
Jeu de cartes sei eine besondere Prägnanz in der Charakterisierung
des Szenischen zu beobachten, die an *Petruschka* erinnere.

Bsp. 58 *Jeu de cartes*. Partitur, S. 1 (Schott)

Ein Einheit bewirkendes formbildendes Element ist in *Jeu de cartes* zweifellos die – immer gleiche – Introduktion, die der Komponist an den Beginn einer jeden Runde setzt (s. Bsp. 58, S. 215). Darüber hinaus lassen sich in der ›Ersten Runde‹ thematische Konstanten und ihre motivisch-thematische Verarbeitung erkennen, die Strawinskys Erklärung zu rechtfertigen scheinen.

Während der Introduktionsgedanke ab [2] modifiziert fortgesponnen wird, entwickelt sich ab [3] in den Violinen I ein chromatisch gleitender zweiter Gedanke, der bis [6] ausgearbeitet wird. Das neue Formglied (Meno mosso ♩ = 108) lebt von einem dreitaktigen Gedanken, der mehrfach wieder aufgenommen, auch erweitert wird und bis [15] die musikalische Substanz des Formglieds bestimmt. Modifiziert wird der Gedanke am Schluß der ersten Runde, ab [34] noch einmal aufgenommen.

Bsp. 59 *Jeu de cartes.* Partitur, S. 4 (Schott)

Bei [21] (Stringendo) bricht die Erste Poker-Runde in einen 10taktigen Fortissimo-Gedanken aus, der dieses vierte, intensiv ausgearbeitete Formglied thematisch prägt:

Bsp. 60 *Jeu de cartes*. Partitur, S. 11 (Schott)

Sinfonische Arbeit, das heißt in *Jeu de cartes* also: Exponierung thematischer Gedanken und ihre motivisch-thematische Ausarbeitung. Keineswegs entsteht in diesem Ballett geistvoller Anspielungen und kühlen Charmes aber jener traditionelle, tendenziell einheitliche Ausdrucksraum, der durch ein Einheit stiftendes Tempowort, etwa einen Allegro-Charakter vorgegeben wäre. Im Gegenteil. Strawinsky spielt die unterschiedlichsten Charaktere – volkstümliche, Jazz-Charaktere und sinfonische – mit Lust und mit dem Ziel eines Divertissement-Würfels aus, dem es nicht an mannigfaltigen Allusionen und Wiederbegegnungen mit verfremdeten alten thematischen Charakteren mangelt. Eine der bekanntesten Wiederbegegnungen ist jene Rossini-Adaption aus dem *Barbier von Sevilla*, die sich im Presto-Formglied der Violine I in der ›Dritten Runde‹ findet: bei [153], nach dem Ravel-getönten Walzer.

Bsp. 61

Jeu de cartes wurde auch zum Anlaß einer heftigen Kontroverse zwischen dem Komponisten und seinem alten Schweizer Freund, dem bedeutenden Dirigenten Ernest Ansermet, der eine eigenmächtig verkürzte Version des Balletts favorisiert und dirigiert hatte. In einem Brief vom 22. Oktober 1937 versuchte Ansermet nicht nur diesen Eingriff zu rechtfertigen, sondern Strawinsky auch über Formprobleme der Neuen Musik zu belehren:

> »Nicht die Form ist es, was die Hörer schätzen, sondern die musikalische Substanz. [...] Kannst Du mir sagen, warum Dein *Chant du rossignol* niemals gespielt wird? Gott weiß, daß ich das Stück oft dirigiert habe, und stets mit dem gleichen Mißerfolg. Das liegt nicht daran, daß das Werk nicht strukturiert, nicht gebaut ist – und sicher findet der Hörer individuelle Augenblicke, die ihn entzücken mögen –, sondern weil die Form von der Art ist, die ihn desorientiert. Ich weiß nicht, ob die *Bläser-Sinfonien* in Dir ein vergleichbares Gefühl hervorrufen. Der formale Bau von *Jeu de cartes* ist unendlich komplizierter und feingesponnener als die symphonische Dialektik, mit der das Konzertpublikum vertraut ist. [...] Man muß die Äußerungen des Publikums beachten« (PD, S. 246 f.). Strawinsky war über den pädagogisierenden Ton des acht Seiten langen Briefes empört, lehnte jede Diskussion über die Eingriffe Ansermets ab, und die Freunde unterbrachen ihren Kontakt, bis sie sich nach dem Zweiten Weltkrieg wiedersahen. Allerdings waren sie sehr bald wieder zerstritten über Strawinskys Neigung zur Musik Anton von Weberns.

Drittes Kapitel

Komponist in den Vereinigten Staaten

(1939–1971)

Wenige Tage nach dem Beginn des Zweiten Weltkriegs, am 25. September 1939, ging Igor Strawinsky, vom Kriegsausbruch enerviert, mit sehr vielen Koffern (für nur wenige Wochen, wie seine Freundin Vera Sudeikina bemerkte) zunächst in das Landhaus von Nadia Boulanger bei Paris und dann in Bordeaux an Bord der ›S. S. Manhattan‹. Sein Ziel waren die USA. Dort sollte er Konzerte geben und an der Harvard University im Verlaufe des Wintersemesters im Rahmen der Charles Eliot Norton Professorship of Poetry, eine sechsteilige Vorlesungsreihe über Probleme des kompositorischen Handwerks halten. Bereits im Jahre 1938 hatte der Sprecher eines Universitätskomitees und Direktor des Fogg-Museums der Harvard University, Edward Forbes, über Strawinskys Freundin Nadia Boulanger anfragen lassen, ob der Komponist bereit wäre, im Wintersemester 1939/1940 Ästhetik-Vorlesungen in Cambridge (Mass.) zu halten. Während die *Erinnerungen* Igor Strawinskys (1936) von dem Anspruch des Komponisten geprägt waren, nach dem Vorbild Rimski-Korsakows seine kompositorische Entwicklung in chronologischer Reihenfolge zu spiegeln, diskutierte der Komponist in der *Musikalischen Poetik* zeitgenössische Probleme des Musiklebens, gelegentlich auch mit unverhohlener Schärfe: Modeerscheinungen wie gewisse Tendenzen der russischen Musik in der Sowjetunion, den Avantgarde-Snobismus, der ihm wie seinem Freund Lourié unerträglich schien, aber auch Aspekte des Werks von Beethoven und insbesondere von Wagner. Das eigentliche Zentrum der Vorlesungsreihe waren indes Strawinskys Konfessionen zur schöpferischen Arbeit, zur Rolle der Inspiration, Erläuterungen des musikalischen Zeitbegriffs von Pierre Suwtschinsky, der psychologische und chronometrisch meßbare Zeit unterschied, oder die Diskussion der Perspektiven musikalischer Technik und des musikalischen Handwerks. Da Strawinsky seine Ansichten in französischer Sprache vortrug, wurde die Vorlesungsreihe zunächst als *Poétique musicale: sous forme de six leçons* (Cambridge, Mass., Harvard University Press, 1942) gedruckt, 1947 mit einem Vorwort Darius Milhauds auch in Englisch und 1949 in einer Übersetzung Heinrich Strobels auf Deutsch publiziert.

Ein alter Freund aus Strawinskys St. Petersburger Zeit, Dr. Alexis Kall, schrieb für jede Vorlesung eine Zusammenfassung in englischer Sprache, die in der New Lecture Hall verteilt wurde, und assistierte Strawinsky bei den wöchentlichen Meetings – dienstags und freitags nachmittags – mit ausgewählten Studenten. Man diskutierte im Wechsel Themen der Vorlesungen, oder Studenten wie Jan La Rue oder William Austin, die später hohes Ansehen als Musikologen erwarben, stellten eigene Kompositionen vor, die Strawinsky sorgfältig analysierte und kommentierte.

Strawinsky pflegte, obwohl keineswegs presse- oder publikumsscheu, zeitlebens die Attitude, sich gelegentlich zu verbergen, Spuren zu verwischen, listig vornehme Distanz zu wahren. So ließ er Briefe für sich schreiben, die er getreulich kopierte und eigenhändig signierte, oder aber er schrieb Briefe, die er mit »Bob Craft« unterzeichnete. Und in einer Anmerkung zu seinen Gesprächen mit Craft (ED, S. 134) findet sich auch das Eingeständnis, daß seine *Erinnerungen* gelegentlich von Nuwel und die *Musikalische Poetik* von Roland-Manuel (mit)geschrieben wurden. Robert Craft (*Stravinsky. Selected Correspondence*, Bd. 2, S. 503 ff.) konnte indes nachweisen, daß Strawinsky vornehmlich in den Monaten März bis Juni 1939 mit Roland-Manuel an der Vorlesungsreihe zusammenarbeitete und dieser mit Pierre Suwtschinsky; Strawinsky habe lediglich ein Konzept von 1500 Stichworten formuliert, das Roland-Manuel dann ausarbeitete, freilich im engen Kontakt mit dem Komponisten. Nicht eine Zeile der Vorlesungsreihe sei von Strawinsky selbst geschrieben. Und Heinz Werner Zimmermann (1985) hebt in seiner Analyse der Texte Roland-Manuels hervor, daß die Vorlesungen eine ganze Reihe ungereimter Naivitäten, Pseudodefinitionen enthielten, die für Strawinsky eigentlich atypisch seien. In Strawinskys Notizen ist indes bereits die spätere Gliederung der Vorlesungsreihe skizziert: I Fühlungnahme, II Über das musikalische Phänomen, III Über die musikalische Komposition, IV Musikalische Typologie, V Die Wandlungen der russischen Musik, VI Über die Wiedergabe der Musik, VII Epilog. – Zimmermann stellt in seinem Aufsatz (1985, S. 22) folgende Notizen Strawinskys vor:

»[...] Solche irrigen Reaktionen [des Publikums] sind schwerwiegend, denn sie demonstrieren das Unwesen, das im gesamten musikalischen Bewußtsein residiert und durch welches alle Ideen, Themen, Urteile, Meinungen über Musik und Kunst verfälscht werden« (für Kapitel I).

»Ich weiß, daß eine beliebte Interpretation meiner Entwicklung ist: Revolution zur Zeit des *Sacre* und Assimilation der revolutionären Eroberungen jetzt. Diese Interpretation ist falsch« (für Kapitel I).

»Ich gebe zu, daß ich keinen Geschmack am Problem von ›Ursprung‹ und ›Vorgeschichte‹ habe. Leider ist eine solche Exkursion in die Tiefen und Schatten der Vergangenheit, die die Qualitäten exakter Wissenschaft zu besitzen beansprucht, nichts als eine Interpretation wenig bekannter Fakten. Die Interpretation hat ihren Ursprung in Ideen und Gesichtspunkten, die klar voreingenommen sind« (für Kapitel II).

»Die Dialektik geht davon aus, daß Kunst synonym mit freier Schöpfung ist, aber so ist das nicht. Kunst ist freier, wenn sie begrenzter, endlicher, kanonischer, dogmatischer ist« (für Kapitel III).

»Ich bin immer für das gehalten worden, was ich nicht bin. Ich bin kein Revolutionär und auch kein Konservativer« (für Kapitel IV).

»Skrjabin = Unordnung (religiöse, politische, ideologische, psychologische und musikalische)« (für Kapitel V).

»Der neue Sowjet-Folklorismus und die Abwertung von Werten« (für Kapitel V).

»Das Problem der Musikkritik, ihre Verirrungen, die klassische Verlegenheit« (für Kapitel VI).

Auffällig sind aber auch Formulierungen der *Musikalischen Poetik* – die Nutzung des Aristotelischen Terminus »poein« (machen) oder die Betonung des künstlerischen Ordnungswillens –, im Vergleich mit Paul Valérys »Kolleg über Poetik«, das dieser am 13. Dezember 1937 im Collège de France gehalten hatte. Zimmermann weist auf Valérys Eintragungen in dessen Notizbuch am 7. September 1939 hin: »Bei Nadia Boulanger, Strawinsky. Gespräch in der Abenddämmerung über Rhythmus. Er geht die Texte der Vorlesungen holen, die er gerade geschrieben hat und in Harvard halten will. Er nennt sie ›Poetik‹, und seine Hauptideen sind mehr als analog zu denen in meinen Kursen im Collège.« Und Ende September 1939 berichtet Valéry dem

Dichter André Gide: »Strawinsky las uns seinen künftigen Lehrgang der musikalischen Poetik (auch er!) vor, die Analogien zu meiner eigenen aufweist – etwas sehr Merkwürdiges.« Als Daniel Lesure am 13. April 1946 in *La Gazette des Lettres* bemerkte, daß Strawinskys Sprache und Paradoxien in der *Poétique musicale* an Roland-Manuel erinnerten, widersprach dieser sonst häufig Entgegnungen formulierende Komponist keineswegs.

Nachdem im Oktober 1939 seine Frau Jekaterina in Paris gestorben war, bemühte sich Strawinsky im November 1939 erfolgreich um die Ausreise seiner Freundin Vera in die USA, weil sie heiraten wollten. Am 23. Dezember schickte er Vera Sudeikina das Reisegeld nach Paris; von Genua aus, an Bord eines neutralen Schiffs, traf sie am 12. Januar in New York ein. Am 15. Januar 1940 eilten beide bereits nach Pittsburgh zu Konzerten, in denen Strawinsky seinen *Apollon*, die *Petruschka-Suite*, *Jeu de cartes* und eine *Feuervogel-Suite* dirigierte. Am 4. März heiratete das seit 1921 befreundete Paar in Bedford (Mass.) im Hause eines Freundes, des Harvard-Professors Taracuzio. 1945 wurden Vera und Igor amerikanische Staatsbürger.

Igor und Vera (1940)

Aus gesundheitlichen Gründen entschied sich Strawinsky, zukünftig im Staate Kalifornien zu leben, und im Jahre 1941 fanden die Strawinskys nach mehreren Zwischenstationen eine endgültige Bleibe in Hollywood, 1260 Northwetherly Drive.

Dort waren die Strawinskys zunächst von russischen Freunden umgeben; von den Balanchines, den Bolms, Vladimir Sokoloff; aber auch die Köche, Gärtner, Schneider und Ärzte waren russisch. Hinzu kam ein Kreis weiterer geschätzter Emigranten: die langjährige Freundin Nadia Boulanger, Ingolf Dahl, Franz Werfel, Joseph Szigeti, Italo Montemezzi, Mario Castelnuovo-Tedesco, Arthur Rubinstein. Später befreundete sich Strawinsky mit Aldous Huxley und Christopher Isherwood und lernte W. H. Auden kennen.

Während man sich zunächst mit einem gebrauchten Dodge begnügte, in Drugstores aß, in billigen Motels übernachtete, Strawinsky von Dirigat zu Dirigat eilte, sogar Kompositionsunterricht gab und als Komponist um seine Existenz und Würde kämpfte – auch gegen die versucherischen Angebote aus Hollywood-Studios, die unrealisiert blieben, weil Strawinsky nicht bereit war, seine Kompositionen von ›Professionals‹ der Filmbranche orchestrieren oder gar arrangieren zu lassen –, wurde er später als »VIP« vom Flughafen zum Hotel mit einer Polizei-Eskorte begleitet. Strawinsky und seine elegante Frau Vera, deren natürlicher Charme die Amerikaner faszinierte, galten als Personifikationen des »joie de vivre«; und Strawinsky war ein gesuchter und bisweilen sogar bezahlter Interviewpartner, der gelegentlich nicht nur seine Antworten, sondern auch die Fragen selbst formulierte.

1948 lernte er Robert Craft kennen, den jungen amerikanischen Dirigenten; er bat ihn um seine Assistenz und nahm ihn später freundschaftlich in sein Haus auf.

Mehr denn je zuvor in Europa sind nun Strawinskys musikalische Aktivitäten zwischen mannigfaltigen Konzertverpflichtungen, finanziell interessanten, lebenserhaltenden Gelegenheitsarbeiten und kompositorischen Aufgaben aufgeteilt, die er, einer inneren Berufung folgend, ausarbeitete. Und Strawinsky vollzog nach der Premiere seiner einzigen abendfüllenden Oper, *The Rake's Progress* (1951), jene revolutionäre Erneuerung seiner kompositionstechnischen Verfahren, die von manchen seiner Freunde, insbesondere Ernest Ansermet, aber auch von Schönbergianern kopfschüttelnd zur Kenntnis genommen wurde. Behutsam, in einem mehrjährigen Prozeß, adaptierte Strawinsky die Zwölftontechnik der Schönberg-Schule.

Im Juli 1951 war Arnold Schönberg, sein kalifornischer Nachbar, mit dem er privat nie zusammentraf, gestorben. Und Strawinsky hatte der Witwe Gertrud Schönberg umgehend ein Beileidstelegramm gesandt: »Deeply shocked by sadening news of terrible blow inflicted to all musical world by loss of Arnold Schoenberg. Please accept my heartfelt sympathy. I. S.« Die unvereinbar scheinenden Differenzen der schöpferischen Haltung und der kompositorisch-technischen Verfahren der beiden Musiker – hie Neoklassik, da Zwölftontechnik – waren seit den zwanziger Jahren Gegenstand ausufernder Werturteil-Diskussionen geworden. Sie hatten zu ästhetischen Lagerbildungen geführt, deren verhärtete Positionen nach 1945, insbesondere durch Thomas Manns *Doktor Faustus*-Roman (1947), Theodor W. Adornos Essayband *Philosophie der neuen Musik* (1949) und die lebhafte Diskussion der Werke Anton von Weberns und Olivier Messiaens durch eine junge Generation von Komponisten – Boulez, Nono, Stockhausen – offenbar endgültig zugunsten der Reihenkomposition entschieden worden waren.

Als der Musikkritiker und Musikschriftsteller Hans H. Stuckenschmidt im Jahre 1949 seine freundschaftlichen Kontakte zu Thomas Mann, Arnold Schönberg und Igor Strawinsky erneuerte und im Verlauf eines Tages die drei europäischen Künstler in ihren kalifornischen Domizilen aufsuchte, mußte er sich vorsichtig von Haus zu Haus vortasten. Thomas Mann hatte den deutschen Gast mit einer Flasche Elsässer Weins verabschiedet, weil er sich erinnerte, daß »Stuck« ein geborener Straßburger war; Erika Mann indes durfte den Gast nicht bis vor Schönbergs Haus, sondern nur bis an eine nicht einsehbare Straßenbiegung fahren, weil Schönberg wegen der Figur des Adrian Leverkühn im *Doktor Faustus*, die er als Karikatur seiner eigenen Komponisten-Persönlichkeit empfand, sich mit Thomas Mann überworfen hatte. Bei Schönbergs redeten die beiden Herren weder über Mann noch über Strawinsky. Igor Strawinsky reagierte auf Stuckenschmidts Frage nach Schönberg ausweichend: »Ach, wissen Sie, ich schätze Schönberg, aber die Frauen mögen sich nicht.« Und im Webern-Heft *die reihe* 2 (1955, S. 3) findet sich dann Strawinskys verehrungsvolle Webern-Notiz:

»The 15 of September 1945, the day of Anton Webern's death, should be a day of mourning for any receptive musician.

We must hail not only this great composer but also a real hero. Doomed to a total failure in a deaf world of ignorance and indifference he inexorably kept on cutting out his diamonds, his dazzling diamonds, the mines of which he had such a perfect knowledge.

Igor Strawinsky
Juni 55

(Der 15. September 1945, Anton Weberns Todestag, sollte ein Trauertag für jeden aufnahmefähigen Musiker sein.

Wir müssen nicht nur diesen großen Komponisten verehren, sondern auch einen wirklichen Helden. Zum völligen Mißerfolg in einer tauben Welt der Unwissenheit und Gleichgültigkeit verurteilt, blieb er unerschütterlich dabei, seine Diamanten zu schleifen, seine blitzenden Diamanten, von deren Minen er eine so vollkommene Kenntnis hatte.)«

Robert Craft beobachtete an Strawinskys kompositorischer Arbeit im kalifornischen Exil nunmehr eine größere Freiheit und Neigung zum Experiment.

Robert Craft und Igor Strawinsky beim Partiturstudium (1962)

In der Tat ähnelt die Liste seiner Werke in den ersten amerikanischen Jahren einem ästhetischen Würfel:

1940 *Tango für Klavier* und *Symphonie in C*

1941 *The Star-spangled Banner* (Arrangement der amerikanischen Nationalhymne für Chor und Orchester)

1942 *Vier norwegische Impressionen*; *Circus-Polka* (für einen jungen Elefanten)

1943 *Ode*, Trauergesang für Orchester

Für das Jahr 1944 notierte Craft, daß Strawinskys Kompositionen ins Extrem variierten: Er beendete ein *Scherzo à la russe* und die *Sonate für 2 Klaviere*, schrieb die kurze Kantate *Babel*, die von »Giselle« inspirierten *Scènes de ballet* und die ersten beiden Teile (›Kyrie‹ und ›Gloria‹) der *Messe*. Hinzu kam eine *Elegie* für Viola.

An größeren Arbeiten bis zu *The Rake's Progress* (1948/51), und damit zum qualitativen Sprung in ein anderes Metierverständnis, entstanden noch zwei Konzerte: zunächst das *Ebony Concerto* (1945, für Woody Herman); es folgte das *Concerto en ré* (Konzert in D, das »Basler Concerto«), 1946 für das Basler Kammerorchester Paul Sachers komponiert, ein Werk leichteren Gewichts und die erste europäische Auftragskomposition nach dem Zweiten Weltkrieg. Es ist in einer Sprache geschrieben, die der des früheren *Concerto in Es* (1938) vergleichbar ist, ohne das frühere Werk an Inspiration und Frische zu übertreffen.

Strawinsky beendete die Arbeit an seiner *Symphony in three Movements* (1946) und komponierte 1947 das Ballett *Orpheus*, ein Auftragswerk Kirsteins, das Balanchine choreographierte. Von 1947 bis 1951 arbeitete Strawinsky dann konsequent und gegen mannigfaltige, auch innere Widerstände an der Oper *The Rake's Progress*, auf deren bildnerische Vorlage, Kupferstiche des britischen Malers und Kupferstechers William Hogarth (1697–1764), er 1947 während eines Besuches im Chicago Art Institute zufällig gestoßen war.

Mit dem Alter traten nun auch Strawinskys Ambivalenzen intensiver hervor, z. B. in seinem Verhältnis zu Rußland. Während des Krieges war er der stolzeste Russe in Hollywood, feierte die Siege der Roten Armee und hörte am 19. Juli 1942 im Radio sogar Schostakowitschs Symphonie Nr. 7. Aber nach dem Krieg war er wieder antisowjetisch, sogar noch am Beginn der sechziger Jahre, bevor er voller

Skrupel die Einladung annahm, in Moskau und Leningrad seinen 80. Geburtstag zu feiern, eigene Werke zu dirigieren und sich sowohl von der offiziellen Sowjetunion, dem Präsidenten des Komponistenverbandes Tichon Chrennikow, wie von den Musikenthusiasten begeistert empfangen zu lassen.

Am 16. April 1964 schickte er Nikita Chruschtschow ein Glückwunschtelegramm: »Wishing you continuing health and a very happy birthday«; dem Sowjetführer, den er offenbar schätzen gelernt hatte: »Was für ein außergewöhnlicher Mann. Er bat mich, ihm ganz offen zu sagen, was ich während meines Aufenthalts nicht gut fand und was mich am meisten enttäuschte. Ich war natürlich sehr verlegen, aber nach einem Augenblick sagte ich: Ich mußte ein bißchen zuviel Wodka trinken . . .« (I. und V. Strawinsky, S. 134).

Ähnlich ambivalent war sein Verhältnis zur religiösen Praxis. Strawinsky war von religiösen Formalismen angezogen, glaubte an die Effizienz des rituellen, verwarf das persönliche Gebet und ging doch nur selten zum Gottesdienst. Seine Freunde beschreiben ihn als einen Mann, dessen Charakter buchstäblich zwischen der erfrischenden Großzügigkeit eines russischen Prinzen und der gemeinen Habsucht eines Wucherers changierte.

So hatte ihm Rolf Liebermann für die Komposition von *Threni* 10 000 Dollar angeboten, und Strawinsky hatte akzeptiert. Am nächsten Morgen um 7 Uhr bekam Liebermann indes einen Telefonanruf ihres gemeinsamen Freundes Nicolas Nabokov, der ihn darüber informierte, daß Igor während der Nacht kein Auge habe schließen können, weil er eintausend Dollar mehr benötige, aber zu verlegen sei, es ihm selbst zu sagen. Nun, Liebermann reagierte großmütig. Doch wie überrascht war er, zu erleben, daß Strawinsky seine Freunde nunmehr in das beste Restaurant einlud, Berge von Kaviar und viele Flaschen Champagner bestellte und ein kleines Fest feierte, dessen finanzieller Aufwand die erbetenen eintausend Dollar vermutlich weit übertraf.

In seinen letzten Lebensjahren schrieb Strawinsky jene einzigartige Folge von geistlichen Werken, die mit dem *Canticum sacrum* 1955 begann und die er 1966 mit den *Requiem Canticles* beendete.

Es war bemerkenswert, daß in den fünfziger und sechziger Jahren nunmehr Europa nach Strawinskys Werken verlangte, Aufträge (wie bereits für sein »Basler« *Concerto en ré*) für *Canticum sacrum*, *Threni*, *Movements* und *Monumentum pro Gesualdo*, für *A Sermon, a Narrative and a Prayer* sowie für *Abraham and Isaac* eintrafen und die Uraufführung von *The Rake's Progress* (1951), vom italienischen Staat finanziert, in Venedig stattfand, obwohl zunächst eine Aufführung in Amerika vorgesehen war.

Der Siebzigjährige begann auch jene Reihe von »Gesprächen mit Robert Craft«, die sich aus Tischgesprächen in Venedig entwickelt hatten und die später gegen den Willen Strawinskys als »Igor Strawinsky / Robert Craft: Conversations with Igor Strawinsky« (1959) publiziert wurden anstatt, wie er es vorgeschlagen hatte, als »Conversations with Igor Strawinsky by Robert Craft«. Craft versichert, daß die Sprache der *Conversations* Strawinskys eigene sei, daß es seine Bücher seien, ablesbar auch am fremden Vokabular; die Präsentation der Gespräche indes, also auch ihre Gliederung, verdanke sich seiner, Crafts Initiative. Craft bedauerte, daß die Texte von anstößigen Stellen gereinigt worden seien, weil Strawinsky noch lebende Personen nicht verletzen wollte, daß das gesamte Material nun aber nicht mehr zugänglich sei.

Igor und Vera in New York (Weihnachten 1970)

Bis in die letzten Jahre, bis ihn eine Blutkrankheit gänzlich hinfällig machte, reisten die Strawinskys regelmäßig nach Europa, aber auch nach Japan, wo sich der Komponist von den Möglichkeiten des Kabuki-Theaters faszinieren ließ, von der rhythmischen Ordnung der japanischen Theater-Musik. Wegen der ärztlichen Versorgung und der beständigen Hilfe, die der Patient nun benötigte, zogen die Strawinskys noch einmal um, in ein New Yorker Appartement. Dort ist Igor Strawinsky in den frühen Morgenstunden des 6. April 1971 verstorben. Sein Leichnam wurde nach Venedig gebracht, am 15. April wurde die Totenmesse für ihn gehalten und sein Sarg von Gondolieri dann zur Insel San Michele überführt. Man bestattete ihn neben dem Grab des Freundes, Sergej Diaghilew. Eine Grabplatte Giacomo Manzùs erinnert dort an den Komponisten.

Symphonien

In Strawinskys zweiter Harvard-Vorlesung (1939/40, »Über das musikalische Phänomen«) findet sich auch eine konventionelle Erläuterung des Allegro-Satzes der Symphonie, die darum interessant ist, weil sich Strawinsky der exzeptionellen Stellung der Symphonie in der Hierarchie der Formen bewußt war und die Vermutung nahe liegt, daß er in seiner *Symphonie in C* (1938/40) und der *Symphony in three Movements* (1942/45) eine vergleichbar einflußreiche Allegro-Struktur erstrebte:

»Unter allen symphonischen Formen gilt die Symphonie als die reichste im Hinblick auf die Gestaltungsmöglichkeiten. Man versteht darunter im allgemeinen eine mehrsätzige Komposition, in der ein Satz dem ganzen Werk den Charakter der Symphonie verleiht: das symphonische Allegro. Es steht gewöhnlich am Beginn und muß seinen Namen dadurch rechtfertigen, daß es die Forderungen einer gewissen musikalischen Dialektik erfüllt. Der wesentliche Teil dieser Dialektik liegt im Mittelteil, in der Durchführung.

Eben dieses symphonische Allegro, auch Sonatensatz genannt, bestimmt die Form, auf der sich, wie man weiß, die gesamte Instrumentalmusik aufbaut, von der Sonate für ein Instrument und den verschiedenen Besetzungen der Kammermusik (Trio, Quartett usw.) bis zu den weiträumigsten Kompositionen für großes Orchester« (*Musikalische Poetik*, S. 29).

Symphonie in C (Symphonie en ut), für Orchester, 1938/40

Uraufführung: Chicago, 7. November 1940 (Dirigent: Igor Strawinsky).

I Moderato alla breve – II Larghetto concertante – III Allegretto – IV Largo / tempo giusto alla breve

Strawinskys *Symphonie in C* folgt der viersätzigen zyklischen Anlage der Symphonien des 18. Jahrhunderts. Ihr erster Satz ist als Sonatenhauptsatzform in Exposition, Durchführung, (verkürzte) Reprise, Coda gegliedert und wird mit einem thematischen Motto von zwei Takten eröffnet. Es besteht aus einer Tonrepetition und einer Dreitonfigur, die in den Streichern erklingt, augmentiert in den Oboen wiederholt und als rhythmisches Konzentrat in den Pauken geschlagen wird (s. Bsp. 62).

Daran schließt sich bis T. 145, dem Beginn der Durchführung, Strawinskys Spiel mit einer größeren Zahl von Varianten des Mottos an. Im weiteren Zusammenhang des Satzes wird die Variante der Oboe, bei [5], intensiver aufgegriffen, ebenso eine Sieben-Achtel-Figur vor [15], die zunächst in den tiefen Streichern erklingt, und ein neues Dreiklangsmotiv wird nach [19] erkennbar. Während die motivischen Zellen ergänzt, erweitert und bisweilen auch chromatisiert werden, reagiert die harmonische Disposition des Satzes darauf meist nicht. Sie neigt, wie auch in früheren Werken Strawinskys, zum Setzen harmonischer Flächen, in die die motivischen Ereignisse gleichsam eingeritzt werden. Und solche grundsätzlich epische musikalische Sprechweise wird nur gelegentlich von gestisch stärker akzentuierten Taktgruppen unterbrochen, die wie Turbulenzen in den Kontext einbrechen, aber vom momentanen Effekt abgesehen, für den Formverlauf gänzlich folgenlos bleiben.

Es fehlt dem Satz, wie Ernest Ansermet zu Recht formulierte, »die innere tonale Dynamik, dieser ›Sauerteig‹ der Form – der im klassi-

Bsp. 62 *Symphonie en ut* (in C). Partitur, S. 3 (Schott)

schen Allegro aus dem Erlebnis einen mit Sinn geladenen Existenzakt macht, der in sich selbst geschlossen und vollendet ist. Wenn am Ende der *Fünften Symphonie* [Beethovens] das Anfangsmotiv wieder erscheint, dann ist es wie erhellt von allem Licht, das das Erlebnis auf es gegossen hat. Wenn am Schluß des Allegro von Strawinsky das Anfangsmotiv wiederkehrt, dann erscheint es uns so, wie es zuerst erschienen war: es kommt nur, um sich zu verabschieden« (Ansermet, 1965, S. 763). Ansermet bezieht sich auf seine Einsicht, daß die deutsche Musikkultur dahin tendiere, *sich* auszudrücken und die romanischen Kulturen dahin, *etwas* auszudrücken. »Und eben das ist es, was sich grundsätzlich bei der Entstehung der musikalischen Sprache abspielt: Sie ist zunächst Selbstausdruck, um sodann gegenständlicher Ausdruck zu werden« (Ansermet, 1965, S. 430). Das klingt zunächst wie ein einschränkendes expressionistisches Bekenntnis im Geiste Theodor W. Adornos: »Musik als Ausdrucksprotokoll ist nicht länger ›ausdrucksvoll‹. Nicht mehr schwebt über ihr das Ausgedrückte in unbestimmter Ferne und leiht ihr den Abglanz des Unendlichen. Sobald die Musik das Ausgedrückte, ihren subjektiven Gehalt, scharf, eindeutig fixiert, erstarrt er unter ihrem Blick zu eben dem Objektiven, dessen Existenz ihr reiner Ausdruckscharakter verleugnet« (Adorno, 1958, S. 52). Ansermet aber war überzeugt, daß die Erfahrung des Selbstausdrucks sich transformieren werde zu einem neuen Lyrismus, »der die neuen Ausdrucksmöglichkeiten nützt, die sich durch die Erfahrung der Objektivierung eröffnen«.

Strawinskys Durchführung ab T. 145 nimmt zunächst das Sieben-Achtel-Motiv, danach das Oboen-Motiv und mehrere Varianten des ursprünglichen Mottos auf. Seine Durchführungsarbeit realisiert sich meist durch die Schichtung verschiedener Motiv-Gruppen oder durch die concertinoartige Sonderung einzelner Instrumentalgruppen aus dem Kontext.

Nirgends aber bildet sich der Eindruck des Weiterdenkens hin zu einem neuen Zusammenhang oder auch nur zur Explikation, der intensivierten näheren Erläuterung des bereits Vorgestellten, wie es zum ästhetischen Gesetz der Sinfonie und der Zeit des 18. Jahrhunderts gehörte: Die Einheit eines (Allegro-)Charakters sollte im Geiste einer den Charakter differenzierenden, explikatorischen, motivisch-thematischen Mannigfaltigkeit geschaffen werden. Weil aber eigentlich nichts außer motivischen Selbstzitaten zum Ereignis wird, darum sind auch Strawinskys Reprisen, seine vielfältigen Wiederaufnahmen so schwächlich.

Oder um es im Geiste Adornos zu formulieren: Strawinskys Ästhetik der Sachlichkeit, der puren Funktionalität, verweigert die Geburt der Symphonie aus dem Geiste subjektiver Imagination und Anstrengung, und darum klingt sie uns heute so funktionslos. Offenbar hatte sich Strawinsky auch in seiner *Symphonie in C* noch an Voltaires Warnung gehalten: »Le secret d'être ennuyeux, c'est de tout dire« (Das Geheimnis zu langweilen besteht darin, alles sagen zu wollen).

Symphony in three Movements (Symphonie in drei Sätzen)
für Orchester, 1942/45
Uraufführung: New York, Carnegie Hall, 24. Januar 1946 (Dirigent: Igor Strawinsky).

Auch diese Symphonie, die Strawinsky in den Kriegsjahren 1942–45 in drei Sätzen ausarbeitete, die er als »war symphony« charakterisierte, der New York Philharmonic Symphony Society widmete und mit den New Yorker Philharmonikern uraufführte, fügt Struktur an Struktur, lebt von einer Gestaltungsweise, die eher als episodenhaft reihend denn als symphonisch zu charakterisieren wäre. Strawinsky erläuterte, daß die formale Substanz dieser *Symphony*, die besser als aus drei symphonischen Sätzen bestehend zu bezeichnen sei, das Gegeneinander-Ausspielen verschiedener Typen kontrastierender Elemente ausarbeite, auswerte (vgl. D, S. 52). Er gesteht, daß während der Arbeit an der Partitur ihn Bilder – solche aus Dokumentarfilmen während des Krieges, aber auch von eigenen Erlebnissen während des beginnenden Nazi-Terrors in München – begleiteten und wohl auch die kompositorische Struktur beeinflußten: beispielsweise die Marsch-Charaktere oder die Bläser-Ensembles, oder das groteske Crescendo in der Tuba des letzten Satzes. Die Fuge sei zugleich am Wendepunkt dieses Satzes und seiner eigenen Imagination plaziert: als die Nazimaschine gestoppt wurde. Strawinsky erläuterte auch, daß die Musik des Trio-Teils des 2., des Andante-Satzes ursprünglich als Filmmusik für Werfels Roman *Das Lied von Bernadette*, für die Marienerscheinung der Bernadette, konzipiert war – aber das Projekt wurde nicht realisiert.

Bsp. 63 *Symphony in three Movements*, 1. Satz. Partitur, S. 4 (Schott)

Die symphonische Partitur des 1. Satzes ist reich an struktureller Variabilität; die Komposition spielt mit jenen wie in Marmor geschlagenen Klangvorhängen (s. Bsp. 63, S. 234), die Strawinsky einst zur Eröffnung seines *Oedipus Rex* nutzte, ballt sich zu gewaltig herausposaunten Quasi-C-Dur-Ereignissen zusammen, öffnet sich konzertierenden Strukturen, in denen das Klavier solistisch oder im konzertierenden Dialog mit der Harfe erklingt, und wechselt plötzlich zu trocken geschlagener Tanzgestik mit ironischem Einschlag. Gleichsam aus dem Nichts, etwa von einer Sekund-Geste ausgehend, bilden sich aber auch polyphon ausgearbeitete, staunenswert plastisch instrumentierte kammermusikalische Miniaturen (s. Bsp. 64, S. 236 f.). Doch Strawinskys grundsätzliches Verfahren, Motive zu reihen und die in die Fläche gesetzten Klangereignisse durch Variantenbildung zu modifizieren, läßt keine differenzierten Charaktere entstehen, deren Ausarbeitung und neue Beleuchtung zum Ereignis werden könnte. Strawinsky erzählt mit Witz, Charme, großer Bildkräftigkeit und in überraschenden Wendungen, aber seine Musik verweigert jene Introspektion, jenes Aufbrechen tieferer seelischer Schichten, psychischer Erregungszustände, deren Ausarbeitung durch Strawinskys Ausdrucks-Allergie freilich tabuisiert ist. Subjektives Ausdrucksbedürfnis ist der Strawinsky-Terminologie, die sein kompositorisches Denken zwischen Apollon und Dionysos changieren läßt, eher fremd, und sie weiß nichts von Hegels Begriff subjektiver Innerlichkeit:

»Denn insofern es das subjektive Innere selbst ist, das die Musik sich mit *dem* Zwecke zum Inhalt nimmt, sich nicht als äußere Gestalt und objektiv dastehendes Werk, sondern als subjektive Innerlichkeit zur Erscheinung zu bringen, so muß die Äußerung sich auch unmittelbar als Mitteilung eines *lebendigen Subjekts* ergeben, in welche dasselbe seine ganze eigene Innerlichkeit hineinlegt« (Hegel, *Ästhetik*, S. 823).

Ingolf Dahl, ein Freund und Mitarbeiter Strawinskys, analysierte den 1. Satz der Symphonie als dreigeteilt: danach umrahmen zwei Tutti-Blöcke einen zentralen Solo-Teil. Der genaue Blick auf die Proportionen und Materialien des Satzes zeigt indes, daß der erste Formteil bei [69] zwar wieder aufgenommen wird, daß aber seine Formglieder eine gründliche Umstellung erfahren, etwa der erste, durch einen Klangvorhang charakterisierte Beginn sich nunmehr am Ende des Satzes befindet. Zwischen [38] und [69] aber wird ein konzertierender Formteil ausgearbeitet, in dem das Solo-Klavier mit verschiedenen Orchestergruppen, zunächst mit den Bläsern, dann auch mit den Streichern konzertiert. Geschlossenheit im traditionellen Sinne suggeriert am ehesten noch der

Bsp. 64 (Fortsetzung S. 237)

Bsp. 64 *Symphony in three Movements*, 1. Satz. Partitur. S. 24 f. (Schott)

2. Satz, Andante. Er wird mit einem 6taktigen Formglied eröffnet, das eine Terz-Figur, einen absteigenden Bewegungszug der Flöte und eine Wechselnoten-Figur 2 + 2 + 2 Takte lang reiht und zweimal modifiziert strophenartig wiederholt. Daran schließen sich mehrere Formglieder, die, von motivischen Zellen ihren Ausgang nehmend, auch polyphon ausgesponnen werden [118]: Sie lösen das vorherrschende Bläserensemble durch eine glanzvoll eindringliche Streicherstruktur [124] ab, es folgt eine länger ausgesponnene, von der Flöte eröffnete Struktur vor [126], die Wiederaufnahme der Streicherstruktur durch ein Ensemble der Holzbläser und schließlich die Wiederaufnahme des in Strophen gegliederten ersten Gedankens und ein kurzes ›Interlude‹ als Überleitung zum Finalsatz.

An das tänzerisch durchsichtige Andante schließt sich der ebenfalls symphonische Episoden reihende Finalsatz an: Con moto.

Während der 2. Satz die Harfe als Soloinstrument hervortreten läßt, werden im letzten Satz die beiden Soloinstrumente Klavier und Harfe in das symphonische Gefüge integriert.

Konzerte

Strawinskys neugewonnene »kalifornische« Aufgeschlossenheit führte zu einer Reihe von Jazz-Piècen à la Strawinsky, wie er sie um 1918 mit Ragtime-Stücken begonnen hatte. 1940 schrieb Strawinsky einen *Tango* für Klavier, den Felix Guenther für Jazzband arrangierte und Benny Goodman in New York aufführte. Es folgten eine *Circus-Polka* für Orchester (1942) – für einen jungen Elefanten des Circus Barnum & Bailey –, ein *Scherzo à la russe* (1944) für Paul Whitemans Band und schließlich das *Ebony Concerto* für Klarinette solo und Jazzband, das er Woody Herman widmete.

Ebony Concerto für Klarinette solo und Jazzband, 1945
Uraufführung: New York, Carnegie Hall, 25. März 1946 (Dirigent:
Walter Hendl; Solist: Woody Herman).

Als Strawinsky den Auftrag, der ihm und dem Bandleader und Klarinettisten Woody Herman von Aaron Goldmark (Leeds Music Cor-
poration) angeboten worden war, schließlich akzeptierte, plante er ein
»Jazz-Concerto-grosso« zu schreiben mit einem Blues als langsamem
Satz. Der üblichen Besetzung der ›Herman Band‹ habe er noch ein
Horn beigefügt, erläuterte der Komponist. In der Tat erweiterte
er die Besetzung von Herman's »The First Herd« (Solo-Klarinette;
5 Trompeten, 3 Posaunen; 5 Saxophone [2 Alt-, 2 Tenor-, Baß-]; Klavier, Gitarre, Kontrabaß, Schlagzeug) um Harfe, Horn, Baßklarinette
und 3 Klarinetten.

Zunächst studierte Strawinsky Schallplatten der Herman Band des
Jahres 1945: ›Laura‹, ›I Wonder‹, ›Apple Honey‹, ›Caldonia‹ usw.
(Hunkemöller, 1972, S. 54). Aber noch im November klagt er der
Freundin Nadia Boulanger, nachdem er die ersten beiden Sätze des
Konzerts bereits an Herman geschickt hatte, daß er sowohl mit dem
Genre wie mit der ungewöhnlichen instrumentalen Kombination
nicht vertraut sei. In Amerika hatte Strawinsky Jazz in Harlem gehört
und Bands in Chicago und New Orleans erlebt, und in jener Zeit gehörten Art Tatum, Charlie Parker und der Gitarrist Charles Christian
zu den Jazzern, die er am meisten bewunderte. Seit den zwanziger
Jahren war ihm bewußt geworden, daß der Jazz, als wesentlich improvisierte Kunst, einer gänzlich anderen »Zeitwelt« zugehört als
komponierte Musik.

»Improvisation hat ihre eigene, notwendigerweise lose und weite
›Zeitwelt‹, da wirkliche Improvisation nur in einer ungenau begrenzten Zeit vor sich gehen kann – niemand kann ein kurzes
Stück improvisieren. Die Improvisation muß aufgepeitscht werden, die Bühne muß hergerichtet werden, und Hitze muß herr-
schen. Schlagzeug und Baß (nicht das Klavier; das Instrument ist
zu hybrid, und außerdem haben die meisten Klavierspieler gerade Debussy entdeckt) haben die Funktion einer Zentralhei-
zung. Sie müssen die Temperatur ›cool‹ halten, nicht kühl. Es ist
eine Art Masturbation, die (natürlich) niemals irgendwo ankommt, die aber die ›künstliche‹ Genesis schafft, die jede Kunst
braucht« (G, S. 221 f.).

Instrumentale Virtuosität, die virtuose Persönlichkeit, die Einfälle, die der Spieler aus seinem Instrument ableitet, bereiten dem Jazz-Hörer die Faszinationen, etwa im Trompetenspiel Shorty Rogers', so daß man die Zeit überhaupt nicht mehr empfinde.

Strawinskys frühe Ragtime-Kompositionen – der ›Ragtime‹ in *L'Histoire du soldat* (1918) oder *Ragtime für elf Instrumente* (1918) – glichen eher »Schnappschüssen« der Gattung, waren Porträts in dem Sinne, wie die Walzer Chopins keine getanzten Walzer mehr sind, sondern Typisierungen der Gattung Walzer. Strawinskys spätere Porträt-Versuche des Jazz waren erfolgreicher.

»Weil sie zeigten, daß ich ein Bewußtsein von der Idee der Improvisation hatte, denn um das Jahr 1919 hatte ich Jazzbands gehört und entdeckt, daß Jazzdarbietungen interessanter sind als Jazz-Kompositionen. Ich beziehe mich auf meine nicht-metrischen Stücke für Solo-Klavier [*Piano-Rag-Music*, 1919] und Solo-Klarinette [*Trois pièces pour clarinette seul*, 1919], die natürlich keine Improvisationen sind, sondern ausgeschriebene Porträts von Improvisationen« (D, S. 54).

Das *Ebony Concerto* ist zyklisch dreisätzig gegliedert. Auf einen Allegro-moderato-Satz folgt der »Blues« (Andante ♩ = 84), und daran schließt sich ein allerdings differenziert gegliederter Moderato-Satz ♩ = 84 (Con moto, Moderato ♩ = 84, Vivo ♩ = 132, Same Tempo ♩ = 64).

Den formalen Vorgaben der Jazz-Songs, die in der ausgehenden Swing-Ära für die harmonische Disposition der Jazz-Nummern noch bindend waren, folgt am ehesten Strawinskys Gliederung des »Blues«, des 2. Satzes (Andante), der dreiteilig ist: A – B – A.

Auf einen dreitaktigen Vorsatz des A-Teils folgt der Ablauf des Blues in der typischen Ruf-und-Antwort-Gliederung (3 + 1 Takte): Die Trompeten antworten der Saxophon-Gruppe. Darauf folgt die verkürzte Repetition des Modells mit innerer Beschleunigung (2 + 1): Die Trompeten schieben sich unter die Zweitaktgruppe von Tenor- und Bariton-Saxophon, deren h zu b sowie fis zu f eintrübende melodische Linien mit der Blues-Intonation kokettieren (s. Bsp. 65)

Die sich anschließende Kolorierung des Modells übernimmt wieder die Viertaktigkeit (2 + 2) und mündet in einen B-Teil gänzlich anderen Charakters ein. Während die motivische Substanz von A mit dem Terzambitus g", b" spielte und nach d" kadenzierte, formuliert die Solo-Klarinette im B-Teil einen »off-beat« phrasierten, chromatisch absteigenden Gedanken im Ambitus eines Tritonus, der von gleichmäßiger Achtel-Akzen-

Bsp. 65 *Ebony Concerto*, Andante. Partitur, S. 17 (Charling/Morris)

tuierung in den Trompeten und nachschlagenden Synkopationen in den Posaunen gefolgt wird. In diesem B-Teil bildet sich am ehesten ein wenig »swing«.

Der 1. Satz, Allegro moderato, spielt zu Beginn mit einer Wechselnoten-Figur, die auf verschiedenen Tonstufen zunächst von den Trompeten, dann den Saxophonen blockartig in immer neuen rhythmischen Figuren präsentiert wird. Es folgt ein länger ausgesponnener zweiter Formteil auf der Basis eines Oktavsprung-Gedankens, der das Klavier solistisch hervortreten läßt und der mit einem längeren, von der Band begleiteten Solo der Klarinette fortgesetzt, dann mit einem unbegleiteten Solo abgeschlossen wird. Nach der Wiederholung der beiden Formteile wird in einem dritten noch einmal das Material der Wechselnoten paraphrasiert.

Der letzte Satz, Moderato, wird mit einer zehntaktigen »blues«-artigen Melodie der Baßklarinette eröffnet. Es folgen (Con moto ♩ = 132) erste Variationen; die Wiederaufnahme der Baßklarinetten-Melodie; weitere Variationen und ein Choralsatz für Jazzband.

Walter Hendl, ein Assistant Conductor des New York Philharmonic Orchestra, wurde von Strawinsky als Dirigent der Uraufführung ausgewählt. Sie fand am 25. März 1946 in der Carnegie Hall statt. In diesem Konzertsaal, einst der klassischen Musik vorbehalten, hatte sich der Jazz durch Benny Goodmans Konzert »Twenty Years of Jazz«, in jener berühmten Nacht des 16. Januar 1938, endgültig aus den Rotlicht-Zonen der Vorstädte emanzipiert und war zum geachteten, als eigenständig empfundenen Partner und Konkurrenten klassischen Musizierens geworden.

Geistliche Musik

Babel

Kantate für einen Sprecher, Männerchor und Orchester auf biblische Texte (1. Buch Mose), 1944

Uraufführung: Los Angeles, 18. November 1945 (Dirigent: W. Jansen).

Die kurze, nur etwa siebenminütige Kantate entstand in Zusammenhang mit einem Projekt des amerikanischen Komponisten Nathaniel Shilkret, der in die USA emigrierte Komponisten eingeladen hatte,

Werke zur Schöpfungsgeschichte des Alten Testaments zu komponieren. Für diese Kollektiv-Komposition schrieben Schönberg das »Präludium«, Shilkret selbst die »Erschaffung der Welt«, Alexander Tansman den »Sündenfall«, Darius Milhaud »Kain und Abel«, Mario Castelnuovo-Tedesco die »Sintflut«, Ernst Toch die »Verheißung des Herrn an Abraham« – und Strawinsky: *Babel.*

Der Komponist läßt die Geschichte der babylonischen Sprachverwirrung von einem Sprecher erzählen und überträgt die direkte Rede der Gottesstimme auf die Tenor- und Baßstimmen eines Männerchors.

Dem Orchesterpart des ersten Teils liegt ein passacaglia-artiges Thema von 3 Takten in den Violoncelli und Kontrabässen zugrunde, das den initialen Takt, der den Quintraum mit der Tonfolge E, Gis, G, H, F, E füllt, mit Transformationen und Modifikationen fortsetzt und Bruchstücke des Modells später auch anderen Instrumenten anvertraut. Im zweiten Teil erhebt sich die Stimme Gottes zu Akkordsetzungen des Orchesters, die allmählich in triolische Bewegung übergehen. Darauf folgt (dritter Teil) ein instrumentales Fugato zu den Worten des Sprechers: »Also zerstreute sie der Herr von dort in alle Länder ...« Als Teil 4 setzt Strawinsky einen Anhang, in dem die Achtel-Akzentuierungen der »Zerstreuungsmusik« zart nachhallen: »Daher heißt ihr Name Babel ...«

Messe (Mass) für gemischten Chor und doppeltes Bläserquintett, 1944/1947

Uraufführung: Mailand, Teatro alla Scala, 27. Oktober 1948 (Dirigent: Ernest Ansermet).

Strawinskys *Messe* gehört zu den wenigen Werken seiner amerikanischen Zeit, die er ohne Auftrag schrieb. *Kyrie* und *Gloria* entstanden bereits 1944, die übrigen Sätze der fünfteiligen Messe (*Credo, Sanctus, Agnus Dei*) komponierte er im Jahre 1947. Die Partitur für vierstimmigen gemischten Chor, für ein Holzbläser- und ein Blechbläser-Quintett schloß er am 15. März 1948 ab; im Oktober des gleichen Jahres wurde sie in der Mailänder »Scala« durch den Opernchor und

Opernsolisten unter der Leitung Ernest Ansermets aufgeführt. Der Komponist hatte das Werk indes für den kirchlichen, den liturgischen Gebrauch konzipiert und eine lateinische, nicht eine slawonische (kirchenslawische) Messe geschrieben, weil die russisch-orthodoxe Kirche den Gebrauch von Instrumenten im Gottesdienst verbietet. (Strawinsky vermochte unbegleiteten Gesang nur in harmonisch einfacher Musik zu ertragen – wie etwa in seinen eigenen homophonen Kurz-Motetten.)

Als er Mozarts opernhafte Messen – »sweets-of-sin« – Anfang der vierziger Jahre in einem Geschäft für Second-hand-Musikalien entdeckt und durchgespielt hatte, war er entschlossen, ein eigenes Werk in diesem Genre zu schreiben, aber eine wirkliche Messe. Und das hieß in seinem Verständnis ein Werk, das seinen tiefen Glauben widerspiegelte. Man müsse als Komponist nicht nur an ›symbolische Gestalten‹, sondern auch an die Person Gottes, an die Person des Teufels und an die Wunder der Kirche glauben. »Religiöse Musik ohne Religion ist fast immer vulgär. Auch kann sie langweilig sein. Es gibt solche langweiligen Kirchenkompositionen von Hucbald bis Haydn, niemals aber vulgäre Kirchenmusik (natürlich gibt es heute auch vulgäre Kirchenmusik, aber dann kommt sie in Wirklichkeit nicht von der Kirche, noch ist sie für die Kirche geschrieben« (G, S. 212).

Strawinskys Messe deklamiert die Gebets- oder Bekenntnis-Texte aus dem Geiste des gläubigen Kollektivs, der Andacht suchenden Gemeinschaft – ohne subjektives Pathos.

Darum wird im *Kyrie*, im *Credo* und im *Agnus Dei* der vierstimmige Chor zumeist in syllabisch deklamierenden Blöcken oder in alternierenden Stimmengruppen zusammengefaßt, gelegentlich, wie in der zweiten »Christe eleison«-Anrufung des *Kyrie*, auch imitatorisch ausgearbeitet. *Gloria* und *Sanctus* indes tendieren zur solistischen Ausgliederung der Stimmen, deren Anrufungen im *Gloria* entweder vom Chor beantwortet oder in zweistimmigen solistischen Stimmverläufen fortgesponnen werden. So bildet sich im *Gloria* ein feingliedriger Jubelton silberheller Zartheit, der auch durch die zunächst geringstimmige polyphone Ausarbeitung des Bläsersatzes und später durch helle Bläserakzente unterstützt wird (s. Bsp. 66).
Das vielgliedrige *Sanctus* indes wird instrumental entweder durch Bläserakkorde oder durch geringstimmige instrumentale Fäden begleitet.

Während der Komponist es sich versagte, das *Gloria* frei herauszusingen (eine ähnliche Haltung war auch bei der Deklamation des »Alleluja« in seiner *Psalmensymphonie* zu beobachten), ist die Emphase ungewöhn-

GLORIA

Bsp. 66 *Messe (Mass).* Partitur, S. 5 (Boosey & Hawkes)

lich, mit der die Episode »Hosanna in excelsis« im *Sanctus* – dynamisch und durch seine geschwinde Achtel-Gestik – vom melismatischen Beginn und dem verhaltenen »Benedictus« abgesetzt wird. Auch das *Sanctus* wird mit »byzantinischen« Melismen der chorischen Tenöre duettierend eingeleitet, die jeweils mit Forte-Akzenten des Chores beantwortet werden. Im »Pleni sunt coeli« baut sich dann eine archaisierende Polyphonie auf, die

an Organa und in ihren rhythmischen Formeln an die frühe Mehrstim-
migkeit erinnert.

Beispielhaft für Strawinskys grundsätzliche Neigung, die Sätze der
Messe intern als vokale und instrumentale Ensembles blockartig zu gliedern, ist das *Agnus Dei*.

Bsp. 67 *Messe (Mass)*. Partitur, S. 27 (Boosey & Hawkes)

Die viertaktige instrumentale Einleitung übernimmt im Satz die Funktion eines Ritornells, auf das dann die gelegentlich auch in alternierende Chorgruppen untergliederte Deklamation des Textes folgt. Verglichen mit seiner symphonisch auftrumpfenden *Psalmensymphonie* überrascht Strawinskys *Messe* durch kammermusikalische Ausdrucksräume andachtsvoller Konzentration, deren musikalisch keusche, puerile Haltung dem Werk jenen uneitlen geistlichen Charakter der Glaubenshingabe gibt, die Strawinsky zu bekennen beabsichtigte.

Musiktheater

The Rake's Progress

Oper in drei Akten und einem Epilog auf ein Libretto von Wystan Hugh Auden und Chester Kallman

Uraufführung: Venedig, Teatro La Fenice, 11. September 1951 (Dirigent: Igor Strawinsky; Regie: Carl Ebert; Ausstattung: E. Ratto, E. Colciaghi).

Personen: Trulove (Tenor); Anne, seine Tochter (Sopran); Tom Rakewell, ihr Verlobter (Tenor); Nick Shadow (Bariton); Mutter Goose, Besitzerin eines Freudenhauses (Mezzosopran); Baba, genannt Türkenbaba (Mezzosopran); Sellem, Auktionator (Tenor); ein Wärter des Irrenhauses (Baß); Diener, Dirnen, grölende Burschen, Bürger, Irre.

Als Igor Strawinsky William Hogarths Kupferstichen, die 1735 publiziert worden waren, am 2. Mai 1947 im Chicago Art Institute zufällig begegnete, dachte er sofort an eine Folge von Opernszenen. Zu jener Zeit war er für eine solche Anregung ungewöhnlich empfänglich, weil er sich seit seiner Ankunft in den USA gewünscht hatte, eine Oper in englischer Sprache schreiben zu können.

Hogarths Zyklus *A Rake's Progress*, eine achtteilige Bildfolge von Kupferstichen, beschreibt den liederlichen Lebenswandel eines jungen Mannes, der zuletzt im Londoner Irrenhaus Bedlam verdämmert. Hogarths Zyklus forderte auch zur kritischen Betrachtung der sozialen Mißstände der Londoner Society im frühen 18. Jahrhundert auf: der Verhältnisse in den Gefängnissen, des Mißbrauchs von Ehekontrakten, oder er stellte die törichte Sucht der Bürger bloß, den adeligen Lebensstil zu imitieren.

Strawinsky war vornehmlich vom theatermäßigen Charakter der zyklisch gegliederten, sozialkritischen Bilderfolge Hogarths fasziniert, »ein Charakter, der sich in jener Neigung zur Erzählung mittels einer Reihe von Bildern mit einer bestimmten Moral offenbart, die ich wahren wollte; deshalb habe ich nicht nur den ursprünglichen Titel der von mir ausgewählten Bilderreihe beibehalten [*A Rake's Progress*], sondern ich habe dafür auch die beste italienische Übersetzung gesucht: ›La carriera d'un libertino‹. Karriere für ›progressa‹ wahrt die Ironie Hogarths mehr als ›Fortschritt‹; denn es ist tatsächlich eine Karriere, allerdings was für eine Karriere« (zit. nach: Zanetti, 1952, S. 42).

Blatt 3 aus der Kupferstichserie *A Rake's Progress* von William Hogarth

Die Figur des ›Rake‹ war in der Literatur der Zeit in vielen Varianten, in Balladen, Harlekinaden oder Jahrmarktstücken dargestellt worden – etwa in John Gays »Beggar's Opera« (1728). »Mit ihnen gemeinsam hat Hogarths Darstellung, daß der Aufstiegswille des Bürgerlichen in die Aristokratie, sein Nachäffen ihres kostspieligen, töricht-modischen Lebensstils, von einer Position aus beschrieben wird, die den Hinaufstrebenden wie die angestrebte Klasse gleichermaßen verächtlich findet. Hogarth setzt deren leeren Worten eine utilitaristische Bourgeois-Anschauung entgegen« (Hogarth-Katalog, 1980, S. 92). Hogarth hatte bereits 1731 *A Harlott's Progress* (Die Karriere einer Dirne) in Kupfer gestochen.

Georg Christoph Lichtenberg hatte in den Jahren 1794–99 eine »Ausführliche Erklärung der Hogarthschen Kupferstiche« publiziert, und in ihr findet sich auch der Versuch einer Erläuterung des männlichen ›Rake‹-Typus. Er führe einen Offensivkrieg mit Gaslaternen und prügele sich mit der Wache; er »ruiniert unschuldige Geschöpfe, die ihn liebten, und schießt sich mit Leuten, deren Ehre er gekränkt hat; wirft überall Geld und Geldeswert weg, eigenes und fremdes durcheinander, und nicht selten sich selbst hinterdrein, und in all diesem sucht er seine Ehre. Daher geschieht es zuweilen, daß er am Ende noch ein guter, brauchbarer Mann wird, wenn sich seine Begriffe von Ehre ändern, ehe die Kraft verraucht ist; dahingegen der eigentliche Taugenichts gar keine Begriffe von Ehre hat« (Lichtenberg, S. 6).

Auf der Suche nach einem Librettisten war dem Komponisten Aldous Huxley behilflich, Strawinskys Nachbar und Freund in Los Angeles. Er empfahl für eine Versoper den englischen Dichter W. H. Auden. Alles, was Strawinsky von Auden bisher kannte, war dessen Kommentar zum Film »Night Train«. Dennoch schrieb er ihm über sein Opern-Projekt und bekam folgende zustimmende Antwort vom 12. 10. 1947 aus New York:

»Verehrter Mr. Strawinsky, vielen Dank für Ihren Brief vom 6. Oktober, den ich heute morgen bekam. Wie Sie schon sagen, ist es äußerst lästig, Tausende von Kilometern voneinander entfernt zu sein, aber wir müssen das Beste daraus machen. Da Sie erstens schon einige Zeit über ›Rake's Progress‹ nachgedacht haben und da es zweitens die Aufgabe des Librettisten ist, den Komponisten zufriedenzustellen – und nicht umgekehrt –, wäre ich Ihnen sehr dankbar, wenn Sie mir alle Ideen mitteilen könnten, die Sie über Figuren, Handlung usw. haben. [...]

Sie schreiben von einer ›Vorform in freien Versen‹. Wollen Sie, daß die Arien und Ensembles in der endgültigen Fassung in freien Versen gehalten sind, oder handelt es sich hierbei nur um eine Grundlage zur Diskussion der Form, die am Ende stehen soll? Wenn die Verse gesprochen würden, würde der Stil des 18. Jahrhunderts natürlich den Reim verlangen, aber ich weiß, was für Unterschiede es gibt, wenn die Worte vertont werden. [...] Ich muß wohl nicht eigens betonen, daß die Aussicht, mit Ihnen zusammenzuarbeiten, die größte Ehre meines Lebens bedeutet.

Ihr sehr ergebener
                                                    Wystan Auden

P. S. Hoffentlich können Sie meine Handschrift lesen. Bedauerlicherweise kann ich nicht Maschine schreiben.«

Und so begann die Verwirklichung des Projekts: Auden wurde nach Los Angeles eingeladen, die Strawinskys lernten den sehr sanften, »blonden intellektuellen Bluthund« schätzen, und Strawinsky lobte an Auden, der täglich seine Begabung als technisch versierter Stegreifdichter vorführte, daß er ein Dichter in des Wortes ursprünglichster Bedeutung sei, einer, der Poesie in der absoluten Herrschaft der Technik über die Materie schreibe. »Man wird die Tugend der ›Technik‹ nie genug loben, man wird nie eindringlich genug darauf dringen, wie wesentlich und entscheidend das Band ist, das sie mit der Kunst verbindet. Statt dessen von Inspiration zu sprechen, ist verdächtig. Es gibt Fehlgeburten von genialen Einfällen, aus Mangel oder Schwäche der Technik, nicht umgekehrt. Sehen Sie nach bei den Malern. Monet, Manet, Cézanne, Picasso sind große Maler, weil sie große Handwerker sind. Und was mich betrifft, ich fange mit der Technik an und ende mit der Inspiration« (zit. nach: Zanetti, 1952, S. 43).

Jeden Morgen stärkten sich die beiden zunächst mit Kaffee und Whisky und entwarfen in zehn Tagen des Novembers 1947 eine Rohfassung der Geschichte, die sich nicht wesentlich vom gedruckten Libretto unterscheidet. Sie begannen mit einem Helden (Tom), einer Heldin (Ann) und einem Bösewicht (Nick Shadow) und beschlossen, diesen Protagonisten Stimmfächer zuzuordnen: Tenor, Sopran, Baß. Während sie sich bei dem Entwurf der dreiaktigen Szenenfolge in 9 Bildern zunächst an Hogarth orientierten, bekam ihre Opern-Geschichte der Karriere des Tom Rakewell allmählich aktuellere Züge.

Igor Strawinsky und W. H. Auden (1951)

Strawinsky räumt ein, daß ›Mutter Goose‹ und die ›Türkenbaba‹ Audens Beiträge gewesen seien, und es ist zu vermuten, daß Nick Shadow auf Strawinskys Wunsch zum Protagonisten aufstieg, zumal der Komponist bis an sein Lebensende an einen leibhaftigen Teufel glaubte. – Als Auden nach New York zurückkehrte, holte er seinen Freund Kallman als Co-Librettisten hinzu. Er war offensichtlich ein Spezialist für die Versifizierung von Opern-Texten.

Als Orchester für *The Rake* wählte Strawinsky ein Instrumental-Ensemble, dessen Besetzung der von Mozarts *Così fan tutte* oder *Die Hochzeit des Figaro* ähnelt: das Quartett der Holzbläser besetzte er zweifach, ebenso wie die Trompeten, Hörner und Pauken, und Mozarts Streichquintett wird im *Rake* durch ein Cembalo ergänzt.

»Wir [Auden und Strawinsky] besuchten auch einmal zusammen eine Darbietung von *Così fan tutte* auf zwei Klavieren – vielleicht ein Wink des Schicksals, denn *Rake* verdankt *Così* sehr viel« (G, S. 149).

Volker Scherliess weist darauf hin, daß Strawinsky, als er am *Rake* arbeitete, vergeblich versuchte, von Mozarts drei Da-Ponte-Opern Partituren zu bekommen.

»Lediglich von *Figaro* und *Don Giovanni* erhielt er Klavierauszüge (und zwar solche ohne Gesang, nur mit Textmarken im Klaviersystem! ... Strawinsky hat also offenbar gerade jene Oper, der nach seinem Bekunden der *Rake* so viel verdankt, nämlich *Così fan tutte*, während der eigenen Arbeit nicht in Noten vor sich gehabt« (Scherliess, 1992, S. 15).

Auden gefiel die Moral des Kupferstich-Zyklus nicht. Denn daß Hogarths Wüstling Geld erbt, es durch sein Lotterleben vergeudet, daß er eine häßliche Frau heiratet, um an ihr Geld zu kommen, daß er es im Glücksspiel verliert, verrückt wird und stirbt, was sollte sich daraus für eine Moral ergeben, etwa eine, die von aktuellem Interesse wäre? Etwa: Sich mit Weibern einzulassen sei schlecht, weil es Geld koste?

Darum beschloß Auden, die Figur des Tom neu zu gestalten.

»Sein Wesen sollte einen – heutige Hörer allgemein interessierenden – tragischen Fehler aufweisen, an dem er zugrunde geht. Wir machten ihn schließlich zu einem Manisch-Depressiven, der unfähig ist, den gegenwärtigen Augenblick als wertvoll zu erkennen. Er ist glücklich, wenn er sich die Möglichkeiten einer Zukunft vorstellt, zu der kein Weg ihn hinführt; er ist traurig, wenn er schuldbewußt über seine Vergangenheit nachsinnt. Aber er kann nicht bereuen« (zit. nach: Schneider, 1981, S. 141).

Und dennoch bittet der mit Wahnsinn geschlagene Tom später, auf einem Strohsack im Irrenhaus in Bedlam sitzend, seine geliebte Ann, seine Braut, Königin und Venus, ihm zu verzeihen:

»Barmherzige Göttin; hör das Bekenntnis meiner Schuld! Durch ein düstres Labyrinth irrt' ich im Traum; dort folgt' ich Schatten, mißachtend deine Treu. Verzeih dem Sklaven, der bereut sein Tollsein, verzeih, verzeih Adonis, damit er treu nun sei!«

The *Rake's Progress* wurde die schreckliche Karriere eines jungen Mannes, der auf Fortuna baute und im Wahnsinn endet. Es ist eine Karriere in drei Stationen.

»Sie beginnt mit der Liebe Toms zu Ann, der Nachbarstochter, auf dem Lande. Von Nick Shadow angeleitet und verführt, einem nicht allzu fernen Verwandten des Teufels aus der *Geschichte vom Soldaten*, begibt sich Tom nach London, um eine Erbschaft anzutreten, die wahrhaft des Teufels ist. Initiiert von der Puffmutter Goose, vergnügt sich der junge Mann in Londons Bordellen, treibt in die Hochzeit mit einem ›Freak‹, mit der Türken-Baba, und erlebt sich als Menschheitsbeglücker, der aus Stein Brot macht. Die ›Brotmaschine‹, die Nick Shadow ihm vorführt, scheint nicht nur uralte Schuld von den Menschen zu nehmen und sie von dem Fluch zu befreien, im Schweiße ihres Angesichts arbeiten zu müssen, sie verspricht Audens Opernhelden auch eine gute finanzielle Zukunft.

Aber Tom, der Junge vom Lande, verspielt in Jahresfrist nicht nur sein geborgtes Geld, sondern auch sein Leben. Was ihm am Ende bleibt, ist die Liebe des Mädchens Ann. In der letzten Runde des Kartenspiels, das Nick Shadow großzügig gewährt und in dem Toms Höllenfahrt der hohe Einsatz ist, suggeriert Anns Ruf – ›Die Liebe, die man schwor bei dir, löst das Opfer frei, auch wenn die Höll' es geraubt‹ – die entscheidende Karte: Herz-Königin. Nick Shadow, von Panik ergriffen und die eigenen höllischen Leiden vor Augen, vermag Toms Seele nicht zu gewinnen, aber er schlägt ihn mit Wahnsinn. Im Wahn, als Adonis seine Venus liebend und in den treuen Armen Anns, stirbt Tom in Bedlam, im Irrenhaus« (Burde, 1982, S. 199).

Aber wenn das Märchen von den drei Wünschen endet – vom Wunsch nach Geld und Ansehen, nach der Maschine, die aus Stein Brot macht, und schließlich nach der dauernden Liebe, nach der Herz-Königin –, wenn Adonis am Wahn zerbricht, bereiten die beiden Librettisten ihren Zuschauern noch das Vergnügen eines Epilogs. Dessen Moral wird, nach Mozartschem Vorbild im *Don Giovanni*, hier nun vor dem Vorhang ausgebreitet. Während Tom sich am Beginn der Oper zu einer deterministischen Lebensanschauung bekennt und sich Fortuna anvertraut, wird *The Rake's Progress* mit einer seltsam kalvinistischen Moral beendet, die den Segen der Arbeit preist.

Anne: »Es stehn nicht jedem Wüstling immer Lieb und Huld zur Seite. Nicht jedem Mann gibt Gott eine Ann, daß ihre Treu ihn leite.«

Baba: »Laßt vor jedem Mann euch warnen: Nur was Narrheit ist, bejaht er. Ob schlecht, ob gut, was er auch tut, werte Damen, ist Theater.«

Rakewell: »Seht euch vor, junge Männer, wähnt ihr Cäsar und Vergil zu gleichen, daß nicht bald darauf als Wüstling ihr erwacht.«

Shadow: »Tagaus, tagein wirkt Shadow, das war schon seit jeher so. 's glaubt mancher Wicht, mich gäb es gar nicht. Schon oft wünscht ich, es wäre so.«

Alle: »Nun singen wir vereint. Wo Wind weht und Zeit geht, wo Mond und Sonne scheint, gilt allzeit die Weisheit seit Anbeginn der Menschheit: Wo Faule sind auf dieser Welt, der Teufel findt sein Feld bestellt. Die Früchte, gute Leut hier, seid Ihr und Ihr.«

Strawinsky schrieb eine Nummern-Oper in der italienisch-mozartischen Tradition, wie er zuvor in *Mavra* (1922) die Tradition der Opern Glinkas beschworen hatte. Das geschah aus seiner tiefen Aversion gegen das Musikdrama, das ihm formlos schien und dem er in seiner *Poétique musicale* mehrere Paragraphen gewidmet hatte.

> ». . . Kunst ohne Kanon hat für mich kein Interesse. On doit toujours se borner, se donner des limites . . . man erlangt die Freiheit nicht, wenn man keine Beschränkungen annimmt, wenn man nicht innerhalb fest bestimmter Grenzen arbeitet« (zit. nach: Zanetti, 1952, S. 44).

Verdi habe sich in *Othello* und *Falstaff* verloren, als er sich auf den Weg des Musikdramas begab.

> »Anstatt musikalische Formen als symbolischen Ausdruck für den dramatischen Gehalt zu suchen (wie in den kunstvoll-komplizierten Beispielen von Berg), zog ich es vor, meinem Werk die Form einer Nummernoper des 18. Jahrhunderts zu geben, wo der dramatische Verlauf an einer Abfolge verschiedener ›Nummern‹ hängt, d. h. Arien, Duetten, Terzetten, Chören, instrumentalen Zwischenspielen und Rezitativen. Die Geschichte wird ausschließlich mittels Gesang berichtet und vorgeführt – im Unterschied zum sogenannten Sprechgesang und zur Wagnerschen ›unendlichen Melodie‹, die letzten Endes ein Orchesterkommentar zu einem fortlaufenden Rezitativ ist« (Strawinsky, im Begleitheft zur Sony-CD 46299, S. 9).

Und es ist interessant, daß Strawinsky sich wiederum einem tendenziell epischen Sujet zuwendet, wie schon in *Renard, L'Histoire du soldat*, in *Mavra* oder *Oedipus Rex*. Der grundlegende Gestus des *Rake* ist erzählend.

»Da ich ein an eine bestimmte Zeit gebundenes Sujet gewählt hatte, entschloß ich mich – ganz natürlich, wie mir schien –, auch die Konventionen der entsprechenden Zeit zu übernehmen. *The Rake's Progress* ist daher eine konventionelle Oper, jedoch mit dem Unterschied, daß angesehene Kreise die betreffenden Konventionen für längst ausgestorben hielten. Mein Wiederbelebungsplan hatte mit Modernisieren und Auffrischen jedoch nichts zu tun, was in jedem Fall ein Widerspruch in sich selbst gewesen wäre; folglich hatte ich keine Ambitionen als ›Reformer‹, jedenfalls nicht in der Art Glucks, Wagners oder Bergs. Diese großen Neuerer versuchten ja gerade, diejenigen Klischees abzuschaffen oder umzuformen, die ich wiedereinzusetzen trachtete; und meine Rückkehr zu diesen Klischees bedeutete nicht, daß ich ihre inzwischen zur Konvention gewordenen Reformen ablösen wollte (z. B. die Leitmotivtechnik von Wagner und Berg)« (Strawinsky, ebd., S. 9).

Szenenbild aus *The Rake's Progress*. Deutsche Erstaufführung, Stuttgart 1951

Tatsächlich gibt es auch im *Rake* Andeutungen einer instrumentalen Leitmotivtechnik, etwa die Zuordnung des Cembalos oder von Fanfarengestik zur Welt des Nick Shadow. Andererseits ist *The Rake's Progress* natürlich keine konventionelle Oper geworden. Die übernommenen Konventionen sind auch im *Rake*, wie stets im neoklassischen Komponieren Strawinskys, verfremdet. Konventionalisiertes wird von Strawinsky sehr subtil und lediglich partiell aufgenommen, etwa in der Weise, daß eine oder mehrere Dimensionen der von ihm allusorisch berührten traditionellen Musiksprache im Sinne der Tradition behandelt, andere dagegen verfremdet werden.

Am 3. Bild des ersten Aktes der Oper sei diese gestalterische Dialektik exemplifiziert.

Von zwiespältigen Gefühlen bewegt, kommt Ann in Reisekleidung aus dem Hause ihres Vaters Trulove. In ihrem Herzen hört sie die Stimme Toms, der sich aus London seit sechs Monaten nicht mehr gemeldet hat; andererseits möchte Ann durch ihr Fortgehen ihren Vater nicht verletzen. Ihr Entschluß, Tom zu suchen, festigt sich im zweiten Rezitativ, dessen Schluß einem Gebet gleicht, und findet in der ›Kabaletta‹ dann ihren Ausdruck.

Das erste Rezitativ und die folgende Arie Anns werden mit einem schmerzlich konzentrierten Vorspiel eingeleitet. »Die Holzbläser intonieren wie in Holz geschnitzte Phrasen, diskret zurückgestaute Aufschreie der Hoffnungslosigkeit, die an die Sprache der *Histoire du soldat* erinnern [s. Bsp. 68].

In der Arie Anns aber befreit sich der Gesang im ⁶⁄₈-Rhythmus Verdis, und ihre Trauer singt sich in die kolorierenden Figuren Mozartscher Arien hinein. Die Angst, daß Tom sie vergessen habe, Anns Trauer und Resignation werden durch ihre hoffende Liebe aufgehellt. Wenig später nur, in der Kabaletta, macht sich Ann mit Mozarts Arientyp wilder Entschlossenheit, einer Aria di bravura, Mut.

Im musikalischen Zeitprozeß wird die seelische Erstarrung, werden die musikalischen Chiffren der Angst des Beginns allmählich mit den kleinen Zeichen musikalischer Hoffnung, die in der Arie gesetzt werden, verwoben. So treibt die Dialektik der Gestaltung das Dritte hervor, die eigentlich gemeinte differenzierte Bewußtseinslage Anns« (Burde, 1982, S. 207). Anns Haltung und Bewußtsein wird nicht, einer expressionistischen Konvention folgend, im direkten kompositorischen Zugriff gestaltet, sondern durch die Anlage dieses gegliederten Opern-Augenblicks verdeutlicht.

Das instrumentale Vorspiel der *Kabaletta* öffnet sich einer C-Dur-Fläche, die an Mozarts Verfahren der harmonischen Flächenbildung über

Bsp. 68 *The Rake's Progress* I,3. Klavierauszug, S. 60 (Boosey & Hawkes)

mehrere Takte hin erinnert. Daran schließt sich eine verfremdende harmonische Eintrübung, die Schichtung von C-Dur und der Dominante G-Dur, die ins gleichnamige c-Moll einmündet. Während die instrumentale Oberstimme einen brillanten Rossini-Ton aufzugreifen scheint, antwortet die Singstimme in melodischen Dreiklangsbrechungen, die den harmonischen Verhältnissen des Orchestersatzes nahezu entsprechen – wie das im 18. Jahrhundert üblich war. Aber bei [195] wird der C-Dur-Melodie harmonisch ein bitonaler F- und ein G-Klang zugemutet.

Daran schließt sich [196] eine 10taktige melodische Entwicklung, die wie ein klassischer Satz in 2 + 2 + 6 Takte gegliedert ist. Auf ein 2taktiges Motiv folgt seine modifizierte Wiederholung und eine 6taktige Evolution (s. Bsp. 69, S. 258 f.).

Dieser 10taktige Satz wird zunächst wörtlich und bei seiner zweiten Wiederaufnahme in der Singstimme dann koloriert und im Orchesterpart modifiziert wiederholt. So endet der erste Formteil der traditionell strophenartig gegliederten Kabaletta, der kurzen Arie.

Es folgt bei [204] ein 13taktiges Komprimat des ersten Formteils, das wiederum von C-Dur seinen Ausgang nimmt, sich aber nach B wendet und in der aufstrebenden melodischen Anlage der Singstimme gänzlich vom Original verschieden ist. Bei Ziffer [207] wird das ursprüngliche

Kabaletta

Bsp. 69 (Fortsetzung S. 259)

Bsp. 69 *The Rake's Progress* I,2. Klavierauszug, S. 65 f. (Boosey & Hawkes)

motivische Material des orchestralen Vorspiels und das der Singstimme kolorierend wieder aufgenommen und gleichsam sich selbst fortzeugend in sich steigernder Virtuosität fortgesetzt, die in der Singstimme schließlich im dreigestrichenen C kulminiert.

Strawinsky entfaltete die ›Kabaletta‹ der Ann als traditionelle, dreiteilige Formanlage – mit deutlichen Rückbezügen zu thematischen Konstanten in allen Formteilen. Aber auch intern, im Aufbau einzelner Formglieder adaptierte der Komponist Gliederungsformen, wie sie im 18. Jahrhundert Usus waren. Daß die ›Kabaletta‹ dennoch nicht wie eine Mozartsche Arie klingt, hängt einerseits mit den bitonalen harmonischen Mischungen des Orchesterparts zusammen, die gegenüber den bisweilen simpel tonalen Verläufen der Singstimme divergieren; aber auch mit der Gestaltungsweise der Singstimme selbst. Deren musikalische Rhetorik wirkt bei aller Virtuosität viel weniger geschmeidig als traditionelle Verläufe, denn sie schließt sich nur unvollkommen an tonale Möglichkeiten der melodischen Phrasenbildung an: an Sequenzbildungen oder an jene entwickelnden melodischen Steigerungsformen, deren inneres Tempo beschleunigt wird. Strawinskys Melodiebildungen bleiben meist an eine bevorzugte harmonische Ebene gebunden und tendieren zu wörtlichen motivischen Repetitionen, die auch stereotyp und mit monoton grauem Effekt die gleichen Ton-Orte, die gleichen Oktavlagen bevorzugen. Die von Strawinsky behauptete Nutzung von Klischees erreicht erfreulicherweise – sonst arbeitete die Oper mit Stilkopien und nicht verfremdend – nie jenen in tonaler Musik möglichen Sättigungsgrad, sondern wirkt beständig kontrolliert und bisweilen auch ungelenk. So ergibt sich ein interessantes Hörerlebnis, das auf zwei Ebenen spannungsvoll abläuft. Verstehen, auffassen und genießen kann man diese Musik im eigentlichen Sinne nur, wenn man die historischen Modelle gleichsam mithört, die hier nur mehr anspielungshaft komponiert wurden.

Die neue Wahrhaftigkeit der neoklassischen Ästhetik, ihr virtuos gehandhabter Formalismus führt zu einem in jedem Augenblick befremdlichen Spannungsfeld, das sowohl die Charaktere wie die kompositorischen Verfahren der Tradition auf eine neue Weise ins Bewußtsein hebt und sie so auch bewahrt.

Ein zweites Beispiel, die *Kavatine* des Tom aus dem 2. Bild des ersten Aktes.

Tom erlebt das Bordell-Milieu, er wird von Nick Shadow der Mutter Goose vorgestellt und von beiden zu Konfessionen animiert: Prüde und Bekehrer seien im Leben zu meiden, die Natur sei seine Lehrmeisterin. Sie lehre, was Schönheit sei. Schönheit aber sei, was voll Genuß das Auge trinkt, Jugend hat, Geld kauft, Witz erringt. Genuß sei, was jeder sich erträumt, ganz gleich in welchem Umfang und Bereich. Nick ist mit seinem Schüler sehr zufrieden und stellt eine letzte Frage: »Liebe . . .?«

Nun reagiert Tom tief verletzt: »Liebe, dies teure Wort ist wie ein Feuerbrand, glüht mir im Mund, zeugt Schrecken nie gekannt.« Tom möchte forteilen, aber Nick stellt die Kuckucksuhr, die gerade eins geschlagen hatte, auf zwölf zurück: »Sieh! Die Zeit gehorcht. Die Stunde dient der

Freude. Sei kühn! Sei froh! Genieß, was sonst dich reute!« Tom trinkt hastig, wird von Nick der Gesellschaft vorgestellt und singt seine Kavatine von der verratenen Liebe. Schließlich geht er mit Mutter Goose ab, um ihre Art der Liebe zu erleben, während seine Liebe zu Ann im Sog des Milieus verdämmert.

Die ›Kavatine‹ wird mit Akkordsetzungen im Stile des Recitativo accompagnato eingeleitet und entfaltet sich zunächst in zwei Formgliedern.

Bsp. 70 (Fortsetzung S. 262)

Bsp. 70 *The Rake's Progress* I,3. Klavierauszug, S. 50 f. (Boosey & Hawkes)

Die Singstimme deklamiert den Text in einem 8taktigen (3 + 3 + 2) Formglied syllabisch in kleinen Tonschritten, die zweimal von gis' ihren Ausgang nehmen, sich bis zum e", zum dis" erheben und sich tonal auf gis' wieder zu runden scheinen.

Erst danach, in einem zweiten, 12taktigen Formglied, wird die melodische Faktur zu großen Intervallen leidenschaftlich aufgerissen und in einer Schlußgruppe zu gis zurückgeführt. Der Orchesterpart unterstützt die zur figurativen Feingliedrigkeit tendierende Deklamation durch einen in Achteln pulsierenden Orgelpunkt auf E, die Terz des zugrunde liegenden cis-Moll-Klangs. Der Orgelpunkt weicht im zweiten Formglied einer chromatisch aufsteigenden, gleichsam threnodischen Baß-Figur, wie sie aus dem 17. Jahrhundert bekannt ist – dort meist als Quartgang und in absteigender Bewegungsrichtung. Zum Orchester und zur Singstimme formuliert die Klarinette in jedem Takt ein charakteristisches, barockisierendes Quintolen-Ornament, das bei den Worten »Weeping, weeping« zu jenen auflösungsbedürftigen Sekundreibungen zweier Oboen mutiert, zu jener Seufzer-Gestik, deren Klageruf an jenen der Einleitung zur Johannes-Passion Bachs erinnert.

Ab [156] werden die beiden Formglieder zwar in ihrer spezifischen Gliederungsweise – 8 und 12 Takte – wieder aufgenommen, aber die Singstimme reagiert nun nach 5 Takten bereits mit großen Intervallsprüngen auf die sich steigernden Emotionen des Tom-Monologs und überschreitet die bisherigen melodischen Höhepunkte bis zum gis": »Liebe, mein Schmerz und meine Schmach! Wenn ich dich auch meist vergaß, Göttin, oh vergiß mich nicht! Komm, behüt mich! Sei mir nah, sei mir nah in der dunklen Stund, daß ich sterbend, sterbend nur deinen heiligen Namen sag.« Auch dieser zweite Formteil wird in einem Anhang zum cis-Moll-Grundklang zurückgeführt.

Strawinskys neoklassizistische Arbeit unterwirft sich zwar der zweiteiligen Kavatinen-Architektur, setzt Orgelpunkte wie in einer barocken Aria, übernimmt barockisierende Ornamentik, Seufzer-Gestik, setzt sogar quasi-tonale melodische Fixpunkte, vornehmlich die Quinte gis des imaginierten cis-Moll-Klangraums, und überwindet mit Eleganz, beispielsweise durch Synkopierung bei [153], die Gefahr, daß die melodischen Einschnitte allzu fühlbar werden. So bildet sich ein differenzierter Ausdrucksraum, der sich in einem doppelten Wortsinn als Passionsraum zu erkennen gibt, Leidenschaft und Klage vereint und durch kompositionstechnische Verfügung über die historischen Modelle auch deren historische Bewußtseinsbegrenzung und Ausdrucksverkapselung zu differenzieren und zu überschreiten vermag. Das ist Strawinskys neoklassischer Surrealismus, Neoklassik, deren Fermente das mit unbewußten Erinnerungen an die Historie vollgesogene subjektive Bewußtsein oszillieren lassen und die durch handwerklich-technische Verfügung, Konzentration und Reflexion sich unserem gegenwärtigen Bewußtseinsstand annähert.

Ein drittes Beispiel: Dritter Akt, 2. Szene (»Ein Kirchhof. Gräber. Sternlose Nacht«). Die Partnerschaft zwischen Tom und Nick treibt der Katastrophe zu. Shadow verlangt seinen Lohn, Toms Seele; er habe gewährt, was Tom begehrte. Shadow deutet auf ein offenes Grab, Tom soll zwischen vier Todesarten wählen: Dolch, Gift, Pistole oder Strang. Wenn die Uhr zwölf schlage, sei sein Leben verwirkt. Aber beim neunten Schlag hält Shadow die Zeit an und gewährt dem Zitternden chevaleresk ein Intermezzo. Wenn es Tom gelinge, die drei Karten zu erraten, die Shadow auswählen werde, sei seine Seele gerettet.

»Bis dahin hat der Komponist bereits einzigartige musikalische Charakterisierungsarbeit geleistet. Die Kirchhof-Szene wird durch ein fahles, vibratoloses ›Prélude‹ der Streicher eingeleitet. Solo-Violoncello und Solo-Bratsche inszenieren ein chromatisches Feld b, a, c, des, das bald zu b, a, c, h und um as, g, ges erweitert wird« (Burde, 1982, S. 208). Die Sekundreibungen und der abgeschiedene Klang der Instrumente bestimmen den Ausdrucksraum dieses Vorspiels (s. Bsp. 71, S. 264).

Prelude

Bsp. 71 *The Rake's Progress* III,2. Klavierauszug, S. 185
(Boosey & Hawkes)

In den tiefen Streichern des folgenden Duetts zwischen Tom und Nick beginnt nun jene gemessene barockisierende Punktierung, über die der Komponist seine Passionssignale, die Terzen der Flöten, setzt. Und in das g-Moll-Arioso Toms bricht Nick provokant mit einem munteren G-Dur-Liedchen ein, reißt später aber auch die barocken Typisierungen an sich und wendet sie nach Dur. Tom antwortet in wilder Verzweiflung, zu der die triumphierend fanfarenartigen Dreiklänge des Opernbeginns gesetzt werden.

»Die Zwielichtigkeit der Szene kulminiert schließlich in einer weit ausgesponnenen bitonalen – zwischen F-Dur und fis-Moll zunächst changierenden – Cembalo-Partie, über deren unsicherem Boden Toms und Nicks Kartenspiel-Dialoge ausgetragen werden. Als Nick Tom hintergeht und die bereits erratene und fortgelegte Karte der Herz-Königin dem Spiel in einem unbeobachteten Augenblick wieder beimischt, antwortet das Cembalo, das Symbolum des Teufels, mit fanfarenartigen Klängen des Sieges. [...]

Auch in dieser großen, weit gesponnenen Szene entgeht Strawinsky der Versuchung, die Atmosphäre teuflischer Bedrohung und des Todes musikalisch auf einen Ton zu stimmen und sie gleichsam expressionistisch zu gebären.

Mit dem Vorspiel wird eine Klangfolie der Abgeschiedenheit, wird die unwiderrufliche Unbedingtheit des nahen Todes, das starre Beharrungsvermögen tiefen Schmerzes gesetzt. In diesen Klanghintergrund hinein schreibt Strawinsky seine ausdrucksvollen musikalischen Chiffren: Passionsformeln für Tom, auftrumpfende volkstümliche Melodik für Nick Shadow. Tom steigert sich zum verzweifelten Schrei, und Nick Shadow adaptiert das barocke Pathos, um seiner Todesforderung Nachdruck zu geben. Im ›spinnenbeinigen‹ Spiel der Dur/Moll gefärbten Cembalo-Linien reiben sich Tom und Nick atemlos aneinander, in äußerster, zurückgenommen inszenierter Spannung. Auch hier integriert die Gesamtanlage der Szene die Bausteine zum Ganzen und treibt ihren differenzierten Gestus, ihre differenzierte Gesamthaltung hervor. Strawinskys Technik der strukturellen Montage und der Einschmelzung des stilistisch Heterogenen gehorcht einer empfindlichen Balance« (Burde, 1982, S. 208, 210).

Strawinskys Gefühle für diese Oper seien sehr persönlich gewesen, berichtet Robert Craft. Er habe die Liebe Toms und Anns in ihrer letzten Szene mit seiner und Veras Liebe gleichgesetzt und das Duett »In a foolish dream, in a gloomy labyrinth« auch in einer Art Antizipation seines eigenen Todes vor allem für Vera geschrieben.

Bsp. 72 (Fortsetzung S. 266)

Bsp. 72 *The Rake's Progress* III,3. Klavierauszug, S. 218
(Boosey & Hawkes)

Ballette

Danses concertantes für Kammerorchester, 1941/1942

Uraufführung: Los Angeles, 8. 2. 1942 (Dirigent: Igor Strawinsky).

Das Werk für Kammerorchester wurde vom Werner-Jansen-Orchester in Auftrag gegeben. Es reiht fünf Sätze – Marche, Pas d'action, Thème varié, Pas de deux, Marche –, die der Komponist mit leichter Hand zu einer Folge von Tanzsätzen für den Konzertsaal ausarbeitete: in luftiger Manier mit metrischen Sensationen, mit Asymmetrien und plötzlichen Akzenten spielend und gelegentlich die Faktur in konzertierenden Augenblicken verdichtend. Dennoch sind die *Danses concertantes* auch als Ballettmusik genutzt worden. Zuerst 1944 in New York von George Balanchine in einer Aufführung der ›Ballets russes de Monte Carlo‹.

Scènes de ballet, für Orchester, 1944

Uraufführung: Philadelphia, Forrest Theatre, 24. November 1944 (Dirigent: M. Abravanel).

Im Jahre 1944 erhielt Strawinsky eine Einladung von Billy Rose, eine 15minütige Ballett-Suite zu schreiben, die in dessen Broadway-Revue *The Seven Lively Arts* integriert werden sollte. Strawinsky akzeptierte die ihm angebotenen 5000 Dollar und arbeitete mit Anton Dolin, dem Choreographen, eine Tanzfolge aus, die an die Gliederung des Balletts *Giselle* erinnerte: Sie verband neun Nummern des Balletts, die der Komponist auf elf erweiterte, zu Auftritten der Ballerina, zu Pas de deux, Pantomimen und Auftritten des Corps de ballet. Während der Komponist im Sommer 1944 an der Fertigstellung der Partitur arbeitete, stellte Ingolf Dahl eine Klavierfassung der Musik her, die in den Proben verwendet wurde. Die Revue *The Seven Lively Arts*, im November 1944 zunächst in Philadelphia in Voraufführungen vorgestellt, wurde am 7. Dezember im New Yorker Ziegfeld Theatre präsentiert und lief mit großem Erfolg bis zum Mai 1945 – und mit ihr ausgewählte Nummern des Strawinsky-Balletts. Im November 1945 erhielt der Komponist ein Telegramm von Dolin, in dem er gebeten wurde, den großen Erfolg seines Balletts durch eine Umorchestrierung des Pas de deux für Streicher zu erhöhen. Aber Strawinsky telegrafierte zurück: »Satisfied with great success.« Dennoch wurden die *Scènes de ballet* in der Broadway-Version durch Striche, durch Reduzierung des Orchesters und Nutzung als Ouvertüre für den zweiten Teil der Show zunehmend entstellt.

In einer Notiz zur New Yorker Aufführung des integralen Balletts im Winter 1945 durch die New Yorker Philharmoniker betont der Komponist die Nähe seines Balletts zu traditionellen europäischen Gattungen: »Diese Musik ist nach den Gesetzen des klassischen Tanzes gegliedert, ohne irgendeine gegebene literarische oder dramatische

Idee. Die Teile folgen aufeinander wie in einer Sonate oder Sinfonie, nach dem Gesetz des Gegensatzes oder der Ähnlichkeit« (White, 1949, S. 210). Dennoch wird in der Literatur eine kleine Kontroverse ausgetragen: ob das Trompetensolo bei [77] des Pas de deux einem Pop-Tune gleiche und Strawinsky sich in dieser Ballett-Partitur nicht allzu ausführlich in die Nähe des Broadway-Genres begeben habe.

Orpheus

Ballett in drei Szenen auf ein Libretto von Igor Strawinsky und George Balanchine für Orchester, 1947

Uraufführung: New York, City Center, 28. April 1948 (Dirigent: Igor Strawinsky; Choreographie: George Balanchine; Ausstattung: Isamu Noguchi).

Das Ballett reiht Momente der Orpheus-Legende in drei Szenen und zehn Nummern aneinander – darunter auch 3 ›Interludes‹ – und kommentiert die Tragödie der Liebenden gleichsam mit szenischen Ballett-Stichworten.

»In der dreigliedrigen Szene I beklagt Orpheus den Tod Eurydikes, der Todesengel tritt auf und führt Orpheus schließlich in den Hades hinab. In der großen Szene II besänftigt Orpheus die Furien und rührt Hades durch seinen Gesang. Die Furien verbinden Orpheus die Augen und geben ihm Eurydike zurück. Orpheus und Eurydike tanzen miteinander, er reißt sich die Binde von den Augen, Eurydike stürzt zu Tode, und Orpheus wird von den Furien in Stücke gerissen. In der kurzen Szene III schließlich, der Apotheose des Orpheus, erscheint Apollo, nimmt aus den Händen des Toten die Lyra und erhebt seinen Gesang zum Himmel« (Burde, 1982, S. 194 f.).

In einem Aufsatz über das tänzerische Element in Strawinskys Musik hat Balanchine auch versucht, die Essenz ihrer faszinierenden Zusammenarbeit zu formulieren (Balanchine, 1955, S. 21 und 23):

»Was mich anbelangt, kann ich nur sagen, daß mich Strawinskys Musik mit letzter Befriedigung erfüllt. Ich fühle mich wohl dabei. Wenn ich eines seiner Werke höre, drängt es mich (ich liebe das Wort ›inspiriert‹ hier nicht), Rhythmus, Melodie und Harmonik optisch zu gestalten, selbst die Instrumentalfarben. Könnte ich komponieren, wäre das wahrscheinlich die Musik, wie sie mir vorschwebt. [...] Als Mitarbeiter entkleidet Strawinsky jede Aufgabe ihrer Nebensächlichkeiten. Er denkt zuerst (und nicht selten ausschließlich) an die Dauer eines Stückes: wie lange dauern Einleitung, Pas de Deux, Variationen, Coda. Unendlich viel Zeit zu haben, bedeutet ihm nichts. ›Wenn ich weiß, wie lange ein Stück dauern soll, dann regt es mich an.‹«

In der Szene I des Balletts steht der weinende Orpheus reglos mit dem Rücken zum Publikum. Freunde schreiten an ihm vorüber, übergeben ihm Geschenke und grüßen ihn voller Sympathie. Die Musik der zarten Streicherakkorde schichtet sich über die absteigende phrygische Skala der Harfe (s. Bsp. 73, S. 270), Bläserakkorde durchschneiden mehrmals die ›Lento sostenuto‹-Atmosphäre, Figuren der tiefen Streicher werden hörbar, bis die Musik an die Formulierungen des Beginns zurückkehrt und nunmehr auf A endet.

Strawinsky huldigt mit den absteigenden Gesten der Harfe dem Sänger Orpheus, aber auch dem Gott Apoll, dessen Gebot der Würde und künstlerischer Gemessenheit auch diese Partitur prägte.

›Air de danse‹ und ›L'Ange de la mort et sa danse‹, die beiden folgenden Nummern, konfrontieren die Hoffnung und Lebensfreude des Orpheus mit der Zerrissenheit des Todesengels. Während die Sphäre des Orpheus mit einer Wechselnotenformulierung der Solo-Violine und durch Streicherchöre charakterisiert wird, wechseln die instrumentalen Charakteristika des Todesengels beständig bis zu jenem Augenblick, in dem der Engel Orpheus in den Hades (Tartarus) hinabführt – auf dem schwankenden Boden von Streichertremoli, die von Signalen der Posaune und zuletzt der Trompete überwölbt werden.

Die Szene II wird durch einen weitgesponnenen wilden ›Tanz der Furien‹ eröffnet, und Orpheus erhebt darauf seine Stimme zu einem Gesang, der Hades anrührt. Nach einem Rezitativ der Harfe ist der strophisch gegliederte Gesang als barockisierendes Concertino zweier Oboen und der begleitenden Harfe zu hören.

Der ›Pas de deux‹ der Liebenden wird mit einer Unisono-Geste der Streicher eröffnet, deren erste Töne wenig später als Thema durch die Stimmen geführt und zu einem mächtig aufblühenden, kontrapunktisch gearbeiteten polyphonen Gesang ausgearbeitet werden. Dann beginnen Orpheus und Eurydike zu tanzen [109], vornehmlich Klarinette und Flöte charakterisieren ihre Vertrautheit. Aber der Gesang der Streicher, der wieder hörbar wird, stürzt bald in eine Generalpause des Schweigens:

Bsp. 73 *Orpheus*, Szene I. Partitur, S. 1 (Boosey & Hawkes)

und Eurydike stürzt in ihr zu Tode, weil Orpheus die Binde von seinen
Augen löste und Eurydike anschaute. Wenn die Furien ihre schreckliche
Arbeit getan haben, betritt zuletzt Apollo die Szene III, die zugleich Epi-
log und Verherrlichung des Sängers Orpheus ist.

Der kurze Satz scheint dem Beginn des Balletts zu gleichen. Die Har-
fenmelodie steigt zunächst im phrygischen Modus hinab, aber sie steigt in
der dorischen Skala wieder herauf. Darüber bildet sich eine Trauerpoly-
phonie, eine Fuge der beiden Hörner, die durch einen cantus-firmus-

artigen Gesang der Trompeten und Violinen schmerzlich grundiert wird bis zu jenem Augenblick, in dem der Komponist seinen Epilog »zerschneidet«.

Darüber berichtete Nicolas Nabokov, der langjährige Freund Strawinskys, der ihn Weihnachten 1949 in seinem kalifornischen Haus besuchte (Nabokov, 1955, S. 12):

»Er setzte sich ans Klavier, putzte sorgfältig seine Brille und schlug die Orchesterpartitur des *Orpheus* auf. Einen Augenblick später, und wir waren ganz gefangen genommen davon. Ich stand hinter ihm und beobachtete die kurzen nervigen Finger, die über die Tasten glitten, die vorgeschriebenen Intervalle suchten und fanden und die weiträumigen Akkorde und die charakteristischen Strawinskyschen Melodiesprünge zum Klingen brachten. Mit Nacken, Kopf und dem ganzen Körper betonte er die geniale rhythmische Anlage der Musik durch ruckartige Bewegungen. Er grunzte, summte und hielt gelegentlich an, um hier und da eine Erklärung zu geben.

›Sehen Sie die Fuge hier‹, sagte er beispielsweise und zeigte auf den Beginn des Epilogs. ›Die beiden Hörner führen sie durch, während Trompete und Violine eine langgezogene Melodie, eine Art Cantus firmus vortragen. Klingt das nicht wie eine mittelalterliche Vielle? Hören Sie …‹ [s. Bsp. 74, S. 272].

Als er dann zu einer Stelle des Epilogs kam, an der ein Harfensolo die lange Fugenentwicklung unterbricht, hielt er inne und erzählte: ›Hier, sehen Sie, zerschnitt ich die Fuge wie mit einer Schere … Ich führte diese kurze Harfenepisode wie zwei Takte einer Begleitung ein. Dann fahren die Hörner mit der Fuge fort, als sei nichts passiert. Ich wiederhole das in regelmäßigen Abständen.‹ […]

Begierig zu erfahren, warum er das Harfensolo einführte, fragte ich: ›Was ist der Zweck einer solchen Fugenunterbrechung?‹ Er lächelte vielsagend, als wollte er mich in eines seiner privaten Geheimnisse einweihen: ›Aber hören Sie es nicht? Das Harfensolo ist einem anderen Satz entnommen.‹ Er wendete die Seiten bis zur Mitte der Partitur zurück. ›Es ist eine Erinnerung an Orpheus' Gesang‹, und gedankenvoll folgerte er: ›Hier im Epilog klingt es wie eine Art Zwang, wie etwas Unaufhaltsames. […] Orpheus ist tot, das Lied ist verklungen, aber die Begleitung geht weiter.‹«

Bsp. 74 *Orpheus*, Szene III. Partitur, S. 57 (Boosey & Hawkes)

Strawinskys Annäherung an die Reihentechnik

Daß Igor Strawinsky am Beginn der fünfziger Jahre mit Reihen zu komponieren begann, hatte komplexe Gründe. Nach der Beendigung seiner abendfüllenden Oper *The Rake's Progress* geriet er in eine (zweite) stilistische Krise und schlug darum auch die Chance aus, W. H. Audens ›Delia‹-Libretto zu komponieren, das er zwar als »beautiful« charakterisiert hatte, das ihn aber womöglich dazu gebracht hätte, lediglich eine Fortsetzung des *Rake* zu komponieren.

Robert Craft berichtet eher Disparates über die Annäherung Strawinskys an Schönbergs Reihentechnik. Die Nachricht von Schönbergs Tod (am 14. Juli 1951) habe Strawinsky, so ist in Crafts Essay »Zehn Jahre mit Strawinsky« (1958, in: R. C., *Strawinsky*) zu lesen, erschüttert, und das ungeheuerliche allgemeine Vergessen, das Schönberg erlitten hatte, habe ihn aufrichtig geschmerzt. Obwohl Strawinsky bis zu jenem Zeitpunkt einige zwölftontechnisch organisierte Musik gehört hatte, sei er doch mit keinem Werk wirklich vertraut gewesen. Das erste zwölftönige Werk, das ihn tief beeindruckte – er habe es in den Monaten Januar/Februar 1952 mehrmals gehört –, sei Weberns *Quartett* op. 22 gewesen. Kurze Zeit danach habe er eine Art Reihe in der »Sacred History«, dem ›Ricercar II‹ seiner *Cantata* (1951/52), verwendet. Im gleichen Jahr habe Strawinsky jede Gelegenheit ergriffen, um Schönbergs Musik zu hören: insbesondere den *Pierrot lunaire* und die *Serenade*. Daß Strawinsky in sein eigenes *Septett* (1952/53) eine Gigue einfügte, gehöre zum Einfluß der Schönberg-*Suite* op. 29.

Im Jahre 1958 wies Robert Craft noch jede Verantwortung für Strawinskys »Sturz in den Webernismus« weit von sich.

> »*Rake's Progress* war ein Ende. Das sagte er gleich, als er die Oper abgeschlossen hatte. Außerdem hat er erklärt, daß er, als er das *Agnus Dei* vor dem *Rake* schrieb, daran gedacht habe, Reihen dafür zu benutzen. Die Entdeckung der Wiener Schule auf unseren Konzerten in Los Angeles und sein abermaliger Aufenthalt in Europa von August bis November 1951 und im April/Mai 1952 haben sein Interesse an dieser Musik geweckt« (Craft, *Strawinsky*, S. 47).

Daß Craft den Faden der Diskussion über solche augenscheinlich definitiven Auskünfte hinaus 25 Jahre später wieder aufnahm, geschah vornehmlich, um einige von ihm als provozierend empfundene Fragen Michail Druskins zu beantworten. So hatte Druskin in seinem Strawinsky-Buch (1976, S. 200) darüber räsoniert, ob der russische Meister womöglich früher bereits reihentechnisch habe arbeiten wollen, sich aber durch die Präsenz des Rivalen irritiert gefühlt und sich erst nach Schönbergs Tod von solchen Hemmungen habe befreien können. In seinem Aufsatz »Influence or Assistance?« (in: Craft, *Present Perspectives*, S. 246–264), dessen Titel die These Druskins spiegelt, daß Crafts Hilfeleistungen nicht mit einem wirklichen Einfluß auf den Komponisten verwechselt werden dürften, beschreibt Craft den stilistischen Wandel Strawinskys als einen 2 Jahre währenden Prozeß dramatischer künstlerischer Auseinandersetzungen – und seine eigene Rolle nunmehr als durchaus bedeutend.

Der Tod Schönbergs habe für Strawinsky bedeutet: Erleichterung beim Tode von jemandem, den man als Bedrohung wahrgenommen habe (»relief at the death of someone perceived as a threat«). Nachdem er die Todesnachricht erhalten hatte, habe Strawinsky sofort ein Beileidstelegramm an Schönbergs Witwe Gertrud geschrieben und wäre als Gast der Begräbnisfeier willkommen gewesen. Am 19. Juli zeigte die Bildhauerin Anna Mahler-Werfel ihm die Totenmaske Schönbergs, deren Anblick ihn spürbar verstörte. Während seiner Europa-Reisen 1951 und 1952 habe er die Reserven der jungen Generation gegen seinen *Rake* deutlich gespürt und in Italien und Deutschland wahrgenommen, daß die Thesen, die Theodor W. Adorno in seiner »Philosophie der neuen Musik« formuliert hatte – Schönberg der Fortschritt, Strawinsky die Regression – von einflußreichen Intellektuellen akzeptiert worden waren. Im Mai 1952 sei Alban Bergs *Wozzeck* (1925) in Paris enthusiastisch aufgenommen, der Conférencier Cocteau in Strawinskys *Oedipus Rex* (1927) indes ausgebuht worden. Im gleichen Monat habe Strawinsky eine Brüsseler Webern-Diskussion zwischen Paul Collaer und Robert Craft erlebt und ein Tonband von Weberns Kantate *Das Augenlicht* erbeten. Collaers Vergleich der Zwölftonmusik mit den flämischen Renaissancemeistern habe Strawinskys besondere Beachtung gefunden.

Ein Konzert, das Craft am 24. Februar 1952 an der University of Southern California mit Schönbergs *Septett-Suite* und Weberns *Quartett* op. 22 dirigierte, sei indes zum eigentlichen Wendepunkt für Strawinskys musikalische Entwicklung geworden. Wenige Tage später, nach einem Abendessen in Palmdale am 8. März, habe Strawinsky auf dem Rückweg plötzlich erklärt, er fürchte, nicht länger mehr komponieren zu können, wisse nicht was tun; er habe geweint, einen momentanen Zusammenbruch erlitten, den starken Eindruck von Schönbergs *Suite* op. 29 bekannt und dann gesagt, er möchte noch mehr lernen. Um Strawinsky von seiner momentanen Depressivität abzulenken, habe Craft ihm vorgeschlagen, Strawinsky möge sein *Concertino* orchestrieren, ein Werk, das die junge Generation sehr verehre, und der Meister habe sich am nächsten Tag an die Arbeit gemacht.

Nachdem Strawinsky von der Europa-Reise (1952) zurückgekehrt war, habe er seine *Cantata* beendet, mit der Komposition des *Septet* begonnen und im Herbst 1952 an den Vorbereitungen sowie den vier »Schönberg Memorial Concerts« teilgenommen, die Craft in der Reihe »Evenings on the Roof« leitete.

Von Schönbergs Werken, die er alle nicht kannte, machte die *Serenade* einen so starken Eindruck auf Strawinsky, daß er in *Agon* eine Mandoline und in eine neue Instrumentierung der *Quatre chants russes* (von 1918) eine Gitarre einfügte. Neben dem großen Einfluß von Schönbergs *Septett* habe er sich auch über dessen *Quintett* enthusiastisch geäußert: »It is the finest Work ever written for this combination.«

Craft selbst hatte in jenen Jahren kontinuierlichen Kontakt zur Schönberg-Familie, er war mit der Tochter Nuria bekannt und dem Komponisten als möglicher Dirigent seiner Werke willkommen – obwohl Persönlichkeiten des engeren Schönberg-Kreises wie Fritz Stiedry sich kritisch über den jungen Dirigenten geäußert hatten. Und Craft hatte im Jahre 1953 auch eine Einladung Vera Strawinskys an Gertrud und Nuria Schönberg angeregt, die freundlich aufgenommen wurde und zu einem Zusammentreffen der weiblichen Mitglieder der Familien führte.

Gegen Druskins Überzeugung, daß ein Komponist, »der sein ganzes bewußtes Leben hindurch in Übereinstimmung mit den selbstgesetzten inneren künstlerischen Gesetzen schuf«, sich den Vorgaben eines Jünglings zweifellos nicht gefügt haben werde (1976, S. 201), setzt Craft zuletzt die Überzeugungskraft von Fakten. Strawinsky habe die Professionalität Robert Crafts als Dirigent und Musikschriftsteller geschätzt – »[Craft] is a first class professional musician and writer«, schreibt Strawinsky zur Zeit des *Canticum Sacrum* an seinen Verleger –, aber auch seinen Rat gesucht. Nach Strawinskys

Balanchine und Strawinsky bei einer *Agon*-Probe (1957)

Tod hätten ihn Zweifel geplagt, ob es richtig gewesen sei, Strawinskys kompositorische Arbeit zu beeinflussen; denn er habe den Komponisten in jenen Jahren geleitet und kontrolliert (Craft, *Present Perspectives*, S. 246–264). Seit den *Three Songs from William Shakespeare* (1953) habe Strawinsky alle kompositorische Arbeit als Ergebnis der Diskussionen zwischen ihnen beiden unternommen.

Craft habe aber auch, wie im Falle von *The Flood* (1962), mehrere Seiten Notizen zu technischen und Fragen der musikalischen Symbolik beigesteuert, die sich heute im Nachlaß in der Paul-Sacher-Stiftung befinden.

Schließlich bekennt Craft, daß Strawinsky ohne seinen Einfluß nach dem *Rake* nicht den Pfad reihentechnischen Komponierens beschritten hätte. Und er fügt kokettierend hinzu: »Jene Musikliebhaber, die eine weitere Oper bevorzugt hätten (Audens ›Delia‹ vielleicht), mehr Pas de deux und einige Konzerte mehr, werden sich betrogen fühlen; andere aber, Bewunderer von *Abraham and Isaac*, den *Variationen* und *Requiem Canticles*, werden mir danken« (Craft, *Present Perspectives*, S. 260).

Daß der Antiromantiker und Objektivitätsfanatiker Strawinsky sich der Reihentechnik so spät zuwandte, geschah vermutlich auch, weil er glaubte, daß die Methode der Dodekaphonie essentiell Schönbergs Expressionsbedürfnis verschwistert sei (»Kunst kommt nicht von Können, sondern von Müssen«). Und Ernst Krenek vermutete, daß die szientifische Kühle der seriellen Technik und die damit verbundene Enthysterisierung des atonalen Idioms Strawinskys Wahl beeinflußt habe (Krenek, 1962, S. 331).

Die Folge solcher kompositorischen Annäherungen an Schönbergs Reihentechnik setzt Strawinsky fort über *Three Songs from William Shakespeare* (1953), *In Memoriam Dylan Thomas* (1954), *Canticum sacrum ad honorem Sancti Marci nominis* (1955), *Agon* (1953/57) bis zu *Threni: Id est Lamentationes Jeremiae Prophetae* (1957/58), seinem ersten vollständig zwölftontechnisch komponierten Werk.

* * *

Cantata für Sopran, Tenor, Frauenchor und ein kleines Instrumentalensemble (1951/52); darin *Ricercar II* als 4. Satz

Dies ist die erste Komposition, in der Strawinsky einen Satz reihentechnisch komponierte. – In einer Programmnotiz, die er für die Uraufführung des Werkes unter seiner Leitung durch die Los Angeles Symphony Society (11. November 1952) schrieb (White, 1979, S. 469), hob er die große Schönheit des »semisacred poems«, der »Sacred History«, die dem *Ricercar II* zugrunde liegt, hervor, aber auch ihre zwingende Syllabification (Silbengliederung, Silbenfolge) und die Gliederung des Textes, der die musikalische Anlage der Komposition nahegelegt habe.

Der anonyme Text (15./16. Jh.) des für Tenor solo, 2 Flöten, Oboe und Violoncello komponierten *Ricercar II*, der auffällig durch die wiederkehrende Textzeile »To call, to call my true love to my dance« und vergleichbare Formulierungen gegliedert ist, wird von Strawinsky zunächst im Wechsel von ›Cantus Cancrizan‹ und Ritornellen komponiert (s. Bsp. 75, S. 281). Grundsätzlich ist der nahezu 13minütige kompositorische Prozeß dieses 4. Satzes der Kantate aus einer Abfolge von vokal-instrumentalen Miniaturen zusammengesetzt, die nach der zweimaligen Folge: ›Cantus Cancrizan‹ – ›Ritornello‹ und dem überleitenden dritten ›Cantus Cancrizan‹ durch die neunmalige Folge ›Canon‹ – ›Ritornello‹ abgelöst wird.

Den Begriff Ricercar interpretiert Strawinsky nicht im Bachschen Sinne bestimmter Allabreve-Fugen (wie etwa im sechsstimmigen Ricercar des *Musikalischen Opfers*), sondern in einer früheren Bestimmung als einer Komposition im kanonischen Stil.

Das *Ricercar II* beginnt mit einer eintaktigen Introduktion von Flöte und Violoncello, die das Thema, den Hauptgedanken des ganzen Satzes formuliert. Perle (1991, S. 54) spricht von einem Motiv, das in diesem Satz lediglich von der Tonhöhenstruktur her definiert sei, während seine rhythmische Gestalt wechsele. Die Transformationen und Transpositionen dieser intervallischen Struktur seien (mit einigen Ausnahmen) wörtlich. Gelegentlich würden nichtmotivische Formen der Ausgangsgestalt durch einzelne Oktavversetzungen erkennbar, wie das bereits bei Strawinskys *Octuor* (1923) und von Donald C. Johns auch bei seiner *Sonate für zwei Klaviere* (1943/44) bemerkt worden war.

So liegt dem 2. Satz der *Sonate*, ›Thema mit Variationen‹, eine »Reihe« von 29 Tönen zugrunde. Gewöhnlich nutzt Strawinsky die Reihentöne, um aus diesem Materialvorrat an Tonqualitäten, deren innere Ordnung er einhält, die melodischen Hauptgestalten jeder Variation zu formulieren. Durch den häufigen Gebrauch von Oktavversetzungen werden die ursprünglichen diastematischen Konturen der Reihentöne immer wieder auch verwischt. Es scheint, daß Strawinskys Verfahren indes eher an den historischen Typus der Figural-Variation erinnert, wie er bei Froberger, Händel, aber auch Mozart zu beobachten ist. Dort werden konstitutive Melodietöne oder harmonische Setzungen figurativ umspielt.

Ob solche Beispiele früherer Verfahrensweisen Strawinskys in der Tat als rudimentäre Vorformen seriellen kompositorischen Denkens von Strawinsky gelten können, scheint indes fraglich. Denn ihr Besonderes liegt ja gerade nicht in der zwölftontechnisch so bedeutsamen Gestaltvarianz, die aus einer Grundgestalt entfaltet wird, in der Aufdeckung der intervallischen Vielperspektivität einer Ausgangsgestalt. Und wie Robert Craft mitteilt, war auch Strawinsky von der vielfältigen Erscheinungsweise eines Identischen in der Zwölftontechnik fasziniert und erweiterte später die traditionellen variativen Möglichkeiten der Zwölftontechnik, als er Kreneks Hexachordgliederung und dessen Technik der Reihenrotation übernahm. Andererseits findet sich in *Dialogues and a Diary* auch die Äußerung Strawinskys: »Für uns beide (Schönberg und Strawinsky) ist die Reihe thematisch, und wir sind letztlich weniger an der Konstruktion, am Bau der Reihe, per se, interessiert, als das Webern war« (Strawinsky/Craft, S. 109).

Die Reihenbehandlungen im *Octuor pour instruments à vent* (1922/23) und in seiner *Sonate für zwei Klaviere* (1943/44) sind insofern Sonderfälle, als Strawinsky die zugrundeliegenden Reihen der Tonqualitäten nicht konsequent in ihren Spiegelformen nutzt, sondern Variation durch Oktavtranspositionen der Töne und die differenzierende Ausarbeitung der metrisch-rhythmischen Dimension schafft.

Im Falle der *Cinq doigts* (1921), die Strawinsky mit seinen Reihenverfahren im *Septet* (1952/53) vergleicht, werden motivische Setzungen formuliert, deren innere Ordnung nicht durch die zugrundeliegende Skala vorgegeben ist. Die Fünftonskalen, die Strawinsky über die Stücke setzt, sind Tonqualitäts-Folgen; deren materiale Begrenztheit, nicht aber deren Reihenfolge muß eingehalten werden. Die Skalen repräsentieren hier lediglich ein Reservoir von Tonqualitäten, deren motivische Ordnung der Komponist jeweils neu setzt.

Es gehört zu Strawinskys kompositorischer Methode in jenen Jahrzehnten zwischen den Russischen Balletten und *The Rake's Progress*, motivische Zellen entweder zu wiederholen, oder aber durch Erweiterung oder Verkürzung Varianten zu bilden und auf solche Weise Tonkomplexe mosaikartig zusammenzusetzen. Strawinskys kompositorisches Denken tendierte über vier Jahrzehnte dahin, das einmal Formulierte neu zu beleuchten, indem er es mit neuen Elementen anreicherte oder mit neuen Zellen konfrontierte. Die von Adorno kritisch hervorgehobene Statik seiner reihentechnischen Kompositionen, der Mangel an entwickelnder Variation wie generell an thematischer Entwicklung, ist also bereits in jenen Jahrzehnten evident. Seine reihentechnische Arbeit nach der *Cantata* hat ihn dann, wegen der Ordnung der einmal gesetzten Tonqualitäten, der er folgte, um die Chancen der Variantenbildung gebracht. Aber sie hat ihm auch den

Reichtum der Variabilität der Reihe eröffnet: nicht allein durch Oktavversetzungen, sondern durch die konsequente Nutzung der verschiedenen Reihenformen und schließlich durch Kreneks Reihen-Rotation. Darum ist es auch fraglich, ob Strawinsky in der Tat »wie bisher« weiterzukomponieren in der Lage war.

Zur seriellen Archäologie an seinem Werk hat er sich bedenkenswert ironisch geäußert: »When some poor Ph. D. candidate is obliged to sift my early works for their ›serial tendencies‹, this sort of thing will, I suppose, rate as an *Ur*example« (ED, S. 133). Und er teilt in einer Anmerkung mit, daß er bereits sechs Briefe erhalten habe, in denen ihm mitgeteilt werde, daß der erste Hexachord seines *Epitaphium* (1959) aus einer Melodie des *Feuervogels* abgeleitet sei.

Strawinskys *Ricercar II* seiner *Cantata* liegt eine elftönige diatonische Reihe mit 6 verschiedenen Tönen zugrunde, deren Tonvorrat wesentlich aus 4 + 4 + 3 Tönen besteht: e, c, d, e – f, es, d, e – c, d, h –, aus einem charakteristischen Beginn der nach unten schlagenden großen Terz, aus einer absteigenden Sekundkette und abschließender nach unten schlagender kleiner Terz. Diese 11tönige Reihe wird in allen 4 Formen – Grundgestalt, Umkehrung, Krebs und Krebsumkehrung – komponiert (s. Bsp. 75).

Der thematische Gedanke wird vom Tenor übernommen, über einem Akkompagnement im rezitativischen Stil von Oboe und Violoncello in der originalen Form, dann im Krebs (Nahtstelle ist das ausgehaltene h', T. 3), darauf T. 5 in der Umkehrung (die Reihentöne c – e überlappen einander) und schließlich in der Krebs-Umkehrung, T. 6; dadurch erscheint die Überschrift des Formgliedes, »Cantus Cancricanz«, gerechtfertigt. Wieder, wie in T. 3 und T. 4, ist eine Verschränkung der Reihenformen, hier um f" zu beobachten. Der zweite ›Cantus Cancrizanz‹ unterscheidet sich durch rhythmische Nuancierungen, der dritte auch in seiner Extension: nur zwei Reihenformen, Grundgestalt und Krebs, werden genutzt.

Von den ›Ritornellen‹ sind die ersten beiden viertaktig, im ⅘-Takt; die folgenden weiteren neun Ritornelle sind Dreitakter im Dreiviertel-Takt. Im Gegensatz zum grundsätzlich geringen Ambitus [Tritonus: h'–f"] der thematischen Formglieder, der gelegentlich in die tiefere Region erweitert wird, zeichnen sich die Ritornelle nach dem Wechselnoten-Beginn um h' durch eine Fortsetzung in großen Intervallen und den charakteristischen Septsprung zum Ende der melodischen Bewegung aus.

Im ersten ›Canon‹ [6] spielt die 2. Oboe ein Thema mit den Tönen der originalen Reihe, und die 1. Oboe nimmt das Thema eine kleine Terz hö

RICERCAR II
(Tenor)
To-morrow shall be...
(SACRED HISTORY)

Bsp. 75 *Cantata*, 4. Satz. Partitur, S. 14 (Boosey & Hawkes)

her auf, während der Tenor zunächst die Umkehrungsform, darauf eine Krebsform und wiederum die Originalform der Reihe singt. Die kanonischen Einsätze hat der Komponist mit eckigen Klammern kenntlich gemacht. Die Fortsetzung der beiden Oboenstimmen ist reihentechnisch nicht fixiert.

Bsp. 76 *Cantata*, 4. Satz. Partitur, S. 16 f. (Boosey & Hawkes)

Auf vergleichbare Weise, gelegentlich auch Transpositionen der Reihenformen nutzend, sind auch die folgenden Kanons 2–8 reihentechnisch ausgearbeitet.

*   *   *

Im **Septet** (Septett) für Bläser, Klavier und Streicher (1952/53) wird vornehmlich die kompositorische Gestalt des 2. und 3. Satzes nahezu vollständig aus Reihen komponiert. Für den 1. Satz ist eine sechsgliedrige Tonfolge konstitutiv, deren erste 5 Töne identisch sind mit dem Beginn der sechzehntönigen Reihe, die dem 2. Satz, der ›Passacaglia‹, zugrunde liegt. Im 3. Satz notiert Strawinsky für die einzelnen Instrumente jeweils wechselnde Tonqualitäts-Reihen.

In Strawinskys Nachlaß gibt es eine Reihentabelle, die 5 Reihenformen exponiert: eine sechzehntönige Grundgestalt (darin ein Schreibfehler, der 10. Ton müßte fis heißen) – Inversion – Retrograde – RI (Transposition auf h der Krebsumkehrung) – IR (Krebsumkehrung auf dem ursprünglichen Ton a).

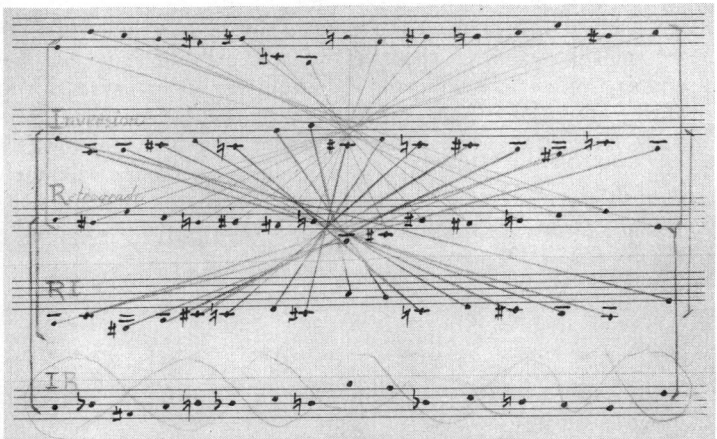

Bsp. 77 *Septett:* Reihentabellen. Strawinskys Autograph
(Paul Sacher Stiftung, Basel)

Über das *Septet* findet sich eine interessante Charakterisierung Theodor W. Adornos in seinem späten Strawinsky-Aufsatz (1963, S. 236): »Die erste von Strawinskys Reihenarbeiten, das Septett, ist in Wahrheit eine dreisätzige Suite, obwohl das Passacaglia-Thema ohne das des zweiten Satzes von Weberns Symphonie und schließlich das der Variationen von Schönbergs Serenade schwer vorzustellen wäre.

Nicht nur entsprechen die drei Sätze den alten Typen von Intrada, Passacaglia und Gigue. Sondern die innere Textur ist durchaus die bei Strawinsky übliche. Tonmuster werden fixiert und schräg, mit anhaltenden Schwerpunktverlagerungen wiederholt; in sich statische Felder wechseln miteinander ab. Das Prinzip der entwickelnden Variation, das nur Zwölftontechnik führte und sie zugleich legitimierte, kennen die Reihenpartituren Strawinskys so wenig wie seine früheren.« Der ideologische Text, der seltsam unlogisch Notizen über die dreisätzige Suite mit Anmerkungen zu Werken der Schönbergschule reiht, wie später die Notiz über ältere Satztypen mit dem Hinweis auf die übliche innere Strawinsky-Textur, gesteht im weiteren Zusammenhang doch ein, daß »das statische Herumwürfeln mit den Reihen« ein Potential sei, »das bereits der Wiener Zwölftontechnik innewohnte und dann der seriellen. Ihre totale Dynamik, die des motivisch-thematischen ›Obligaten Stils‹, der jegliches Werdende in prästabilierte Strukturen einpaßt, terminiert ebenfalls in Statik; nicht umsonst geht bei Schönberg mit der Erfindung der Zwölftontechnik der Gebrauch von in sich entwicklungslosen Tanzformen parallel.« Der späte Strawinsky habe dank seines geschichtsphilosophischen Flairs »diese Konvergenz mit seinem Widerpart aufgedeckt, wenn man will, abermals auskomponiert, und damit implizit einige Kritik an der Zwölftontechnik geübt, deren Statik ihrem eigenen Ursprung widersprach« (Adorno, ebd. S. 237).

Canticum sacrum
ad honorem Sancti Marci nominis

Kantate (lateinische Bibel-Texte) für Tenor, Bariton, gemischten Chor und Orchester, 1955

Uraufführung: Venedig, San Marco, 13. September 1956 (Dirigent: Igor Strawinsky).

Strawinskys Kantate über selbstgewählte Texte der *Vulgata*, der lateinischen Bibelübersetzung, ist fünfteilig gegliedert in Analogie zu den fünf Kuppeln des St. Markus-Doms in Venedig, in dem das Werk uraufgeführt wurde. Dem Direktor der Biennale in Venedig hatte er am 4. Dezember 1954 zunächst eine Markus-Passion in lateinischer Sprache angekündigt. Aber im Juli des darauffolgenden Jahres schrieb Strawinsky seinem Verleger, daß er endlich den richtigen Titel für sein Werk gefunden habe: »Canticum sacrum ad honorem Sancti Marci nominis«, und er schickte ihm die ersten 17 Seiten der Partitur, die er im gleichen Jahr beendete.

Die Kantate wird mit einer Huldigung an die Stadt und ihren Schutzpatron, den heiligen Apostel Markus, in archaisierenden, an Parallelführungen von Tenor und Bariton (Quart-, Quint-Parallelen) reichen Formulierungen eröffnet, grundiert von tiefem Blech: »Urbi Venetiae, in laude Sancti sui Presidis, Beati Marci Apostoli«. Darauf folgt der 1. Teil, »Gehet hin in alle Welt und prediget das Evangelium aller Kreatur« (Mk 16,15), der seine Entsprechung im 5. Teil findet (Mk 16,20): »Sie aber gingen aus und predigten an allen Orten. Und der Herr wirkte mit ihnen und bekräftigte das Wort durch die mitfolgenden Zeichen. Amen.« Es sind Worte des Markus-Evangeliums, die an den Missionsauftrag der Christen erinnern und die Strawinsky auch kompositorisch eng aufeinander bezog: Teil 5 ist die Krebsform des 1. Teils, und der Text wird jeweils durch den Chor vermittelt. In beiden Sätzen finden sich dramatisierende Repetitions-Figuren der Blechbläser, die an vergleichbare Formulierungen im letzten Satz der *Psalmensymphonie* erinnern, und überraschende Inseln der Ruhe und Besinnung, die durch Zwischenspiele der Orgel gesetzt werden. Die Gliederung der Sätze reflektiert also auch die alte venezianische Tradition der Mehrchörigkeit, des Wechsels der Klangkörper, dem hier allerdings auch ein Wechsel des thematischen Materials entspricht.

Entsprechungen der Ensembles finden sich auch in den Teilen 2 und 4. Sie entfalten sich als Soli des Tenors bzw. des Baritons, der hier allerdings mit dem Chor mehrfach responsorial verklammert wird. Während der Text aus dem *Hohenlied* des *Alten Testaments*, der dem zwölftönigen Tenor-Teil (2: »Surge, aquilo«) zugrunde liegt (»Erhebe dich, Nordwind, brause heran, o Südwind! Wehe durch meinen Garten, daß seine Düfte niederrieseln. Es komme mein Liebster in seinen Garten . . .«, Hld 4,16), an die enge Vermählung von geistlicher und irdischer Sphäre erinnert (die sich auch im ›Ricercar II‹ von Strawinskys *Cantata* als »semi-sacred poem« formuliert findet), schließt der Bariton-Teil (4) mit der berühmten Wendung aus dem Markus-Evangelium (9,24): »Ich glaube, Herr, hilf meinem Unglauben.«

Der konzentriert-anmutige Tenor-Teil (2) der Kantate ist wegen Strawinskys Anwendung der Schönbergschen Zwölftontechnik viel diskutiert worden. Das erste Solo des Tenors singt die Reihe in ihrer Grundform (O) aus (s. Bsp. 78, S. 286):

Bsp. 78 *Canticum sacrum*. Partitur, S. 13 (Boosey & Hawkes)

Das Solo wird mit dem Krebs (K) fortgesetzt und wechselt nach 6 Tönen in die initialen 6 Töne der Krebs-Umkehrungsform (KU).

Bsp. 79

Die begleitenden Instrumente (Flöte, Englischhorn, Harfe, 3 Kontrabässe) wählen aus den Reihenformationen unterschiedliches Skalen-Material. So spielt der Kontrapunkt des Englischhorns zunächst die ersten 6 Töne der Krebsumkehrung (KU) und teilt sich dann die letzten Noten mit Flöte und Harfe. Craft (*Strawinsky*, S. 66 f.) macht darauf aufmerksam, daß Strawinskys Reihe sich um tonale Fixpunkte zentriert: in Takt 1 um g, in den folgenden Takten sich um des und c gruppiert. Strawinskys Zwölftontechnik nutzt nicht allein unmittelbare Tonrepetitionen, wie sie Schönberg zuließ, sondern repetiert auch Wechselnoten und weiter auseinanderliegende Intervalle im vokal-instrumentalen Kontext (Takt 48/49). Durch solche ornamentierenden Gruppierungen der kammermusika-

Bsp. 80 *Canticum sacrum*, 2. Teil. Partitur, S. 14 (Boosey & Hawkes)

lisch entfalteten Stimmen und Sprünge in weiter Lage oder durch instrumentale Akzentuierungen (Flatterzunge der Flöte, Flageoletts der Kontrabässe) bildet sich der hier gemeinte anmutige Ausdrucksraum. Und von Webern hat Strawinsky die Sektionierung der zwölftönigen Reihen übernommen, wie sich hier in der Stimme des Tenors zeigt, die mehrmals nach 6 Tönen von der Krebsform zur Umkehrung des Krebses wechselt (T. 63, s. Bsp. 80, S. 287).

Der zentrale 3. Teil der Kantate, ebenfalls zwölftönig komponiert, der den christlichen Tugenden Caritas (Liebe), Spes (Hoffnung) und Fides (Glaube) gewidmet ist, entspricht der großen mittleren Kuppel des Markus-Doms. Den Texten (aus 5. Mose 6,5 sowie 1. Joh. 4,7 und mehreren Psalmen) liegen, das ist bemerkenswert, vornehmlich Texte des Alten Testaments, also Texte aus vorchristlicher Zeit zugrunde.

»Das ›Ad tres virtutes hortationes‹ (An die drei christlichen Tugenden) ist eine Kantate innerhalb einer Kantate. Der Mittelteil ist ein Dialog zwischen den Solostimmen und den Frauenstimmen des Chors; die Außenteile sind Kanons für gemischten Chor: *Caritas*, der erste Teil, besteht aus einer Sinfonia, der ein vierstimmiger Kanon – drei Stimmen im Chor, die vierte in der Trompete – folgt. [...] Die Sinfonia der ›Tugenden‹

Bsp. 81

beginnt mit einem Passacaglia-Thema, das von der Orgel vorgestellt wird. Dieses Thema bildet eine neue Reihe« (Craft, *Strawinsky*, S. 73).

Bsp. 82

Der Eindruck einer großen Dichte des Chorsatzes bildet sich an der komplexen Technik, mit der hier Reihenformen genutzt werden. Denn Strawinsky führt die 3 Chorstimmen zwar im Kanon, aber von der ursprünglichen Faktur der Stimme bleibt im wesentlichen ihre rhythmische Gliederung erhalten. (s. Bsp. 83, S. 290).

So nutzt der Tenor-Einsatz »Diliges Dominum« die Grundreihe auf cis, der Alt die Umkehrung der Reihe auf d, der Diskant zwar die nach dis transponierte Grundreihe – die Einsätze bewegen sich also chromatisch aufsteigend –, aber durch Oktavtranspositionen wird die Physiognomie der ursprünglichen Gestalt des Kanon-Einsatzes verwischt.

Craft (*Strawinsky*, S. 86) erinnert daran, daß die Nähe des *Canticum* zu Weberns kompositorischen Verfahren eher beiläufig sei.

»Tatsächlich sind die Klangwelten der beiden Komponisten himmelweit voneinander verschieden. Es ist einfach, eine rhythmische Triolenfigur, wie sie in gewissen Takten des *Surge, aquilo* erscheint, und die Struktur eines Kanons wie diejenige der *Caritas* auf Webern zurückzuführen, da dieser Kanon ebenso endet wie der letzte Satz der *II. Kantate* op. 31 von Webern und dem Kanon seiner *Orchestervariationen* ähnelt, weil jeder Einsatz sich im Abstand eines Halbtons vollzieht. Aber die Intervalle der Strawinskyschen Reihen sind mit denen Weberns in nichts zu vergleichen, und die melodische Struktur ist völlig anders als die bei dem Wiener Meister. Ein noch größerer Unterschied ergibt sich daraus, daß Strawinskys Kontrapunkt harmonisch ist. Webern beschränkt die Harmonie häufig auf die Kombinationen der Reihenintervalle; er nimmt sich vor, die Beziehungen zwischen Melodie und Kontrapunkt außerhalb jeder harmonischen Perspektive auszudrücken. Das Ergebnis ist eine Art Mono-Harmonie oder, wie im zweiten Satz des *op. 31*, die nahezu völlige Ausschaltung der Harmonie. Die Musik Weberns ist ausschließlich polyphon und zweidimensional; das *Canticum* Strawinskys ist auf harmonischer Tiefe errichtet.«

Bedenkt man, daß Strawinsky einst die Zweidimensionalität seines kompositorischen Kosmos hervorhob (». . . daß meine akustische Wirklichkeit – zweiseitig in meinem Fall, nicht kreisförmig, wie mir jedesmal klar wird, wenn ›räumliche Musik‹ mich in den Nacken schlägt – Teil meiner biologischen Wirklichkeit ist« [s. Aufsatz

Bsp. 83 *Canticum sacrum*, 3. Teil. Partitur, S. 18 (Boosey & Hawkes)

»Swadjebka ...«, S. 160]), dann bezeichnet Crafts Statement in der Tat eine grundlegende Änderung der kompositorischen Denkweise des seriellen Strawinsky.

Auf Fragen Crafts (G, S. 176 f.), wie sich die Beschäftigung mit der Reihentechnik auf Strawinskys harmonisches und kompositorisches Denken auswirke (»Arbeiten Sie auf dieselbe Weise, indem Sie zunächst harmonische Beziehungen hören und sie dann komponieren?«), hatte der Komponist geantwortet:

»Ich höre gewisse Möglichkeiten und treffe meine Auswahl. Diese Wahl ist mir bei der Komposition mit Reihen ebenso möglich wie in jeder tonalen kontrapunktischen Form. Selbstverständlich höre ich harmonisch und komponiere auf dieselbe Art wie bisher. [...] Die Anwendung der Reihentechnik zwingt mich zu größerer Disziplin. Die Musik, von der Sie sprechen [*Canticum, Septett*], ist harmonisch sicherlich schwieriger zu hören als meine frühere Musik. Dies gilt aber für jede serielle Musik, weil sie vertikal gehört werden soll.

Die Regeln und Einschränkungen der seriellen Komposition unterscheiden sich wenig von der Strenge der großen alten kontrapunktischen Schulen. Dabei erweitern und bereichern sie den harmonischen Gesichtskreis: man hört plötzlich mehr und anders als früher. [...] Meine vergangenen und gegenwärtigen Zeitbegriffe können nicht dieselben sein. Ich weiß, daß Teile meines *Agon* dreimal soviel Musik enthalten wie manches andere meiner Werke von gleicher Dauer. Naturgemäß verändert eine neue Forderung nach größerem In-die-Tiefe-Hören die Zeitperspektive. Vielleicht ist auch die Gedächtnisfunktion bei einem nicht tonal entwickelten Werk (tonal, aber nicht im Sinne des 18. Jahrhunderts) verschieden. In einem tonalen Werk sind wir fortwährend zeitlich lokalisiert, während wir ein polyphones Werk nur ›durchschreiten‹ können, sei es nun Josquins Messe ›Hercules Dux Ferrariae‹ oder ein seriell komponiertes, nicht tonales Werk« (G, S. 177).

Da diese Kantate nur etwa 18 Minuten dauerte, entschloß sich Strawinsky, dem *Canticum sacrum* eine Bearbeitung der Orgelvariationen Bachs über das Weihnachtslied »Vom Himmel hoch, da komm' ich her« beizufügen. Er transkribierte die Orgelkomposition, die er kontrapunktisch erweiterte, für gemischten Chor und Orchester und widmete sie Robert Craft.

Anhang

Zur Diskographie

Igor Strawinsky, der seit den zwanziger Jahren in Europa, Amerika und schließlich weltweit als Pianist und Dirigent eigener Werke arbeitete – bis in seine letzten Lebensjahre –, hatte sehr präzise Vorstellungen von der Aufgabe des Interpreten. Er widmete der adäquaten Wiedergabe von Musik nicht allein ausführliche Kommentare in seinen *Erinnerungen* (1936), sondern beschäftigte sich mit Interpretationsproblemen auch in einem eigenen Kapitel der *Musikalischen Poetik* (1942). Dort unterschied er zunächst zwischen Interpretation und Ausführung: »Der Begriff Interpretation umschließt die Grenzen, die dem Ausführenden auferlegt sind oder die er sich selbst bei seiner Ausübung auferlegt, um die Musik dem Hörer zu vermitteln. Der Begriff Ausführung (Wiedergabe) umschließt die Verwirklichung eines ausdrücklichen Willens, und dieser Wille erschöpft sich in dem, was er kundtut.

Der Konflikt dieser beiden Prinzipien – Ausführung und Interpretation – ist die Wurzel aller Irrtümer, aller Sünden, aller Mißverständnisse, die sich zwischen Werk und Hörer stellen und die richtige Übermittlung der musikalischen Botschaft verfälschen« (*Musikalische Poetik*, [1949], S. 74).

Während Strawinskys Sympathie eher der Darstellung des Musikwerks ohne alle Schnörkel, ohne Übertreibungen – etwa im Herausarbeiten spektakulärer Pianissimo-Werte und subjektiver Beifügungen – gilt, gesteht er in seinen Gesprächen mit Robert Craft doch ein, daß es ›romantische‹ Werke gebe, die mehr aussagen könnten, als die rein musikalische Aussage ihrer Noten enthalte. Beispiel: Alban Bergs *Kammerkonzert*.

»Das romantische Werk bedarf immer einer ›vollkommenen‹ Aufführung. Vollkommen heißt hier inspiriert – nicht: genau oder richtig. In der Tat sind bei einem ›romantischen‹ Stück beträchtliche Temposchwankungen möglich (bei Berg sind die Metronomangaben mit ›circa‹ bezeichnet, und die Aufführungszeiten divergieren manchmal bis zu zehn Minuten). Es gibt auch noch andere Freiheiten, und die ›Freiheit‹ selbst muß durch den Interpreten eines ›romantischen‹ Stückes vermittelt werden« (G, S. 214). Keineswegs treffe nun aber auf seine Kompositionen der Umkehrschluß zu: »Wenn beispielsweise ein Dirigent ein Werk von mir ruiniert hat, indem er es ohne jede ›Konzeption‹, ohne Sinn für ›Freiheit‹ und ›Stimmung‹ gespielt hat, so soll er mir nicht erzählen, daß diese Dinge ausschließlich einer anderen Art von Musik zugehören« (G, S. 125).

Solche Einsichten in die Bedingungen musikalischer Ausführung hingen freilich eng mit Strawinskys Vorstellungen vom Wesen des musikalischen Kunstwerks zusammen, dessen Bedeutung als Artefakt er stets hervorhob; das Musikwerk sei ein Gebilde, das bestimmten Regeln, Ordnungsprinzipien folge. »Musikalische Form ist das Ergebnis der ›logischen Erörterung‹ des musikalischen Materials.« Daß das Kunstwerk aber ein *mystère* in sich berge, wie Debussy es formuliert hätte, oder Kristallisationspunkt subjektiver Wahrheitsfindung sei, wozu sich Schönberg und seine Schule bekannte, solche Auffassungen waren Strawinsky fremd. In seinen *Erinnerungen* (1936) finden sich auch Sätze, die man als seine ästhetische Konfession bezeichnen könnte:

> »Denn ich bin der Ansicht, daß die Musik ihrem Wesen nach unfähig ist, irgend etwas ›auszudrücken‹, was es auch sein möge: ein Gefühl, eine Haltung, einen psychologischen Zustand, ein Naturphänomen oder was sonst. Der ›Ausdruck‹ ist nie eine immanente Eigenschaft der Musik gewesen, und auf keine Weise ist ihre Daseinsberechtigung vom ›Ausdruck‹ abhängig. Wenn, wie es fast immer der Fall ist, die Musik etwas auszudrücken scheint, so ist dies Illusion und nicht Wirklichkeit. Es ist nichts als eine äußerliche Zutat, eine Eigenschaft, die wir der Musik leihen gemäß altem stillschweigend übernommenen Herkommen, und mit der wir sie versehen wie mit einer Etikette, einer Formel – kurz, es ist ein Kleid, das wir aus Gewohnheit oder mangelnder Einsicht allmählich mit dem Wesen verwechseln, dem wir es übergezogen haben« (E, S. 59).

Darum lag es nahe, daß Strawinsky an Interpretationen nicht den weiten Auslegungsraum des Musikwerks hervorhob, sondern im Gegenteil die tiefe Abhängigkeit der Interpretation vom gewählten Tempo, von Details der Artikulation oder dynamischen Werten.

»Der Kardinalpunkt ist das Tempo. Meine Werke können fast alles überstehen, nur kein falsches oder unsicheres Tempo (um Ihrer nächsten Frage zuvorzukommen: ja, ein Tempo kann zwar metronomisch falsch, im Geiste aber richtig sein, obwohl augenscheinlich der metronomische Spielraum nicht sehr groß sein kann.) Das gilt natürlich nicht nur für meine Musik. Was hilft es, wenn die Triller, die Ornamentik und die Instrumente selbst bei der Aufführung eines Bach-Konzerts korrekt sind, solange das Tempo sinnwidrig ist?

Ich habe oft gesagt, daß meine Werke ›gelesen‹, ›ausgeführt‹, aber nicht interpretiert werden sollen. Ich sage es noch immer, denn ich finde nichts in ihnen, was eine Interpretation erfordern würde (ich versuche, unbescheiden zu sprechen, nicht bescheiden). Aber Sie werden einwenden, daß stilistische Fragen in meiner Musik durch die Notation nicht endgültig angegeben sind; mein Stil erfordert Interpretation. Dies ist wahr, und es ist auch der Grund, warum ich meine Schallplattenaufnahmen als unerläßliche Ergänzung zu den gedruckten Noten betrachte. Doch ist dies nicht die Art ›Interpretation‹, die meine Kritiker meinen. Was sie gerne wissen möchten, ist zum Beispiel, ob die repetierten Töne der Baßklarinetten am Ende des ersten Satzes meiner *Symphonie in drei Sätzen* als ›Gelächter‹ interpretiert werden können. Zufällig stimmt es, ich bin damit einverstanden, es ist als ›Gelächter‹ gemeint; doch welchen Unterschied könnte dies für den Ausführenden machen? Noten sind immer unfaßbar, sie sind noch immer nicht Symbole für irgend etwas, sondern für *Musik*« (G, S. 215).

Die getreue Ausführung des Musikwerks hängt also vornehmlich von der präzisen Darstellung des Werkes in all seinen Dimensionen unter dem Gesichtspunkt struktureller Deutlichkeit und Faßlichkeit ab. Es ist interessant, in solchem Zusammenhang Strawinskys 1964 publizierte Kritiken über *Le Sacre du printemps*-Interpretationen von Karajan, Boulez und Craft zu lesen; Kritiken, die vornehmlich Probleme des gewählten Tempos, der Artikulation, Accellerandi oder Ritardandi, dynamische Werte, rhythmische Polyphonie, interne Orchesterbalance oder die Arbeit der Tontechniker bedenken (»Drei

Arten von Frühlingsfieber«, in: Igor Strawinsky mit Robert Craft, *Erinnerungen und Gespräche*, S. 165). Nie verläßt Strawinsky die detaillierte Diskussion, um etwa ein Gesamtbild der kompositionstechnischen Mittel des Werkes oder seines psychischen Spannungsfeldes zu entwerfen oder gar das Werk als Sinngefüge zu analysieren. Im Gegenteil; sein Resümee der Karajan-Interpretation beendete er mit den für seine ästhetische Einstellung typischen Sätzen:

> »Aber ich zweifele, ob *Le Sacre* befriedigend im Rahmen der Tradition des Herrn von Karajan aufgeführt werden könnte. Ich möchte nicht unterstellen, daß er nun dabei nicht in seinen Tiefen sei, sondern daß er in meinen Untiefen ist – beziehungsweise meinen einfachen Massenbildungen und Vergegenständlichungen. Es gibt im *Sacre du printemps* einfach keine Bereiche der Seelenforschung« (ebd., S. 173).

Ernest Ansermet, ein treuer Wegbegleiter Strawinskys – ihre gemeinsame kompositionsästhetische Basis wurde in Strawinskys amerikanischen Jahren allerdings zunehmend brüchig –, hebt hervor, daß der Interpret im Augenblick des Musizierens nicht mehr im Text sei, sondern in der Musik, »und hier hat er die Musik nachzuschaffen, wie sie der Komponist in der *Einbildung* konzipiert hat. Er darf sich also nicht darauf beschränken, allein den Text zum Erklingen zu bringen, aus dem einfachen Grunde, weil ihm der Text nicht das *Wesentliche* anzeigt, vor allem jedoch weil die Musik nicht in ›Zeiten‹, sondern in ›Kadenzen‹ Gestalt gewinnt. Diese für den Interpreten bestehende Notwendigkeit, den Sinn dessen wiederzufinden, was der Komponist im Text signifizieren wollte, leugnet Strawinsky, ohne sich darüber klarzuwerden, daß sie auch für seine eigene Musik besteht. Die *Glorification de l'Élue* im *Sacre* beginnt mit einem zweimal wiederholten Fünfachteltakt; das dritte Achtel des Taktes wird durch einen Paukenschlag betont, der wie eine Markierung der zweiten Zählzeit wirkt, so daß der Fünfachteltakt in 2 + 3 aufgeteilt sein würde. Eine aufmerksame Untersuchung des Text*sinnes* ergibt aber, daß dieser Paukenschlag in Wirklichkeit Auftakt zur vierten Zählzeit ist, wodurch der Sinn der Kadenz vollkommen verändert wird, nämlich in 3 + 2« (Ansermet, 1965, S. 744).

Als Dirigent war Strawinsky indes keineswegs ein purer Taktschläger, einer, der nur den zeitlichen Verlauf der Komposition ordnete und gliederte; er verdeutlichte vielmehr mit seinem schlichten Bewegungskanon auch agogische Nuancen oder setzte Akzentuierungen, die es ermöglichten, dem internen Atem seiner Kompositionen gerecht zu werden.

Als Pianist achtete Strawinsky darauf – wie seine Einspielungen eigener Werke lehren –, daß den Kompositionen, die er stets ohne Pedal spielte, wenigstens ein hohes Maß an präziser Artikulation, gelegentlich aber auch an Register-Farben zuwuchs. Zu leugnen ist indes nicht, daß sein Klavierspiel auch Züge des abspulend Mechanischen hatte. Die mangelhafte technische Qualität seiner Interpretation der *Sérénade en la* (Serenade in A, für Klavier; Paris, Juli 1934) mag diesen Eindruck noch unterstreichen. Auf der gleichen CD (Sony CD 46 297, 2 CDs) ist Strawinsky mit der *Piano-Rag-Music* zu hören und zusammen mit dem Geiger Joseph Szigeti als Interpret seines *Duo concertant* (Paris, Februar 1938), ohne daß der Eindruck einer eher mechanischen Artikulationsweise sich wesentlich verbesserte (alle Aufnahmen auch in der Sony-Sammelausgabe Nr. CD 46 290, 22 CDs).

Obwohl Dezsö Ránki für seine Interpretation der vier Sätze der *Sérénade en la* (1986, Teldec 8.43 417 ZK) nahezu das gleiche Zeitmaß wie Strawinsky wählte, ist seine Darstellung staunenswert farbiger in jeder Beziehung: Der Klavierklang ist wesentlich prägnanter, die Gleichberechtigung der Hände, die bei Strawinsky auffällig war, wird bei Ránki an Nahtstellen zugunsten des Hervortretens der rechten Hand gelockert, und da Ránki um die Gestaltung dynamischer Nuancen bemüht ist, vermag Strawinskys Musik zu atmen. Auf dieser CD findet sich auch eine solide, runde Einspielung der *Sonate pour piano* Strawinskys; technisch keineswegs ausgereift ist dagegen Ránkis Interpretation des ersten und dritten Satzes der *Trois mouvements de Pétrouchka*, eine Aufnahme, die seltsam schrill und verhetzt wirkt. Ohne Elan, ohne Nerv für die verfremdete tänzerische Gestik der Stücke sind auch Ránkis Einspielungen der *Piano-Rag-Music* und des *Tango*.

Wer sich an divertierender Musik Strawinskys delektieren mag, dem seien Einspielungen des *Tango* mit dem Columbia Jazz Ensemble und in einer neuen Orchestration (1953) unter Strawinskys Leitung empfohlen; auf der gleichen CD (Sony CD 46 297, 2 CDs, s. o.) sind Aufnahmen seines *Preludium for Jazzband* sowie des *Ragtime für elf Instrumente* zu finden und, ebenfalls unter seiner Leitung musiziert, des für Woody Herman geschriebenen *Ebony Concerto* mit Benny Goodman als Solisten auf der Klarinette.

Simon Rattles Interpretation des *Ebony Concerto* (1987, EMI 567.747 991-2 »The Jazz Album«) mit der London Sinfonietta und dem Klarinettisten Michael Collins zeichnet sich durch den gelungenen Versuch aus, den jazzartigen Strukturen des dreisätzigen Werkes eine Art Drive, der komponierten Musik also den Anschein improvisierter Gestaltung zu geben.

Bei Sony (in der vorgenannten Ausgabe) wurde eine Aufnahme wiederhergestellt, die Igor und Soulima Strawinsky im Februar 1938 von Strawinskys *Concerto für zwei Solo-Klaviere* einspielten. Auch sie leidet unter dem technischen Sound, der den Eindruck verfremdet, aber sie ist bemerkenswert gelassen artikuliert und entbehrt keineswegs des Esprits.

Für WERGO (CD 6228-2) spielten die Brüder Alfons und Aloys Kontarsky das erwähnte *Concerto per due pianoforti soli* (1935) von Strawinsky sowie seine *Sonata for two pianos* (1943/44) ein und seine frühen vierhändigen Stücke: *Trois pièces faciles* (1915), *Cinq pièces faciles* (1916/17). Das sind unübertroffene Kostbarkeiten einer interpretatorischen Haltung, die mit Distanz und Humor und mit äußerster, pointierter Präzision jeweils den Nerv der Kompositionen trifft.

Im Oktober 1959 gelang Leonard Bernstein in Zusammenarbeit mit Seymour Lipkin und dem New York Philharmonic Orchestra (Sony CD 47 628) eine Einspielung von Strawinskys *Konzert für Klavier und Bläser*, die von musikantischen Impulsen beflügelt ist. Während die schnellen Sätze mit pointierender Eleganz ausgeführt werden, hält Bernstein den heiklen langsamen Satz, der nach der Introduktion des Klaviers meist in fürchterlichen Klavier- und Orchester-Donner auszubrechen droht, halbwegs in Balance. Seymour Lipkin versuchte Strawinskys kompositorischer Nüchternheit gerecht zu werden, indem er – wie zu jener Zeit üblich – den Klavierpart gleichsam stählern exekutierte.

Eher kammermusikalisch spielt dagegen der erfahrene Strawinsky-Spieler Paul Crossley den Klavierpart des Konzerts. Und er wird in dieser Haltung von der London Sinfonietta unter der Leitung von Esa-Pekka Salonen (Sony CD 45 797) adäquat unterstützt. Auffällig und wohl kaum zu rechtfertigen ist indes eine gewisse explosive Hektik von Forte-Akzentuierungen in den schnellen Sätzen. Sie rücken das Konzert in ein expressionistisches Spannungsfeld, das dem neoklassischen Werk gänzlich fremd ist. Auf dieser CD, die im Jahre 1988 aufgenommen wurde, findet sich auch eine Einspielung von

Strawinskys *Capriccio* und den zwölftönigen *Movements* für Klavier und Orchester, deren diskrete Sprechweise gut ausgespielt wird. Diese Notizen zu Interpretationen von Strawinskys Klaviermusik seien mit einer Skizze abgeschlossen, die 1924 in den Musikblättern des *Anbruch* erschien. In ihr versuchte der einflußreiche Berliner Musikkritiker Adolf Weißmann den unbekannten Pianisten Strawinsky in seinem Pariser Milieu zu charakterisieren:

»Wer kannte bisher den Pianisten Igor Strawinsky? – Mit ein paar Personen hatte ich ihn im Hause Pleyel sein Klavierkonzert mit Jean Wiener auf zwei Klavieren spielen hören. Ein heißer Tag. Strawinsky in Hemdsärmeln. Kussewitzky daneben, nach der Partitur mittaktierend. Wer über das Urrussentum des in Paris lebenden Strawinsky noch einen Zweifel hatte, dem mußte er hier schwinden. Der blonde, eher kleine, durchaus nicht auffällige, kurzsichtige und darum mit einer Hornbrille bewaffnete Komponist wird am Klavier ein sprühender Vulkan. Er arbeitet mit seinen wulstigen Lippen, die von primitiver Sinnlichkeit sprechen. Mit der Klaviatur geht er keineswegs sentimental um. Nicht Harfenklänge, nicht romantische Süßigkeit quillt ihm aus den Tasten. Das Klavier ist ihm mehr Schlaginstrument. Er hat fleißig üben müssen, um sein im April das Jahres vollendetes Konzert spielen zu können. Er will sich von den Pianisten nicht beschämen lassen. Und wird es auch nicht. Er trägt schlagkräftig und selbst kantilenenfroh vor.«

Strawinskys »Violinkonzert«, das *Concerto en ré pour violon et orchestre* (1931), das er in Zusammenarbeit mit dem russisch-amerikanischen Geiger Samuel Dushkin komponierte, wurde 1980 von Itzhak Perlman mit dem Boston Symphony Orchestra unter der Leitung von Seiji Ozawa (DG 413 725-2) aufgenommen. Der warme Geigenton Perlmans adelt die Aufnahme – insbesondere in den beiden ›Aria‹-Sätzen – auf ungewöhnliche Weise und macht ihre Nähe zur Gestik Johann Sebastian Bachs auf romantisierende, aber durchaus sinnfällige Weise deutlich. Leider neigt die Orchesterarbeit Ozawas zu Nachlässigkeiten, Ungenauigkeiten des Zusammenspiels und zu Verdickungen des Klangbildes.

Unter Gesichtspunkten ziselierender Orchesterarbeit ist die Einspielung des Jahres 1988 mit Anne-Sophie Mutter und dem Philharmonia Orchestra London unter Leitung des alten Weggefährten Strawinskys, Paul Sacher, einzigartig (DG 423 696-2). Hier wird Stra-

winskys Musik ohne jedes Pathos durch die Feuer- und Wasserprobe
der Prägnanz, der phänomenalen Durchhörbarkeit des Stimmen-
geflechts geführt und augenscheinlich mit jener elegant-trockenen
Beigabe von Champagner serviert, die dem Meister seit den zwanziger Jahren als ideales Ferment für die Interpretation seiner neoklassischen Werke vorschwebte. Anne-Sophie Mutter trifft den hellen, divertierenden Strawinsky-Ton bereits in der eröffnenden ›Toccata‹ und
interpretiert das mannigfaltige figurative Gespinst der ›Aria I‹ und
›Aria II‹ mit unmanirierter Eleganz.

Mit vergleichbaren Tempi spielte auch Samuel Dushkin unter
Strawinskys Leitung im Jahre 1935 das »Violinkonzert« ein (EMI
667-754 607-2, 2 CDs). In der gleichen CD-Ausgabe finden sich eine
Aufnahme (1930) des *Capriccio*, das Strawinsky selbst spielt; Ernest
Ansermet leitet das Walter Straram Concerts Orchestra; dazu die
Symphonie des psaumes unter Strawinskys Leitung. Alle Aufnahmen
sind als Studienobjekte selbstverständlich von hohem Reiz, genügen
aber wegen der technischen Mängel – verfremdeter, stumpfer Klang,
Unzulänglichkeiten der Artikulation – gegenwärtigen Ansprüchen
nur bedingt. Vergleichbares läßt sich auch über frühe Einspielungen
Strawinskys seiner ersten Ballette sagen: *L'Oiseau de feu*, *Petrouchka*,
beide 1928 und *Le Sacre du printemps* 1929 aufgenommen (Vogue Vg
665 665 002/1+2). Von den drei Kriterien einer guten Interpretation,
die Strawinsky favorisierte – Konzeption, Freiheit und Stimmung –,
bleiben in diesen historischen Aufnahmen nurmehr präzise Artikulation und strikte Tempobeachtung erkennbar.

Pierre Boulez hat Strawinskys frühe Ballette in wundervoll trans-
parenten, atmenden und präzisen Einspielungen eingefangen und jeweils den Nerv der Kompositionen getroffen. So leuchtet der große
Farbenreichtum der *Feuervogel-Suite* (Nr. 1, 1911) in einer Darstellung durch das BBC Symphony Orchestra auf. Auf der gleichen CD
(Sony CD 45 843) spielen das New York Philharmonic Orchestra das
frühe *Scherzo fantastique* und die *Pulcinella-Suite*, ferner das Ensemble Intercontemporain Strawinskys *Suiten Nr. 1* und *Nr. 2* für kleines
Orchester – Bearbeitungen von Klavierstücken. – *Petruschka* reali-
sierte Boulez 1971 mit dem New York Philharmonic und *Le Sacre du
printemps* mit dem Cleveland Orchestra (CBS CD 42 395). Die
Klangwelt von *Petruschka* wird in dieser Aufnahme höchst explosiv
ausgespielt, allzusehr in die Nähe der *Sacre*-Eruptionen gerückt, und
die vielfältigen volkstümlichen Charaktere der Partitur wirken nicht

eben humorvoll und gelassen, sondern eher messerscharf ziseliert (Danse russe). – Darum ist das keineswegs weniger präzise, aber eher kammermusikalisch artikulierende Klangbild, das Esa-Pekka Salonen im Jahre 1991 mit The Philharmonia (Sony CD 45 796) entwirft, den Absichten Strawinskys sicher näher. Salonen gelingt auf der gleichen CD auch eine sehr transparente Interpretation des Balletts *Orpheus*.

Le Sacre du printemps (CBS), dem Boulez in einem Beiheft zur erwähnten Aufnahme eine kenntnisreiche Einführung widmet, wird durchaus als Jahrhundertereignis erlebbar: die wenigen kantablen Charaktere werden vom Cleveland Orchestra gelassen atmend ausgespielt, und die ›heidnische‹ Gewalt, die von den gestampften, gestoßenen Orchestercharakteren ausgeht, wird trotz der rituellen Gestik mit orgiastischer Unruhe aufgeladen oder als explosive Klangentladung inszeniert.

Simon Rattles Interpretation des *Feuervogels* (1989) mit dem City of Birmingham Symphony Orchestra (EMI 567-749 178-2) gewinnt erst allmählich, nach der sehr behäbigen Introduktion, an Profil, erreicht aber nirgends die Geschlossenheit der Boulezschen Aufnahme. Auf dieser CD finden sich indes schön ausgehörte Aufnahmen des *Scherzo à la russe*, für Jazzband und die Orchesterfassung der Komposition, sowie von Strawinskys *Etüden für Orchester*.

Offenbar gibt es nirgends »befriedigende« CD-Aufnahmen von Strawinskys Arbeiten für das Musiktheater aus den Schweizer Jahren: *Les Noces*, *Renard*, *L'Histoire du soldat*. Eine Ausnahme ist *Pulcinella*, jenes Ballett mit Gesang, das nicht nur Partituren Pergolesis, sondern auch eine größere Zahl von Kompositionen aus anderen Handschriften des 18. Jahrhunderts als Pasticcio zusammenfaßt. Christopher Hogwoods vollständige Aufnahme des Balletts (Decca 425 614-2 ZK) mit dem Saint Paul Chamber Orchestra ist nicht allein in sich stimmig und kammermusikalisch rund, sondern die CD macht auch mit einigen der Werke bekannt, die Strawinsky für sein Ballett verwendete: von Domenico Gallo Sätze aus Triosonaten und von Pergolesi eine *Sinfonia* für Violoncello und Continuo. Im Beiheft zur CD gibt Barry S. Brook kompetent Auskunft über die Entstehungsgeschichte des Werks und den Anteil, den verschiedene Komponisten als Materiallieferanten für *Pulcinella* hatten. Die Platte enthält auch eine Aufnahme von Strawinskys *Concerto in Es (Dumbarton Oaks)*.

Strawinskys einzige abendfüllende Oper, *The Rake's Progress*, ist in einer Einspielung erhalten, die Strawinsky im Jahre 1964 auf dem Glyndbourne Festival dirigierte (The Sadler's Wells Opera Chorus,

Royal Philharmonic Orchestra; Sony CD 46 299, 2 CDs). Die Aufnahme pulsiert mit federnder Eleganz, ist ausgeglichen in den Vokalpartien und scheut sich nicht, die gelegentlich aufgeschichteten
symphonischen Klangräume vital auszuspielen. Anrührend zu beobachten, wie Strawinsky die emotional sich verausgabende, Passionssignale aussendende ›Cavatina‹ des Tom, »Love, too frequently be-
trayed«, härtet und ins rechte Zeitmaß zwingt.

Riccardo Chaillys Einspielung der Oper (1984, Decca 411 644-2
ZA, 2 CDs) mit dem London Sinfonietta Chorus, der London Sinfonietta, Philip Langridge als Tom und Astrid Varnay als Mother
Goose bemüht sich um die intensive Nuancierung und Dramatisierung der musikalischen Linien des Werkes. Strawinskys gesättigte
Tempi, sein untrügliches Gefühl für die adäquaten Zeitmaße scheinen
indes der epischen Gestaltungsweise der Oper letztlich doch ange-
messener zu sein. Riccardo Chaillys interpretatorischer Ansatz weckt
Erwartungen, die Strawinskys Musik, ihre gelassene Sprechweise
letztlich nicht einzulösen vermag.

Daß Strawinsky, insbesondere in seinen letzten Lebensjahrzehnten,
ein bedeutendes Œuvre geistlicher Musik komponierte, dokumentieren Einspielungen aus den sechziger Jahren, die auf zwei CDs bei
Sony (CD 46 301) erschienen sind: »Sacred Works«. Sie enthalten
frühe Werke wie die semi-geistliche Kantate *Swjesdóliki / Le Roi des
étoiles*, *Ave Maria*, *Credo* und *Pater noster*, *Babel*, die *Messe* und
Cantata, die Bearbeitung der Orgelvariationen Bachs über das Weihnachtslied »Vom Himmel hoch, da komm' ich her« und die reihentechnischen Kompositionen *Canticum sacrum*, *Threni* sowie *A Sermon, a Narrative and a Prayer*.

Verzeichnis der zitierten Literatur

D   Igor Stravinsky / Robert Craft: Dialogues. London 1968.

E   [Erinnerungen] Igor Strawinsky: Leben und Werk – von ihm selbst. Erinnerungen, musikalische Poetik, Antworten auf 35 Fragen. Übers. von Richard Tüngel, Heinrich Strobel, Manfred Gräter. Zürich/Mainz 1965. [Enthält die 1937 zuerst erschienene deutsche Übersetzung der *Chroniques de ma vie* (1935), die 1949 zuerst erschienene deutsche Übersetzung der *Poétique musicale* (1942) sowie ergänzend die Antworten auf Fragen von Robert Craft.]

ED   Igor Stravinsky / Robert Craft: Expositions and Developments. London 1962.

G   Igor Strawinsky: Gespräche mit Robert Craft. Übers. von Manfred Gräter, H. J. Schatz, G. W. Baruch, Martin Hürlimann. [Enthält dt. Übers. von *Conversations with Igor Stravinsky* (1959) und von *Memories and Commentaries* (1960).]

PD   Vera Stravinsky / Robert Craft: Stravinsky in Pictures and Documents. London 1979.

Igor Strawinsky: Musikalische Poetik. Übers. von Heinrich Strobel. Mainz [1949]. – Orig.-Ausg.: Poétique musicale. Paris / New York 1942.

– Swadjebka (Les Noces). Eine Instrumentation [1959]. In: I. S. / Robert Craft: Erinnerungen und Gespräche. Frankfurt a. M. 1972.

Igor Strawinsky / Robert Craft: Conversations with Igor Stravinsky. London 1959.

– / – Memories and Commentaries. London 1960.

– / – Dialogues and a Diary. New York 1963.

Igor Strawinsky/Robert Craft: Themes and Episodes. New York 1966.

– / – Themes and Conclusions. London 1972.

Igor Strawinsky mit Robert Craft: Erinnerungen und Gespräche. Übers. von David und Ute Starke. Frankfurt a. M. 1972. – Orig.-Ausg.: Retrospectives and Conclusions. New York 1969.

Théodore Stravinsky: Igor Strawinsky, Mensch und Künstler. Gedanken über das Werk des Vaters. Mainz o. J. [1951].

– Catherine and Igor Stravinsky. A Family Album. London 1973.

Robert Craft: Strawinsky. Übers. von Theodor Knust und Manfred Gräter. München o. J. [1962; enthält Teile aus: R. C.: Avec Stravinsky. Monaco 1958].

– Present Perspectives. Critical Writings. New York 1984.

– (Hrsg.) Stravinsky, Selected Correspondence. Bd. 2. New York 1984.

Igor und Vera Strawinsky: Ein Fotoalbum 1921 bis 1971. Herrsching 1982.

Adorno, Theodor W.: Philosophie der neuen Musik (1949). Frankfurt a. M. ²1958.

– Strawinsky. Ein dialektisches Bild. In: T. W. A., Quasi una fantasia. Frankfurt a. M. 1963.

Ansermet, Ernest: Die Grundlagen der Musik im menschlichen Bewußtsein. Übers. von Horst Leuchtmann und Erich Maschkat. München 1965.

– / Piguet, Jean-Claude: Gespräche über Musik. Übers. von Horst Leuchtmann. München 1973.

Balanchine, George: Das tänzerische Element. In: Musik der Zeit. H. 12: Strawinsky in Amerika. Bonn 1955.

Baltensperger, André: Strawinskys ›Chicago Lecture‹ (1944). In: Mitteilungen der Paul Sacher Stiftung. Nr. 5 (Januar 1992).

– / Felix Meyer: Igor Strawinskys ›Symphonies d'instruments à vent‹. Winterthur 1991.

Boulez, Pierre: Flugbahnen. Ravel, Strawinsky, Schönberg [1949]. In: P. B., Anhaltspunkte. Übers. von Josef Häusler. Stuttgart/Zürich 1975. S. 242–265.

– Strawinsky bleibt [1951]. Ebd. S. 163–239.

– Petrushka, Le Sacre du printemps. Begleitheft zur Sony (CBS-)-CD 42 395.

Brook, Barry S.: Stravinsky's Pulcinella: The »Pergolesi« Sources. In: Musiques – Signes – Images. Festschrift François Lesure. Hrsg. von Joël-Marie Fauquet. Genf 1988.

Buckle, Richard: Diaghilew. Übers. von Jürgen Abel. Herford 1984.

Burde, Wolfgang: Strawinsky. Mainz/München 1982.

- Igor Strawinskys Annäherung an die Reihentechnik. In: Mitteilungen der Paul Sacher Stiftung. Nr. 7 (April 1994).

- Divertierende Musik im kompositorischen Œuvre Igor Strawinskys. In: Musiktheorie 10 (1995) H. 1.

Cholopova, Valentina: Russische Quellen der Rhythmik Strawinskys. In: Die Musikforschung 27 (1974).

Cocteau, Jean: Hahn und Harlekin. Übers. von Johannes Piron. München o. J. [1958].

- Meine Liebe zu Picasso und Strawinsky. In: Musik der Zeit. H. 1: Igor Strawinsky. Bonn 1952.

Dahlhaus, Carl: Vom Musikdrama zur Literaturoper. München 1983.

- (Hrsg.): Funk-Kolleg Musik. Bd. 1. Frankfurt a. M. 1981.

Dömling, Wolfgang / Hirsbrunner, Theo: Über Strawinsky. Laaber 1985.

Druskin, Michail: Igor Strawinsky. Persönlichkeit, Schaffen, Aspekte. Übers. von Christof Rüger. Leipzig 1976.

Dushkin, Samuel: Arbeit und Zusammenarbeit. In: Musik der Zeit. N. F. 1: Strawinsky – Wirklichkeit und Wirkung. Bonn 1958.

Eberlein, Dorothee: Russische Musikanschauung um 1900. Regensburg 1978.

Ettl, Helga: Petruschka. Stuttgart 1968.

Funayama, Takashi: Three Japanese Lyrics and Japonisme. In: Jan Pasler (Hrsg.): Confronting Strawinsky, Man, Musician, Modernist. Los Angeles 1986.

Gojowy, Detlef: Arthur Lourié und der russische Futurismus. Laaber 1993.

Hegel, Georg Wilhelm Friedrich: Ästhetik. Berlin 1955.

[Hogarth-Katalog] William Hogarth (1697–1764). Ausstellung der Neuen Gesellschaft für Bildende Kunst e. V. in der Staatlichen Kunsthalle Berlin. Hrsg. von Berthold Hinz und Hartmut Krug. Berlin 1980.

Hunkemöller, Jürgen: Igor Strawinskys Jazz-Porträt. In: Archiv für Musikwissenschaft 29 (1972).

Jers, Norbert: Igor Strawinskys späte Zwölftonwerke (1958–1966). Regensburg 1976.

Johns, Donald C.: A Serial Idea of Stravinsky. In: Music Review 23 (1962).

Karsawina, Tamara: Tränenreiches Lernen. In: Musik der Zeit. H. 1. Igor Strawinsky. Bonn 1952.

Kirchmeyer, Helmut: Strawinskys russische Ballette. Stuttgart 1974.

Krenek, Ernst: Der Wille zur Ordnung. Zu Igor Strawinskys seriellen Spätwerken. In: Forum 9 (1962).

Kuhn, Ernst (Hrsg.): Alexander Borodin. Berlin 1992.

Lichtenberg, Georg Christoph: Der Weg des Liederlichen. Frankfurt a. M. 1968.

Lindlar, Heinrich: Lübbes Strawinsky-Lexikon. Bergisch-Gladbach 1982.

– (Hrsg.): Igor Strawinsky. Frankfurt a. M. 1982.

Meyerhold, Wsewolod E.: Schriften. 2 Bde. Berlin 1979.

Morton, Lawrence: Footnotes to Stravinsky Studies. »Le Sacre du printemps«. In: Tempo Nr. 128 (1979) S. 9–16.

Nabokov, Nicolas: Christmas 1949 mit Strawinsky. In: Musik der Zeit. H. 12: Strawinsky in Amerika. Bonn 1955.

Perle, George: Serial Composition And Atonality (1956). Los Angeles / London 1991.

Ramuz, Charles Ferdinand: Erinnerungen an Igor Strawinsky (1952). Frankfurt a. M. 1974.

Redepenning, Dorothea: Geschichte der russischen und der sowjetischen Musik. Bd. 1: Das 19. Jahrhundert. Laaber 1994.

Regitz, Hartmut / Regner, Otto Friedrich / Schneiders, Heinz Ludwig: Reclams Ballettführer. Stuttgart 1988.

Rimski-Korsakow, Nikolai: Chronik meines musikalischen Lebens (1909). Leipzig [1968].

Scherliess, Volker: Igor Strawinsky – Le Sacre du Printemps. München 1982.

– Igor Strawinsky und seine Zeit. Laaber 1983.

– Mozart à la Strawinsky – Zu einer Melodie aus ›The Rake's Progress‹. In: Mitteilungen der Paul Sacher Stiftung. Nr. 5 (Januar 1992).

Schließ, Gero: Igor Strawinskys frühe Lieder. Regensburg 1992.

Schneider, Frank: The Rake's Progress oder Die Oper der verspielten Konventionen. Eine dramaturgische Studie. In: Jahrbuch Peters 1980. Leipzig 1981.

Schouvaloff, Alexander / Borovsky, Victor: Strawinsky on Stage. London 1982.

Schweizer, Klaus: … nicht zur Befriedigung sentimentaler Bedürfnisse. Anmerkungen zu Igor Strawinskys »Bläsersinfonien«. In: Festschrift für Hans Heinrich Eggebrecht zum 65. Geburtstag. Stuttgart 1984.

Sklovskij, Viktor: Der Zusammenhang zwischen den Verfahren der Sujetfügung und den allgemeinen Stilverfahren. In: Juri Striedter (Hrsg.): Texte der russischen Formalisten. Bd. 1. München 1969. S. 36–121.

Smirnov, Valerij V.: »... c'est du Tchaikowsky à travers Stravinsky.« In: Mitteilungen der Paul Sacher Stiftung. Nr. 7 (April 1994).

Stephan, Rudolf: Neue Musik. Göttingen 1958.

– Aus Igor Strawinskys Spielzeugschachtel. In: Erich Doflein – Festschrift zum 70. Geburtstag. Mainz 1972.

– Der Neoklassizismus als Formalismus. In: Funk-Kolleg Musik. Bd. 1. Frankfurt a. M. 1981.

Strobel, Heinrich: »Verehrter Meister, lieber Freund«. Begegnungen mit Komponisten unserer Zeit. Hrsg. von Ingeborg Schatz. Zürich 1977.

Stuckenschmidt, Hans Heinz: Schöpfer der Neuen Musik. Frankfurt a. M. 1958.

– Oper in dieser Zeit. Velber 1964.

Tomek, Otto (Hrsg.): Igor Strawinsky – Eine Sendereihe des Westdeutschen Rundfunks zum 80. Geburtstag. Köln 1963.

Traub, Andreas: Strawinsky, ›L'histoire du Soldat‹. München 1981.

Valéry, Paul: Zur Theorie der Dichtkunst. Frankfurt a. M. 1962. S. 205, 217.

White, Eric Walter: Strawinsky. Hamburg o. J. [1949].

– Stravinsky. The Composer and his Works (1966). Berkeley / Los Angeles 1979.

Zanetti, Emilia: Strawinsky hat gesagt. In: Musik der Zeit. H. 1. Bonn 1952.

Zimmermann, Heinz Werner: Igor Strawinsky – Verfasser seiner »Musikalischen Poetik«? Zur Entstehung seiner Schriften. In: Neue Zeitschrift für Musik. H. 7/8 (1985).

Nachweise

Reproduktionen aus Partituren und Klavierauszügen

Abbildungen

Frontispiz: Foto H. Roger-Viollet, Paris

S. 77, 101, 107, 114 © 1995 VG Bild-Kunst, Bonn

S. 195 © 1948 Boosey & Hawkes, London (Hawkes Pocket Scores: Igor Strawinsky, *Oedipus Rex*, S. IV)

S. 132, 222, 228 aus: *Igor & Vera Stravinsky: A Photograph Album 1921–1971*. © 1982 Robert Craft. London: Thames & Hudson. Nr. 56, 57, 155, 254

Die übrigen Vorlagen sind der Sammlung des Autors entnommen.

Chronologisches Werkverzeichnis

Eigene Werke

1898 *Tarantella*, für Klavier. A. Kudnew gewidmet. (Unveröffentlicht)

1902 *Scherzo*, für Klavier. N. Richter gewidmet. (Faber Music, London)

1902 *Storm Cloud* (A. Puschkin), Romanze für Singstimme und Klavier. (Faber)

1903/04 *Sonate fis-Moll*, für Klavier. N. Richter gewidmet. (Faber)

1904 *Cantata*, für gemischten Chor und Klavier. Rimski-Korsakow gewidmet. (Verschollen)

1904 *The Mushrooms going to War* (Text von K. Prutkow), Lied für Baß und Klavier. (Boosey & Hawkes, London)

1906 *Tarantula* (K. Prutkow), für Singstimme und Klavier. (Verschollen)

1905/07 *Sinfonie Nr. 1 in Es-Dur*, op. 1. Rimski-Korsakow gewidmet. (Jürgenson, Moskau / Forberg, Bonn)

1906 *Faune et bergère* (A. Puschkin nach V. de Parny), op. 2, für Mezzosopran und Kammerorchester. Jekaterina Strawinsky gewidmet. (Belajeff, Leipzig / Boosey & Hawkes)

1907 *Pastorale*, Vokalise für Sopran und Klavier. Nadeshda Rimski-Korsakow gewidmet. (Jürgenson / Chappell, London / Schott, Mainz)

 Bearbeitungen:
 für Sopran, Oboe, Englischhorn, Klarinette und Fagott, 1923 (Schott)
 für Violine, Oboe, Englischhorn, Klarinette und Fagott, 1933 (Schott)
 für Violine und Klavier, 1933 (Schott)

1908   *Deux mélodies* (Texte von S. Gorodetski), op. 6, für Mezzo-
        sopran und Klavier. Elisabeth Petrenko und S. Gorodetski
        gewidmet. (Jürgenson / Schott / Boosey & Hawkes)
        1. Vesna (Die Novizin); 2. Rosyanka (Der heilige Tau)

1908   *Scherzo fantastique*, op. 3, für Orchester. Alexander Siloti gewid-
        met. (Jürgenson / Schott)
        UA: St. Petersburg, 6. 2. 1909 (Dir.: A. Siloti). – Als »Bienen«-
        Ballett: Paris, Théâtre de l'Opéra, 10. 1. 1917 (Choreogr.: Leo
        Staats [»Les Abeilles«-Ballet blanc])

1908   *Feu d'artifice*, op. 4, für Orchester. N. und M. Steinberg gewid-
        met. (Jürgenson / Schott)
        UA: St. Petersburg, 6. 2. 1909 (Dir.: A. Siloti)

1908   *Chant funèbre*, op. 5, für Bläser. Rimski-Korsakow gewidmet.
        (Verschollen)
        UA: St. Petersburg, 13. 2. 1909

1908   *Quatre études pour piano*, op. 7. E. Mitusow, N. Richter, Andrej
        und Wladimir Rimski-Korsakow gewidmet. (Jürgenson / Benja-
        min, Leipzig / Schott)

1909/10 *L'Oiseau de feu*, Ballett in 1 Akt, auf ein Libretto von M. Fokin,
        für Orchester. A. Rimski-Korsakow gewidmet. (Jürgenson /
        Schott)
        UA: Paris, Théâtre de l'Opéra, 25. 6. 1910 (Dir.: G. Pierné;
        Choreogr.: M. Fokin; Bühne: A. Golowin)
        Bearbeitungen:
        1911 Konzertsuite Nr. 1 (Jürgenson / Schott)
        1919 Konzertsuite Nr. 2 (Chester Music, London / Schott)
        1945 Ballettsuite (Leeds, New York / Chester / Schott)

1910   *Deux poèmes de Paul Verlaine*, op. 9, für Bariton und Klavier.
        Gury Strawinsky gewidmet. (Jürgenson / Schott)
        1. *Sagesse*, »Un grand sommeil noir«; 2. *Une bonne chanson*,
        »La lune blanche«
        Bearbeitungen:
        Sagesse (Boosey & Hawkes)
        für Bariton und Kammerorchester, 1914
        für Bariton und Kammerorchester, 1953

1910/11 *Pétrouchka*, Burleske Szenen in 4 Bildern, nach einem Libretto
        von Strawinsky und A. Benois, für Orchester. A. Benois gewid-
        met. (Édition russe de musique, Moskau)

UA: Paris, Théâtre du Châtelet, 13. 6. 1911 (Dir.: P. Monteux; Choreogr.: M. Fokin; Bühne: A. Benois)

Revidierte Fassung: 1946 (Boosey & Hawkes)

Bearbeitungen:
Trois mouvements de Pétrouchka pour piano seul, 1921. A. Rubinstein gewidmet. (Édition russe de musique / Boosey & Hawkes)

Danse russe, für Violine und Klavier, 1932 (Édition russe de musique / Boosey & Hawkes)

1911   *Deux poèmes de Konstantin Balmont*, für hohe Stimme und Klavier. Seiner Mutter und seiner Schwägerin L. Beliankin gewidmet. (Édition russe de musique)

Revidierte Fassung: 1947 (Boosey & Hawkes)

Bearbeitung:
für hohe Stimme und Kammerorchester, 1954 (Boosey & Hawkes)

1911/12   *Swjesdóliki / Le Roi des étoiles* (Text von K. Balmont), Kantate für Männerchor und Orchester. C. Debussy gewidmet. (Jürgenson / Forberg)

UA: Brüssel, 19. 4. 1939 (Dir.: Franz André)

1911/13   *Le Sacre du printemps*, »Bilder aus dem heidnischen Rußland«, Ballett in 2 Bildern, nach einem Libretto von Strawinsky und N. Roerich, für Orchester. N. Roerich gewidmet. (Édition russe de musique / Boosey & Hawkes)

UA: Paris, Théâtre des Champs-Élysées, 29. 5. 1913 (Dir.: P. Monteux; Choreogr.: W. Nijinski; Bühne: N. Roerich)

Fassung für Klavier vierhändig: 1913 (Édition russe de musique / Boosey & Hawkes)

Revidierte Fassung: 1947 (Boosey & Hawkes); die »Danse sacrale« wurde 1943 gesondert revidiert (Associated Publishers)

1912/13   *Trois poésies de la lyrique japonaise*, für Gesang und Klavier oder Kammerorchester. M. Delage / Florent Schmitt / M. Ravel gewidmet. (Édition russe de musique / Boosey & Hawkes)

1. Akahito – Schnee auf Blüten; 2. Azatsumi – Eisschollen als Frühlingsboten; 3. Tsaraiuki – Kirschblüten als Frühlingssegen

UA: Paris, Salle Erard, 14. 1. 1914

1913   *Trois petites chansons* (Souvenirs de mon enfance), für Singstimme und Klavier, begonnen 1906. Soulima, Ludmilla, Théodore Strawinsky gewidmet. (Édition russe de musique / Boosey & Hawkes)

Bearbeitung:
für Singstimme und Kammerorchester, 1930 (Édition russe de musique / Boosey & Hawkes)

1908/14 *Le Rossignol*, Lyrisches Märchen in 3 Akten auf ein Libretto von Strawinsky und S. Mitusow nach Andersen, für Soli, Chor und Orchester, 1908/09 (Akt I), 1913/14 (Akt II und III). S. Mitusow gewidmet. (Édition russe de musique / Boosey & Hawkes)
UA: Paris, Opéra, 26. 5. 1914 (Dir.: P. Monteux; Regie: B. Romanow; Bühne: A. Benois)
Revidierte Fassung: 1962 (Boosey & Hawkes)

1914 *Trois pièces pour quatuor à cordes*. E. Ansermet gewidmet. (Édition russe de musique / Boosey & Hawkes)

Bearbeitungen:
für Klavier vierhändig, 1914 (unveröffentlicht)
neu instrumentiert und erweitert als »Quatre études pour orchestre«, 1928

1914 *Pribaoutki (Chansons plaisantes)*, vier Scherzlieder für mittlere Stimme, Flöte, Oboe (Englischhorn), Klarinette, Fagott, Violine, Viola, Violoncello und Kontrabaß. Widmung »À ma femme«. (Édition A. Henn, Genf / Chester)
1. L'Oncle Armand; 2. Le four; 3. Le colonel; 4. Le vieux et le liévre
UA: Paris, Mai 1919

1914 *Valse des fleurs*, für 2 Klaviere (Boosey & Hawkes)

1914/15 *Trois pièces faciles*, für Klavier vierhändig. A. Casella / E. Satie / S. Diaghilew gewidmet. (Édition russe de musique / Chester)
1. *Marsch*; 2. *Walzer*; 3. *Polka*
UA: Lausanne, Conservatoire, 22. 4. 1918 (Klavier: N. Rossi, E. Ansermet)

Bearbeitungen (unveröffentlicht):
Nr. 1 Marsch für 12 Instrumente, 1915
Nr. 2 Walzer für 7 Instrumente, 1914
Nr. 3 Polka für Cimbalom, 1915
Nr. 1–3 (mit Nr. 5 der »Cinq pièces faciles«, 1916/17) als »Suite Nr. 2« für Kammerorchester, 1921

1915 *Souvenir d'une marche boche*, für Klavier. (Boosey & Hawkes)

1915/16 *Berceuses du chat* (russische Volkstexte), für mittlere Stimme, 2 Klarinetten und Baßklarinette. N. Gontscharowa und M. Larionow gewidmet. (Édition A. Henn / Chester)
1. Sur le poêle; 2. Intérieur; 3. Dodo; 4. Ce qu'il a le chat
UA: Wien, 6. 6. 1919 (Verein für musikalische Privataufführungen)

1915/16 *Renard*, szenische Burleske für 4 Pantomimen auf ein Libretto von Strawinsky nach altrussischen Tierfabeln, für 2 Tenöre, 2 Bässe und Kammerensemble. Der Prinzessin Edmond de Polignac gewidmet. (Édition A. Henn / Chester)
UA: Paris, Théâtre de l'Opéra, 18. 6. 1922 (Dir.: E. Ansermet; Choreogr.: B. Nijinska, Bühne: M. Larionow)

1917 *Le Chant du rossignol*, Symphonische Dichtung (nach dem II. und III. Akt der Oper »Le Rossignol«) für Orchester. (Édition russe de musique / Boosey & Hawkes)
UA: Genf, 6. 12. 1919 (Dir.: E. Ansermet). – Als Ballett: Paris, Théâtre de l'Opéra, 2. 2. 1920 (Dir.: E. Ansermet; Regie: S. Gregoriew; Choreogr.: L. Massine; Bühne: H. Matisse)

1915/17 *Trois histoires pour enfants* (russische Volkstexte), für Singstimme und Klavier. Widmung »Pour mon fils cadet«. (Chester)
1. Tilibom; 2. Les Canards, les cygnes, les oies; 3. L'Ours
Bearbeitungen:
Nr. 1 für Singstimme und Orchester, 1923 (Schott)
Nr. 1 und 2 für Singstimme, Flöte, Harfe und Gitarre, 1954
(s. »Quatre chants russes«, 1918)

1916/17 *Cinq pièces faciles*, für Klavier vierhändig. Eugenia Errazuriz gewidmet. (Édition A. Henn / Chester)
1. Andante; 2. Espagnola; 3. Balalaika; 4. Napolitana; 5. Galopp
UA: Lausanne, Conservatoire, 22. 4. 1918 (Klavier: N. Rossi, E. Ansermet)
Bearbeitungen:
Nr. 1–4 als »Suite Nr. 1« für Kammerorchester, 1917/25
Nr. 5 in »Suite Nr. 2«, 1921 (s. »Trois pièces faciles«, 1914/15)

1917 *Valse pour les enfants*, für Klavier (Boosey & Hawkes)

1914/17 *Four Russian Peasant Songs* (»Saucers«), für zwei- bis vierstimmigen Frauenchor. Texte aus der Sammlung russischer Volkstexte von A. Afanasiew. (Schott / Chester)

1. On Saints' Days in Chigisakh; 2. Ovsen; 3. The Pike;
4. Master Portly
UA: Genf, 1917 (Dir.: V. Kibaltschitsch)
Bearbeitung:
für 2–4 gleiche Stimmen und 2–4 Hörner, 1954 (Chester).
UA: Los Angeles, 1954 (Dir.: R. Craft)

1917   *Kanons*, für 2 Hörner (verschollen)

1917   *Étude pour pianola* (Rolle T 967, Aeolian Company, London)
UA: London, 13. 10. 1921
Bearbeitung:
als letzte der »Quatre études pour orchestre«, 1928 (Boosey &
Hawkes)

1917   *Berceuse* (Text von I. Strawinsky), für Singstimme und Klavier.
Widmung »À ma fillette«. (Faber)

1918   *Lied ohne Namen*, für 2 Fagotte (Boosey & Hawkes)

1918   *L'Histoire du soldat*, zu lesen, spielen und zu tanzen, in 2 Teilen,
auf ein Libretto von C. F. Ramuz, für 1 Sprecher, 2 Schauspieler,
1 Tänzerin und 7 Instrumentalisten: Klarinette, Fagott, Cornet
à piston, Posaune, Violine, Kontrabaß und Schlagzeug. Werner
Reinhart gewidmet. (Chester)
UA: Lausanne, Théâtre Municipal, 28. 9. 1918 (Dir.: E. Anser-
met)
Bearbeitungen:
Konzertsuite (8 Nummern), 1918 (Chester). UA: London, 1920
(Dir.: E. Ansermet)
Suite für Klarinette, Violine und Klavier, 1918/19 (Chester)
UA: Lausanne, 1919

1918   *Ragtime für elf Instrumente*. E. Errazuriz gewidmet. (Chester)
UA: London, Aeolian Hall, 27. 4. 1920 (Dir.: A. Bliss)

1918   *Quatre chants russes* (russische Volkstexte), für Gesang und Klavier (Chester)
1. Canard; 2. Chanson pour compter; 3. Le moineau est assis;
4. Chant dissident
Bearbeitung:
Nr. 1 und 4 für Singstimme, Flöte, Harfe und Gitarre, 1953/54
(Chester)

1919   *Piano-Rag-Music*, für Klavier. A. Rubinstein gewidmet.
(Chester)
UA: Genf, November 1919 (J. Iturbi)

1919   *Trois pièces pour clarinette seule*. W. Reinhart gewidmet.
(Chester)
UA: Lausanne, 8. 11. 1919 (E. Allegra)

1919/20 *Pulcinella*, Ballett mit Gesang in einem Akt, auf ein Libretto
der »Commedia dell'arte«. Musik nach Giambattista Pergolesi.
(Édition russe de musique / Boosey & Hawkes / Chester)
UA: Paris, Théâtre des Champs-Élysées, 15. 5. 1920 (Dir.: E. Ansermet; Choreogr.: L. Massine; Bühne: P. Picasso)

Bearbeitungen:
Konzertsuite für Kammerorchester (8 Nummern), 1922 (Édition
russe de musique / Boosey & Hawkes). UA: Boston, 22. 12. 1922
(Dir.: P. Monteux)
Suite für Violine und Klavier (5 Nummern), 1925 (Édition russe
de musique / Boosey & Hawkes)
Suite italienne, für Violoncello und Klavier (5 Nummern), 1932
(Édition russe de musique / Boosey & Hawkes)
Suite italienne, für Violine und Klavier (6 Nummern), 1933
(Édition russe de musique / Boosey & Hawkes)

1920   *Concertino pour quatuor à cordes*. Dem Flonzaley-Quartett gewidmet. (Hansen)

Bearbeitung:
für 12 Instrumente (Flöte, Oboe, Englischhorn, Klarinette,
2 Trompeten und 2 Posaunen), 1952 (Hansen)

1920   *Symphonies d'instruments à vent*, für 23 Bläser. C. Debussy ge-
widmet. (Édition russe de musique / Boosey & Hawkes)
UA: London, 10. 6. 1921 (Dir.: S. Kussewitzky)
Revidierte Fassung: 1947 (Boosey & Hawkes)

1921   *Les cinq doigts*, acht sehr leichte Stücke für Klavier (Chester)

Bearbeitung:
Eight instrumental Miniatures for fifteen Players, 1961
(Chester).
UA: Los Angeles, 29. 4. 1962 (Dir.: I. Strawinsky)

1921   *Suite Nr. 2*, für Kammerorchester (Chester)
1. Marsch; 2. Walzer; 3. Polka; 4. Galopp

1921/22   *Mavra*, Opéra buffa in 1 Akt, auf ein Libretto von B. Kochno nach einer Erzählung in Versen von A. Puschkin, für 4 Sänger und Orchester. Dem Gedächtnis Puschkins, Glinkas und Tschaikowskis gewidmet. (Édition russe de musique / Boosey & Hawkes)

        UA: Paris, Théâtre de l'Opéra, 3. 6. 1922 (Dir.: G. Fitelberg; Regie: B. Nijinska; Bühne: L. Surrage)

        Bearbeitungen:
        Chanson russe (Édition russe de musique / Boosey & Hawkes):
        für Sopran und Klavier, 1922
        für Sopran und Kammerorchester, 1923
        für Violine und Klavier (mit S. Dushkin), 1937
        für Violoncello und Klavier (mit I. Markewitsch), 1938

1922/23   *Octuor pour instruments à vent*, für Flöte, Klarinette, 2 Fagotte, 2 Trompeten und 2 Posaunen. Vera de Bosset gewidmet. (Édition russe de musique)

        UA: Paris, Théâtre de l'Opéra, 18. 10. 1923 (Dir.: Strawinsky)
        Revidierte Fassung: 1952 (Boosey & Hawkes)

1914/23   *Les Noces*, russische choreographische Szenen in 4 Bildern, auf ein Libretto von Strawinsky nach russischen Volkstexten, für Soli, Chor, 4 Klaviere und Schlagzeug. S. Diaghilew gewidmet. (Chester)

        UA: Paris, Théâtre de la Gaité-Lyrique, 13. 6. 1923 (Dir.: E. Ansermet; Choreogr.: B. Nijinska; Bühne: N. Gontscharowa)

1923/24   *Concerto pour piano et orchestre d'harmonie*. N. Kussewitzky gewidmet. (Édition russe de musique)

        UA: Paris, Théâtre de l'Opéra, 22. 5. 1924 (Dir.: S. Kussewitzky; Solist: I. Strawinsky)

        Bearbeitung:
        für 2 Klaviere, 1924 (Édition russe de musique)
        Revidierte Fassung: 1950 (Boosey & Hawkes)

1924   *Sonate pour piano*. Der Prinzessin Edmond de Polignac gewidmet. (Édition russe de musique / Boosey & Hawkes)

        UA: Donaueschingen, Juli 1925 (I. Strawinsky)

1925   *Sérénade en la* (in A), für Klavier. Widmung »À ma femme«. (Édition russe de musique / Boosey & Hawkes)

        UA: New York, 1925 (I. Strawinsky)

1917/25   *Suite Nr. 1*, für Kammerorchester. (Chester)
1. Andante; 2. Napolitana; 3. Espagnola; 4. Balalaika

1926   *Pater noster*, für gemischten Chor a cappella (kirchenslawischer Text: 1926; lateinischer Text: 1949. – Édition russe de musique / Boosey & Hawkes)

1926/27   *Oedipus Rex*, Opéra-oratorio in 2 Teilen, nach Sophokles, von Strawinsky und J. Cocteau (lateinische Fassung: J. Daniélou), für Sprecher, Soli, Männerchor und Orchester. (Édition russe de musique)

UA: Paris, Théâtre Sarah Bernhardt, 30. 5. 1927 (konzertant; Dir.: I. Strawinsky). – Als Ballett: Wien, Staatsoper, 23. 2. 1928 (Dir.: F. Schalk; Regie: Lothar Wallerstein; Bühne: Alfred Roller)
Revidierte Fassung: 1948 (Boosey & Hawkes)

1927/28   *Apollon musagète*, Ballett in 2 Bildern, für Streichorchester, nach einem Libretto von I. Strawinsky. (Édition russe de musique)
UA: Washington (D. C.), 27. 4. 1928 (Dir.: H. Kindler; Choreogr.: A. Bolm; Bühne: N. Remissow)
Revidierte Fassung: 1947 (Boosey & Hawkes)

1928   *Le Baiser de la fée*, allegorisches Ballett in 4 Bildern, auf ein Libretto von Strawinsky nach Andersen und Tschaikowski, für Orchester. Dem Andenken Tschaikowskis gewidmet. (Édition russe de musique)
UA: Paris, Théâtre de l'Opéra, 27. 11. 1928 (Dir.: I. Strawinsky; Choreogr.: Nijinska; Bühne: A. Benois)
Revidierte Fassung: 1950 (Boosey & Hawkes)

Bearbeitungen:
Ballade, für Violine und Klavier, 1947 (Boosey & Hawkes)
Divertimento, Konzertsuite aus Sätzen für Orchester, 1934 (Édition russe de musique)
Divertimento, für Violine und Klavier (mit S. Dushkin), 1932 (Édition russe de musique / Boosey & Hawkes)

1914/28   *Quatre études pour orchestre* (Édition russe de musique)
UA: Berlin, 7. 11. 1930 (Dir.: E. Ansermet)
Revidierte Fassung: 1952 (Boosey & Hawkes)

1928/29   *Capriccio pour piano et orchestre* (Édition russe de musique)
UA: Paris, 6. 12. 1929 (Dir.: E. Ansermet; Solist: I. Strawinsky)
Revidierte Fassung: 1949 (Boosey & Hawkes)

1930   *Symphonie des psaumes*, für Chor (mit Knabenstimmen) und Orchester, in lateinischer Sprache. Dem Boston Symphony Orchestra gewidmet. (Édition russe de musique)
UA: Brüssel, Palais des Beaux Arts, 13. 12. 1930 (Dir.: E. Ansermet)
Revidierte Fassung: 1949 (Boosey & Hawkes)

1931   *Concerto en ré pour violon et orchestre* (Schott)
UA: Berlin, Rundfunkhaus, 23. 10. 1931 (Dir.: I. Strawinsky; Solist: S. Dushkin)

1931/32 *Duo concertant*, für Violine und Klavier (Édition russe de musique / Boosey & Hawkes)
UA: Berlin, Rundfunkhaus, 28. 10. 1932 (S. Dushkin, Violine; I. Strawinsky, Klavier)

1932   *Credo*, für gemischten Chor a cappella (kirchenslawischer Text: 1932; lateinischer Text: 1949. – Édition russe de musique / Boosey & Hawkes)

1933/34 *Perséphone*, Tanzmelodram in 3 Szenen, auf einen Text von A. Gide nach Homer, für Tänzer, 1 Sprecherin, 1 Tenor, zweistimmigen Knabenchor, vierstimmigen gemischten Chor und Orchester. (Édition russe de musique)
UA: Paris, Théâtre de l'Opéra, 30. 4. 1934 (Dir.: I. Strawinsky; Choreogr.: K. Joos; Bühne: A. Barsacq)
Revidierte Fassung: 1949 (Boosey & Hawkes)

1934   *Ave Maria*, für gemischten Chor a cappella (kirchenslawischer Text: 1934; lateinischer Text: 1949. – Édition russe de musique / Boosey & Hawkes)

1931/35 *Concerto per due pianoforti soli* (Schott)
UA: Paris, Salle Gaveau, 21. 11. 1935 (I. und S. Strawinsky)

1936   *Jeu de cartes*, Ballett in 3 Runden auf ein Libretto von Strawinsky, in Zusammenarbeit mit M. Malajeff. (Schott)
UA: New York, Metropolitan Opera House, 27. 4. 1937 (Dir.: I. Strawinsky; Choreogr.: G. Balanchine)

1936/37 *Preludium for Jazzband* (Boosey & Hawkes)

1938   *Petit ramusianum harmonique*, 3 Gedichte für unbegleitete Stimme, auf Texte von Strawinsky und Ch. A. Cingria, zum 70. Geburtstag von Ch. F. Ramuz. (Porchet, Lausanne)

1937/38   *Concerto in Es (Dumbarton Oaks)*, für Kammerorchester
(Schott)
UA: Washington (D. C.), 8. 5. 1938 (Dir.: N. Boulanger)

1938/40   *Symphonie en ut* (in C), für Orchester. Dem Chicago Symphony
Orchestra gewidmet. (Schott)
UA: Chicago, 7. 11. 1940 (Dir.: I. Strawinsky)

1940   *Tango*, für Klavier (Mercury, New York / Schott)
Bearbeitungen:
(von F. Guenther:) für Unterhaltungsorchester, 1941 (Mercury /
Schott). UA: New York, Juli 1941 (Dir.: B. Goodman)
von Strawinsky: für 4 Klarinetten, Baßklarinette, 4 Trompeten,
3 Posaunen, Gitarre, 3 Violinen, Viola, Violoncello und Kontrabaß, 1954 (Mercury / Schott). UA: Los Angeles, 18. 10. 1953
(Dir.: R. Craft)

1941/42   *Danses concertantes* für Kammerorchester (AMP, New York /
Schott). UA: Los Angeles, 8. 2. 1942 (Dir.: I. Strawinsky)

1942   *Circus Polka* für einen jungen Elefanten (Barnum and Bailey
Circus). (AMP / Schott)
1. Fassung: für Bläser und Schlagzeug. UA: New York, Madison
Square Garden, 9. 4. 1942
2. Fassung: für Symphonieorchester. UA: Cambridge (Mass.),
Sanders Theatre, 13. 1. 1944 (Dir.: I. Strawinsky)

1942   *Four Norwegian Moods*, für Orchester (AMP / Schott). UA:
Cambridge (Mass.), Sanders Theatre, 13. 1. 1944 (Dir.: I. Strawinsky)

1943   *Ode*, Trauergesang (in drei Teilen) für Orchester. »Dedicated to
the memory of Natalie Koussevitzky« (Schott)
UA: Boston, 8. 10. 1943 (Dir.: S. Kussewitzky)

1944   *Babel*, Kantate für 1 Sprecher, Männerchor und Orchester auf
biblische Texte (1. Buch Mose). (Schott)
UA: Los Angeles, 18. 11. 1945 (Dir.: W. Jansen)

1943/44   *Sonata for two pianos* (Chappell, New York / Schott)
UA: Madison (Wis.), College of the Dominican Sisters, 2. 8. 1944
(N. Boulanger und R. Johnston)

1943/44   *Scherzo à la russe* (Chappell / Schott)
1. Fassung: für Jazzband. UA: Broadcast on the Blue Network
Program, 5. 9. 1944 (Dir.: Paul Whiteman)

2. Fassung: für Symphonie-Orchester. UA: San Francisco, März 1946 (Dir.: I. Strawinsky)

1944   *Scènes de ballet*, für Orchester (Chappell / Schott)
UA: Philadelphia, Forrest Theater, 24. 11. 1944 (Dir.: M. Abravanel; Choreogr.: A. Dollin; Bühne: N. Bel Geddes; Kostüme: Paul Dupont). – New York, 3. 2. 1945 (konzertant; Dir.: I. Strawinsky)

1944   *Élégie*, für Viola (Violine) solo. Alphonse Onnou gewidmet. (Chappell / Schott)

1942/45 *Symphonie in three Movements*, für Orchester. Der New York Philharmonic Symphony Society gewidmet. (AMP / Schott)
UA: New York, 24. 1. 1946 (Dir.: I. Strawinsky)

1945   *Ebony Concerto*, für Klarinette solo und Jazzband. Woody Herman gewidmet. (Charling, New York / Morris, London)
UA: New York, Carnegie Hall, 25. 3. 1946 (Woody Herman's Band – Dir.: W. Hendl; Klarinette: Woody Herman)

1946   *Concerto en ré* (in D, »Basler Concerto«), für Streichorchester. Dem Basler Kammerorchester und seinem Dirigenten Paul Sacher gewidmet. (Boosey & Hawkes)
UA: Basel, 27. 1. 1947 (Dir.: Paul Sacher)

1947   *Hommage à Nadia Boulanger*, für 2 Singstimmen (Text von Jean de Meung), Little Canon (unveröffentlicht)

1947   *Orpheus*, Ballett in 3 Bildern, auf ein Libretto von Strawinsky und G. Balanchine, für Orchester. (Boosey & Hawkes)
UA: New York, City Center, 28. 4. 1948 (Dir.: I. Strawinsky, Choreogr.: G. Balanchine; Bühne: I. Noguchi)

1944/47 *Mass*, für gemischten Chor und doppeltes Bläserquintett (Boosey & Hawkes)
UA: Mailand, Teatro alla Scala, 27. 10. 1948 (Dir.: E. Ansermet)

1948/51 *The Rake's Progress*, Oper in 3 Akten und 1 Epilog, auf ein Libretto von H. W. Auden und Ch. Kalman. (Boosey & Hawkes)
UA: Venedig, Teatro la Fenice, 11. 9. 1951 (Dir.: I. Strawinsky; Einstudierung: F. Leitner; Regie: C. Ebert; Bühne: E. Ratto, E. Colciaghi)

1951/52 *Cantata* für Sopran, Tenor, Frauenchor und kleines Instrumentalensemble. Text nach anonymen englischen Gedichten des

15. und 16. Jahrhunderts. Der Los Angeles Symphony Society gewidmet. (Boosey & Hawkes)
UA: Los Angeles, 11. 11. 1952 (Dir.: I. Strawinsky)

1952/53 *Septet*, für Klarinette, Horn, Fagott, Klavier, Violine, Viola und Violoncello. »Dedicated to the Dumbarton Oaks Research Library and Collection«. (Boosey & Hawkes)
UA: Washington (D. C.), Dumbarton Oaks, 23. 1. 1954 (Dir.: I. Strawinsky)

1953 *Three Songs from William Shakespeare*, für Mezzosopran, Flöte, Klarinette und Bratsche. Der Los Angeles Konzertreihe »Evening on the Roof« gewidmet. (Boosey & Hawkes)
UA: Los Angeles, 8. 3. 1954 (Dir.: R. Craft)

1954 *In Memoriam Dylan Thomas*, Dirge-Canons und Songs, Solokantate auf die Threnodie »Do not go gentle« von D. Thomas, für Tenor, Streichquartett und 4 Posaunen. (Boosey & Hawkes)
UA: Los Angeles, 20. 9. 1954 (Dir.: R. Craft; Tenor: R. Robinson)

1955 *Greeting Prelude*, für Orchester, zum 80. Geburtstag von Pierre Monteux. (Boosey & Hawkes)
UA: Boston, 4. 4. 1955 (Dir.: Ch. Münch)

1955 *Canticum sacrum ad honorem Sancti Marci nominis* (lateinische Bibel-Texte), Kantate für Tenor, Bariton, gemischten Chor und Orchester. (Boosey & Hawkes)
UA: Venedig, San Marco, 13. 9. 1956 (Dir.: I. Strawinsky)

1953/57 *Agon*, Ballett für 12 Tänzer. »Dedicated to Lincoln Kirstein and George Balanchine.« (Boosey & Hawkes)
UA: Los Angeles, 17. 6. 1957 (konzertant; Dir.: R. Craft). – Als Ballett: New York, City Center, 1. 12. 1957 (Dir.: R. Irving; Choreogr.: G. Balanchine)

1957/58 *Threni: id est lamentationes Jeremiae Prophetae*, Kantate für Sopran, Alt, 2 Tenöre, 2 Bässe, gemischten Chor und Orchester. Dem Norddeutschen Rundfunk gewidmet. (Boosey & Hawkes)
UA: Venedig, Sala della Scuola Grande di San Rocco, 23. 9. 1958 (Dir.: I. Strawinsky)

1958/59 *Movements*, für Klavier und Orchester. »To Margrit Weber.« (Boosey & Hawkes)
UA: New York, Town Hall, 10. 1. 1960 (Dir.: I. Strawinsky; Solistin: M. Weber)

1959   *Epitaphium* »Für das Grabmal des Prinzen Max Egon zu Für-
       stenberg«, für Flöte, Klarinette und Harfe. (Boosey & Hawkes)
       UA: Donaueschingen, 17. 10. 1959 (Dir.: P. Boulez)

1959   *Double Canon* »Raoul Dufy in memoriam«, für Streichquartett.
       (Boosey & Hawkes)
       UA: New York, Town Hall, 20. 12. 1959

1960/61 *A Sermon, a Narrative and a Prayer* (Texte aus der Bibel und
       von Th. Dekker), Kantate für Alt, Tenor, Sprecher, vierstimmi-
       gen gemischten Chor und Orchester. Paul Sacher gewidmet.
       (Boosey & Hawkes)
       UA: Basel, 23. 2. 1962 (Dir.: P. Sacher)

1962   *Anthem* »*The Dove descending breaks the Airs*« (Text von
       T. S. Eliot), für gemischten Chor a cappella. »Dedicated to
       T. S. Eliot.« (Faber Music / Boosey & Hawkes)
       UA: Los Angeles, 19. 2. 1962 (Dir.: R. Craft)

1961/62 *The Flood*, »A Musical Play« (I. Strawinsky und R. Craft), für
       Soli, Sprecher, Tänzer, Chor und Orchester über biblische Texte,
       ausgewählt und bearbeitet von R. Craft. (Boosey & Hawkes)
       UA: CBS Television New York, 14. 6. 1962 (Dir.: R. Craft;
       Choreogr.: G. Balanchine). – Hamburg, Staatsoper, 30. 4. 1963
       (Dir.: R. Craft; Regie: G. Rennert; Choreogr.: P. van Dyk; Bühne:
       Theo Otto)

1962/63 *Abraham and Isaac*, »A sacred Ballad«, für Bariton und Kam-
       merorchester, über biblische Texte (hebräisch). »Dedicated to the
       people of the State of Israel.« (Boosey & Hawkes)
       UA: Jerusalem, Binya he' coma, 23. 8. 1964 (Dir.: R. Craft)

1964   *Elegy for J. F. K.* [John F. Kennedy] für Bariton (Mezzosopran)
       und 3 Klarinetten oder nur Klavierbegleitung. Text von
       W. H. Auden. (Boosey & Hawkes)
       UA: Los Angeles, 6. 4. 1964 (Dir.: R. Craft). – Version mit Mez-
       zosopran: New York, Philharmonic Hall, 6. 12. 1964 (Dir.:
       I. Strawinsky)

1963/64 *Variations* »Aldous Huxley in memoriam«, für Orchester.
       (Boosey & Hawkes)
       UA: Chicago, 17. 4. 1965 (Dir.: R. Craft)

1964   *Fanfare for a new Theatre*, für 2 Trompeten (Boosey & Hawkes)
       UA: New York, Lincoln Centre, 19. 4. 1964

1965   *Introitus* »T. S. Eliot in memoriam«, für Männerchor, Harfe, Klavier, 2 Tamtam, Pauken, Viola und Kontrabaß. (Boosey & Hawkes)

UA: Chicago, 17. 4. 1965 (Dir.: R. Craft)

1965   *Kanon*, über ein russisches Volkslied für Orchester (Boosey & Hawkes)

UA: Toronto, 16. 12. 1965 (Dir.: R. Craft)

1965   *Requiem canticles* (Texte aus der lateinischen Totenmesse), für Alt, Baß, vierstimmigen gemischten Chor und Orchester. Dem Andenken Helen Buchanan Seegers gewidmet. (Boosey & Hawkes)

UA: Princeton University, 8. 10. 1966 (Dir.: R. Craft)

1965/66   *The Owl and the Pussy-Cat* (Text von Edward Lear), für Sopran und Klavier. Vera gewidmet. (Boosey & Hawkes)

UA: Los Angeles, Oktober 1966

Bearbeitungen von Werken anderer Komponisten

1909   E. Grieg: *Kobold* (Klavierstück, op. 71/3) – instrumentiert für das Ballett »Le Festin«, Paris, Théâtre du Châtelet, 19. 5. 1909. (Unveröffentlicht)

1909   F. Chopin: *Nocturne As-Dur*, op. 32/3, und *Valse brillante Es-Dur*, op. 18, für Klavier – instrumentiert für das Ballett »Les Sylphides«, Paris, Théâtre du Châtelet, 2. 6. 1909. (Unveröffentlicht)

1909   L. van Beethoven: *Mephistos Flohlied*, op. 75/3, für Baß und Klavier – instrumentiert für ein »Goethe in der Musik«-Konzert unter Siloti in St. Petersburg

1910   M. Mussorgsky: *Mephistos Flohlied*, für Baß und Klavier – instrumentiert für ein »Goethe in der Musik«-Konzert unter Siloti in St. Petersburg (Bessel, St. Petersburg / Boosey & Hawkes)

1913   M. Mussorgsky: *Air de Chaklovity*, Opernfragment aus »Chowanschtschina«. – Orchestrierung in Zusammenarbeit mit M. Ravel für eine Aufführung der Saison russe, Paris, Théâtre des Champs-Élysées, 5. 6. 1913 (Bessel)

1917   *Chant des bateliers du Volga*, Hymne des neuen Rußland für Blasorchester und Schlagzeug. – Ersatz für die Zarenhymne bei den Vorstellungen der Ballets russes (Chester)

1918   M. Mussorgsky: *Chœurs du prologue de Boris Godunov*. – Fassung des Prolog-Chores für Klavier, »arrangé pour mes enfants« (Boosey & Hawkes)

1919   *La Marseillaise* für Violine solo (Boosey & Hawkes). – UA: London, Queen Elizabeth Hall, 13. 11. 1979 (Kyung-Wha Chung, Violine)

1921   P. Tschaikowskij: *Dornröschen*, Ballett. – Instrumentation der »Fliederfee«-Variation und der Zwischenaktmusik aus dem II. Akt für eine Aufführung der Ballets russes, London, Alhambra-Theatre, 2. 11. 1921 (Boosey & Hawkes)

1941   P. Tschaikowskij: *Dornröschen*, Ballett. – Instrumentation (nach dem Klavierauszug) des Pas de deux aus dem III. Akt für Kammerorchester, für eine Aufführung des Ballet Theatre, New York (Schott)

1941   *The Star-spangled Banner* (J. St. Smith). – Arrangement der amerikanischen Nationalhymne für Orchester und Chor (Mercury Music). UA: Los Angeles, 14. 10. 1941 (Dir.: J. Sample) – nach zweimaliger Aufführung wegen »Verletzung nationalen Eigentums« eliminiert

1956   J. S. Bach: *Orgelvariationen über das Weihnachtslied »Vom Himmel hoch da komm' ich her«*. – Instrumentation für Orchester und gemischten Chor (mit Knabenstimmen). R. Craft gewidmet (Boosey & Hawkes). UA: Ojai, Kalifornien, 27. 5. 1956 (Dir.: R. Craft)

1959   Gesualdo di Venosa: *Sacrae cantiones* (Neapel 1603). – Ergänzung der verschollenen Sextus- und Bassus-Stimme für Chor a cappella (*Tres sacrae cantiones*; Boosey & Hawkes). UA: New York, Town Hall, 10. 1. 1960 (Dir.: R. Craft)

1960   Gesualdo di Venosa: Drei Madrigale – nachkomponiert als: *Monumentum pro Gesualdo di Venosa da CD annum* (»Three Madrigals recomposed for Instruments«), für Bläser und Streicher (Boosey & Hawkes). UA: Venedig, 27. 9. 1960 (Dir.: I. Strawinsky)

1963   J. Sibelius: *Canzonetta*, op. 42a, für Streicher. – Instrumentiert für 4 Hörner, Klarinette, Baßklarinette, Harfe und Kontrabaß (Breitkopf & Härtel). UA: Helsinki, 22. 3. 1964

1968   H. Wolf: *Zwei »Geistliche Gesänge« aus dem Spanischen Liederbuch*. – Instrumentiert für Mezzosopran, 3 Klarinetten, 2 Hörner und Streichquintett (Boosey & Hawkes). UA: Los Angeles, 6. 9. 1968 (Dir.: R. Craft; Solistin: Chr. Krooskos)

1969/71 J. S. Bach: *Das Wohltemperierte Klavier*. – Instrumentation der Präludien und Fugen in cis, e, b (T. I: Nr. 4, 10, 24) und d (T. II: Nr. 6) für 3 Klarinetten, 2 Fagotte und Streicher-Fragmente

Dieses Werkverzeichnis basiert auf den Vorarbeiten Eric Walter Whites (*Stravinsky*, London 1979), dem Werkverzeichnis, das Clifford Caesar erarbeitete (*A Complete Catalogue*, San Francisco Press Inc., 1981), und dem Katalog des Kunstmuseums Basel (*Strawinsky. Sein Nachlaß. Sein Bild*, Basel 1984).

Personenregister

Register der Werke Strawinskys

Im vorliegenden Band nicht behandelte Werke sind mit dem Jahr ihrer Entstehung verzeichnet (vgl. Chronologisches Werkverzeichnis). Halbfette Seitenzahlen verweisen auf die ausführlichere Behandlung eines Werkes.